TEORÍA CORPUSCULAR DEL ESPÍRITU

Una Extensión de los Conceptos Quánticos y Atómicos a la Idea del Espíritu

Hernani Guimarães Andrade

Fundador del Instituto Brasileiro de Pesquisas Psicobiofísicas

I.B.P.P.

Traducción al Español:

J.Thomas Saldias, MSc.

Lima, Perú, Marzo, 2024

Título Original en Portugués:
"A Teoría Corpuscular do Espírito"

World Spiritist Institute
Houston, Texas, USA
E-mail: contact@worldspiritistinstitute.org

Del Traductor

Jesús Thomas Saldias, MSc., nació en Trujillo, Perú.

Desde los años 80s conoció la doctrina espírita gracias a su estadía en Brasil donde tuvo oportunidad de interactuar a través de médiums con el Dr. Napoleón Rodriguez Laureano, quien se convirtió en su mentor y guía espiritual.

Posteriormente se mudó al Estado de Texas, en los Estados Unidos y se graduó en la carrera de Zootecnia en la Universidad de Texas A&M. Obtuvo también su Maestría en Ciencias de Fauna Silvestre siguiendo sus estudios de Doctorado en la misma universidad.

Terminada su carrera académica, estableció la empresa *Global Specialized Consultants LLC* a través de la cual promovió el Uso Sostenible de Recursos Naturales a través de Latino América y luego fue partícipe de la formación del **World Spiritist Institute**, registrado en el Estado de Texas como una ONG sin fines de lucro con la finalidad de promover la divulgación de la doctrina espírita.

Actualmente se encuentra trabajando desde Perú en la traducción de libros de varios médiums y espíritus del portugués al español, habiendo traducido más de 310 títulos, así como conduciendo el programa "La Hora de los Espíritus."

Índice

Al extrañado maestro Francisco de Paula Domingues, cuya bondad y sabiduría guiaran mis primeros pasos por el camino del verdadero conocimiento.

Mi eterna gratitud.

Dedico esta obra a Aleixo Victor Magaldi, brillante inteligencia, vasta cultura y gran corazón, con las expresiones más sinceras de mi profunda amistad, y a Jason Monteiro Galenbeck, incomparable modelo de bondad y dedicación al prójimo, con mi gran admiración e inmensa estima.

La ciencia destruye el espíritu.

Prof. Aleixo Víctor Magaldi.

Catedrático de la Facultad de Farmacia y Odontología de la Universidad de Juiz de Fora - MG, en el momento de la edición inicial.

En esta segunda mitad de siglo que precede al "Tercer Milenio", la Ciencia debe proyectar una luz más viva sobre el espíritu, puesto que, sobre la materia, ya ha sido proyectada intensamente.

Con este objetivo, ahora, un ingeniero acaba de dedicar todas sus horas extras a trabajar en el guion, en favor de una nueva teoría, una verdadera revolución del neoespiritismo. Este compañero apareció en São Paulo. Su nombre: Hernani Guimarães Andrade.

El libro que escribió y editó constituye el primero de una serie de cuatro volúmenes, digno de la atención de los espiritistas más respetados. Aquí está el nombre del libro: *"La Teoría Corpuscular del Espíritu."*

Esta es una teoría que intenta extender la idea del espíritu es la concepción atómica adoptada para la materia. Según *"La Teoría Corpuscular del Espíritu"*, el espíritu también está formado por átomos; y sus propiedades resultan de este hecho que lo caracteriza - el espíritu - , como una manifestación energética de orden superior al de la materia.

Una vez establecidas estas bases, *"La Teoría Corpuscular del Espíritu"* busca ofrecer explicaciones coherentes para diversos fenómenos que han resistido las interpretaciones materialistas. Entre ellos destacan:

a) la vivificación de la malaria;
b) el origen de la vida;
c) fenómenos metapsíquicos;
d) evolución biológica;

e) evolución embriológica, etc.

Dentro del campo espiritual, *"La Teoría Corpuscular del Espíritu"* aclara satisfactoriamente ciertas cuestiones aun inexplicadas. Aquí están:

a) qué es la sustancia espiritual;
b) cuál es el origen de los espíritus y cómo se forman;
c) cuál es la verdadera morfología del espíritu, considerándolo como un complejo "continuo espacio- temporal";
d) cómo debe considerarse realmente el periespíritu y cuáles son sus verdaderas relaciones con el espíritu;
e) cuál es el mecanismo físico, químico, biológico y espiritual de la reencarnación.

En la preparación de *"La Teoría Corpuscular del Espíritu"* se evitó en la medida de lo posible el tratamiento matemático. Sin embargo, uno de los futuros libros estará escrito íntegramente en términos de matemáticas superiores, una forma cómica de expresar con total exactitud los conceptos que componen la *"La Teoría Corpuscular del Espíritu."*

La obra completa, que tardó 16 años en completarse, constará de 4 libros, estando ya en diseño y preparación los 3 volúmenes restantes. Los 4 libros son:

1) "La Teoría Corpuscular del Espíritu."

2) "Nuevas direcciones para la experimentación espiritual"

- Este trabajo abordará los métodos experimentales sugeridos por "La Teoría Corpuscular del Espíritu."

3) "Las Bases Matemáticas de la Teoría Corpuscular del Espíritu"

- Este volumen, como su título lo indica, será el desarrollo matemático de la Teoría.

4) "Las Consecuencias Filosóficas de la Teoría Corpuscular del Espíritu"

- En este último trabajo se desarrollarán problemas más avanzados de densidad filosófica y metafísica.

PRÓLOGO

Querido lector:

El libro que ahora te ofrecemos es producto de largos años de estudio y meditación. Sin embargo, este trabajo aun se encuentra en su fase inicial; lleno de imperfecciones e imprecisiones. No espere encontrar, en las siguientes páginas, una novela atractiva o una de esas magníficas publicaciones científicas que suavizan hábilmente el aprendizaje del profano, llevándolo a alturas vertiginosas de los conocimientos más intrincados. Este libro es difícil de leer. Requiere paciencia, atención y cierta imaginación.

Hemos tenido cuidado de incluir en el texto las aclaraciones esenciales relativas a la parte científica. Le facilitarán la comprensión del tema tratado. Todos los elementos científicos así ventilados serán absolutamente necesarios para la perfecta asimilación de la *Teoría Corpuscular del Espíritu*. Por lo tanto, conviene estar bien informado sobre esta parte preparatoria.

En general, el planteamiento de este libro siguió criterios didácticos. Sus diferentes apartados fueron ordenados de forma que progresivamente te lleven a conseguir un dominio total de la materia con un mínimo de esfuerzo.

Esperamos haber alcanzado la primera etapa del vasto programa que se nos ha confiado.

Estaremos inmensamente agradecidos si nos honra atendiendo sus críticas y sugerencias, destacando especialmente los defectos e imperfecciones de este modesto trabajo nuestro.

Hernani Guimarães Andrade

PREFACIO

Durante miles de años, algunos hombres han sido perseguidos - y otros continúan siendo perseguidos - por el simple hecho de no aceptar que la Tierra es un planeta ordinario en medio de millones de millones de otros y que gira alrededor de una simple estrella, el Sol.

Hasta hace 2.500 años, de la oscuridad impuesta por los señores de la ignorancia emergió, surgiendo en el siglo VI a.C. la gran palanca impulsora de todo el pensamiento humano: la Ciencia.

Cuando pensamos en el sur de la vieja Europa del siglo V a.C, nos topamos con un grupo de pequeñas islas y un litoral recortado por pequeñas calas en el Mediterráneo oriental, sin pretensiones y muy pastorales, las colonias griegas de Jania.

Los jonios afirmaron, contrariamente al pensamiento actual, que el Universo era cognoscible porque presentaba un orden interno. En él hubo constantes en la naturaleza que permitieron revelar sus secretos y misterios; todo en la naturaleza estaba hecho de átomos. Los seres humanos y otros animales surgieron de formas más simples; las enfermedades no eran causadas por demonios ni dioses. La Naturaleza no era del todo impredecible: era posible, había reglas y métodos a seguir. A este hecho ordenado y admirable del Universo se le llamó Cosmos. Esta fue la primera visión científica del mundo: superó la superstición religiosa y su respectivo historial de prodigios.

Estas ideas surgieron en Jonia y con ellas los primeros científicos de la humanidad. En un tiempo y espacio muy diferente, el científico brasileño Hernani Guimarães Andrade (1913- 2003) legó a la humanidad, en 1958, una obra fundamental para el Análisis del Universo: "*La Teoría Corpuscular del Espíritu.*" Gracias a esta teoría, podemos acceder a otra dimensión epistemológica, facilitando más la comprensión de categorías que nos son familiares, como: tiempo, causalidad…

La Teoría Corpuscular del Espíritu:

La comparo con el *Very Large Telescope* (VLT), El Observatorio Europeo Austral (ESQ) de Paranal, Chile[1], que es la estructura más compleja del mundo. Una auténtica ventana para entender mejor el Cosmos. De la misma manera, *La Teoría Corpuscular del Espíritu* constituye, desde las primeras páginas, una ventana al alma, un medio para comprender mejor el espíritu, la Humanidad y el Universo.

Fomenta el diálogo serio y racional, además de poder interactuar con todos los conocimientos válidos en el campo de la comunicación, ampliando y dando coherencia a nuestra vida cotidiana. Sabe estimular procesos de circulación entre disciplinas científicas y conocimientos más técnicos; es decir, valora su "traducción" en sucesivos idiomas hasta el dominio del conocimiento común.

Es capaz de inculcar en los jóvenes el placer de descubrir, el placer de aprender, la alegría de imaginar, fomentando el espíritu científico - ficticio - en la juventud... La ciencia es parte fundamental de este proyecto, despertando y fomentando una actitud de apertura hacia nosotros mismos, los demás y el mundo, corroborando lo que afirmó el astrónomo norteamericano Carl Sagan (1934- 1996): "la idea que ciencia y espiritualidad son mutuamente excluyentes y perjudicar a ambos."

---

[1] El Observatorio Europeo Austral) ubicado en Chile es un observatorio astronómico y fue creado en 1962, con el objetivo de promover la cooperación europea en el campo de la Astronomía y brindar a la comunidad científica con una infraestructura de observación de la más alta calidad en el hemisferio sur, agrupando hoy a nueve países, entre ellos Bélgica, Dinamarca, Francia, Alemania, Italia, Holanda, Suecia, Suecia y Portugal.

Guimarães Andrade tiene la sabiduría de unir estas dos grandes dimensiones de la Humanidad: Ciencia y Espiritualidad, que actualmente constituyen, sobre todo, un proyecto académico, pero que rápidamente avanzan hacia una dimensión sociocultural.

Es una brújula para romper los grilletes del corporativismo universitario que cerró las universidades a investigaciones que abordan demandas espirituales, explicaciones de la vida y la trascendencia de la cultura de diversos pueblos que habitan este hermoso planeta.

Deja la puerta abierta a la investigación, intentando dar una indicación creíble a las preguntas de la Humanidad: ¿Dónde estamos? ¿Quiénes somos? ¿A dónde vamos? ¿De dónde venimos?

Deja espacio al sueño, como decía el insigne físico portugués Rómulo de Carvalho (1906- 1997) - o su «alter ego», el poeta portugués Antonio Gedeão: "El sueño manda en la vida."

Su lectura es un poema científico. Nos inspira que empezamos como viajeros y seguiremos siéndolo. Nos hemos demorado bastante en las inmensas playas del océano cósmico y, por fin, estamos listos para zarpar rumbo a las estrellas.

Revela mucha similitud con el teorema de la incompletitud, de Kurt Godel (1906 - 1978)[2], quien demostró que era imposible

---

[2] Quizás sea el teorema más incomprendido de la historia con libros enteros dedicados al tema. Hay quienes dicen que fue el descubrimiento que hizo que las Matemáticas ingresaran al mundo posmoderno y quienes afirman que es resultado de lo que demuestra que nunca se puede obtener certeza. Es un teorema simultáneamente complejo e importante que afecta los fundamentos mismos de la Matemática. Su creador fue el matemático de origen alemán Kurt Godel, muy admirado por Albert Einstein, quien presentó en la ciudad de Kalinegrad, Rusia, algunos de los resultados a los que había llegado en su tesis doctoral. El primer resultado, incluido en su comunicación, demostró que la llamada lógica de primer orden, o cálculo de predicados, es completa; es decir, que los axiomas y reglas de la inferencia de esta lógica formal nos permite probar todas las proposiciones verdaderas dentro del sistema. A primera vista esto no fue nada sorprendente, aunque fue un resultado diferente. Pero fue en el último año de discusión que el matemático checo nacido en

construir un sistema de supuestos a partir del cual se construyeran todas las verdades matemáticas. La Matemática es incompleta, ni las verdades matemáticas dejan de ser verdades, lo que resulta imposible plasmar toda la Matemática en un conjunto cerrado de axiomas y reglas.

Fue publicado por primera vez en 1958, y es la síntesis de la idea original de la teoría del *"Modelo Corpuscular del Espíritu"*, de Hernani Guimarães Andrade. Posteriormente, esta tesis fue desarrollada y actualizada en las tres obras del autor: *"Marte, Renacimiento, Evolución: una biología trascendental"* (1983), *"Espíritu, periespíritu y alma: ensayo sobre el modelo de organización biológica"* (1984) y *"Quantum PSI: una extensión de los conceptos cuánticos y atómicos a la Judea del espíritu"* (1986).

La importancia de la "imaginación geométrica" en la Ciencia

La cultura matemática de la antigua Grecia se diferencia de la de Egipto y Mesopotamia por su preocupación por presentar pruebas. El ejemplo más conocido de esta actitud mental son los *Elementos de Euclides*. Dos acontecimientos remotos, vinculados a las escuelas de Crotona y Elea, están en el origen de dos características de esta cultura matemática, claramente visibles en el tratado de Euclides: la clara separación entre los campos de la Geometría y la Aritmética, por un lado, y un notable cuidado al tratar cuestiones relacionadas con el infinito. Tres siglos antes de Cristo, un matemático griego descubrió un método para medir las distancias de la Tierra al Sol y de la Tierra a la Luna. Poco después, otro estudioso griego comparó el tamaño de la Tierra con el de la Luna. Otro matemático griego logró medir el radio de la Tierra. Muchos siglos después, Johannes Kepler (1571- 1630) perfeccionó

Briinn (entonces perteneciente al imperio austrohúngaro) lanzó la bomba que había preparado y que constituye su famoso primer teorema de incompletitud (normalmente consideramos dos teoremas). Reveló que era posible encontrar proposiciones matemáticas verdaderas que no eran demostrables en el sistema formal de las Matemáticas.

estas medidas y Edmund Halley (1656- 1742) propuso un método para medir con mayor precisión la distancia de la Tierra al Sol. En - mi - ciudad de Oporto había, en 1769, colaboran en un esfuerzo internacional para utilizar este método. En aquella época, la distancia de la Tierra al Sol se conoció con un error inferior al 2%. ¿Cómo fue posible tomar todas estas medidas?

Con imaginación geométrica Albert Einstein (1879- 1955), en su forma de hacer ciencia también era inusual, se sentó, usó su imaginación, escribió ecuaciones, volvió a la realidad, hizo ajustes, volvió a la teoría... La Ciencia hasta entonces estuvo muy ligada al Positivismo y al Materialismo. El físico norteamericano naturalizado alemán tenía papel y un bolígrafo como laboratorio experimental. Todo su trabajo se debe a su fantástica imaginación geométricas.

El profesor emérito inglés Sir Ken Robinson (1950 - ...) autor del libro *"Out of Our Minds: Learning to be Creative"*[3] argumentó en Portugal que los grandes científicos son increíblemente creativos e intuitivos. El proceso científico valida, pero imagina lo que crea.

Esto imagina la acción geométrica intuitiva y característica de un científico como Hernani Guimarães Andrade, cuando nos presenta brillantemente en *La Teoría Corpuscular del Espíritu* el "Modelo Geométrico del Espíritu."

La imaginación intuitiva jugó un papel fundamental en Albert Einstein, miremos más de cerca: Einstein le preguntó una vez a un amigo poeta:

- ¿Cómo trabaja un poeta?

- ¿Cómo así? - Preocupó al amigo.

- Quiero decir, ¿cómo surge la concepción de un poema?

- No lo sé, solo lo siento. Simplemente aparece.

---

[3] Sir Ken Robinson, doctorado en educación, escritor, orador, asesor internacional en educación, asesor principal del Fondo J. Paul Getty en Los Ángeles y orador mundial sobre gestión y miembro del Consejo Científico.

- Pero eso es exactamente lo que le sucede a un científico - Completó el físico -. El mecanismo de descubrimiento no es lógico... ¿No lo ves? Es una iluminación repentina, casi un éxtasis.

Hay una conexión con la imaginación. La imaginación es más importante que el conocimiento.

Pienso 99 veces y no descubro nada - dijo Einstein.

Dejo de pensar, me hundo en un gran silencio y la verdad se me revela. La mente avanza hasta el punto en que puede analizar, pero luego pasa a una dimensión superior, sin saber cómo llegó allí. Todas las grandes revelaciones han dado este salto.

La Física. ¿Hermana de la Filosofía?

A principios del siglo XIX, la ciencia se volvió demasiado técnica y matemática para los filósofos. De esta manera redujeron el objetivo de su investigación o su universo de trabajo, de tal manera que el filósofo austriaco más reconocido del siglo XX, Ludwig Wittgenstein (1889- 1951), afirmó que "la única tarea que le queda a la Filosofía es el análisis del lenguaje."

¡Qué gran caída, para la enorme tradición de la Filosofía, desde Sócrates (470- 399 a.C.) hasta Immanuel Kant...! (1724- 1804). Pero *La Teoría Corpuscular del Espíritu* cimenta una vez más la Filosofía y Ciencia de forma sostenida y equilibrada.[4]

¿Cuál es entonces la relación entre estas dos disciplinas?

Actualmente, son varios los físicos como Orpheu Bertolami que consideran que la historia de la Física es una conquista continua de temas filosóficos. La *Teoría de la Relatividad* da un nuevo impulso a esta conexión, porque trata del espacio, el tiempo y la materia, temas que hasta entonces estaban restringidos a las

---

[4] Según la práctica actual, existen, por ejemplo, color, dulce, amargo; sin embargo, en realidad, lo que existe son "átomos y vacío", escribió el filósofo griego Demócritus en el siglo V a.C. Así, existe Filosofía o la Física. En su momento, no cabe duda que fue la primera, pero también el origen de las ciencias exactas, por la naturaleza de las preguntas formuladas y la metodología utilizada por algunos autores.

discusiones filosóficas. Hoy esto es un lugar común para los físicos, quienes se han apropiado del discurso filosófico con naturalidad, hasta el punto que Karl Popper (1902 - 1994), filósofo de la Ciencia, dijo que la filosofía del siglo XX es Física Teórica. Hay conexiones muy estrechas, afirma.

Los físicos tienen su propia agenda y sus investigaciones buscan responder cuestiones de física teórica y no filosóficas, sin embargo hay una lista de problemas que queremos resolver y que topan con cuestiones filosóficas, tales como: la estructura del espacio-tiempo como un todo, la relación entre las simetrías y el mundo concreto. Básicamente, un físico teórico, un cosmólogo e incluso un matemático son filósofos. Yo diría que es un nuevo concepto de hacer Filosofía.

Es así Albert Einstein vivió en Filosofía y en la Ciencia. En *La Teoría Corpuscular del Espíritu*, el Prof. Hernani Guimarães Andrade despierta la unión entre Filosofía, Ciencia y sus relaciones de doble sentido.

El Premio Nobel de Física en 1979, Steven Weinberg (1933 - ...), nos hizo un comentario muy acertado durante nuestras conversaciones: "cuanto más se hace comprensible el Universo a través de la Cosmología, más nos parece sin sentido. Pero la misma ciencia que aparentemente "mató" a Dios está, a los ojos de los creyentes, restaurando la fe."

Los astrofísicos y cosmólogos encuentran indicios que el Cosmos fue hecho a medida, para que la vida y conocimiento. "Cuando comprendamos que las leyes de la naturaleza tienen que estar en increíble armonía para producir el Universo, veremos que todo confluye para establecer la idea que el Universo no surgió por casualidad, que tiene que haber un propósito en su origen. " - afirmó sin ninguna equivocación el astrofísico de Cambridge, John Polkinghome (1930 - ...).

Filosofía y Religión: Los verdugos de la Ciencia

Las nuevas ideas, en principio, casi siempre son rechazadas. No por malicia, sino por ignorancia. Ocurre a lo largo de la historia de la civilización humana y se ve en el movimiento espírita. Con el surgimiento de nuevas y esclarecedoras propuestas, los pensamientos van cambiando y una nueva mentalidad abre nuevos caminos para el intercambio de ideas, en el sentido de valorar el intercambio y la libertad de pensamiento. [5] Los Junios desempeñaron un papel mucho más acorde con la ciencia moderna, constituyendo una pérdida irreparable para la Humanidad, ya que fueron oprimidos y eliminados. Su influencia solo se sintió con fuerza durante dos siglos; sin embargo, observemos una realidad innegable: este surgimiento de grandes genios de los islotes de Grecia, tuvo, al mismo tiempo, un período de notable fermentación intelectual y espiritual en todo el planeta. Fue también la época del faraón Necao, de Egipto, que ordenó la circunnavegación de África, de Zoroastro, en Persia, del Confucio y Lao Tsé, en China, de los profetas judíos en Israel, Egipto y Babel, y de Gautama Buda en la India.

Es difícil no relacionar todas estas actividades, durante un período único en la historia de la Humanidad, entre sí. Las culturas no se desarrollan a ritmos similares y progresan de manera diferente, surgiendo en momentos diferentes y evolucionando a ritmos diferentes. Al igual que el hombre social y las instituciones, y un hecho innegable de la Ley del Progreso - Ver *El Libro de los Espíritus*, capítulo VIII[6] - . Aunque cause daños irreparables, como sucedió en el pasado con los verdugos de la Ciencia - Filosofía y

---

[5] Nuevos descubrimientos y evidencia científica permiten otras lecturas. A veces, lo que se consideraba absurdo e inverosímil resulta ser cierto. Existen innumerables ejemplos de teorías o ideas que, al ser difundidas, no encuentran inmediatamente un terreno favorable a su comprensión.

[6] *El Libro de los Espíritus*, Allan Kardec, 76 Edición FEB, Parte III De las Leyes Morales, Capítulo VIII, De la ley del Progreso, página 362.

Religión - que por miedo, humillación, celos, envidia, poder y tantos otros caprichos egoístas, intentaron eliminar la Ciencia. - Veamos *El Libro de los Espíritus* en la pregunta 781. "¿Tiene el hombre el poder de paralizar la marcha del progreso? No, pero a veces tiene el poder de avergonzarla."[7]

La Ciencia pasó más de 20 siglos, 2.000 años bajo el poder de la Religión y la Filosofía. Para ellas era importante tener control sobre la poderosa palanca del conocimiento humano y, así, la libertad. De esta manera podrían disfrutar de riquezas y placeres a través del terror, la ignorancia, la tortura e incluso la muerte que infligieron las voces disidentes.

El actual estado evolutivo de la Humanidad se debe a los poseedores de estas dos disciplinas del conocimiento. Sin duda, en la última década la Humanidad ha evolucionado, tanto tecnológica como científicamente, mucho más que durante miles de años de civilización. Todo se debe a la liberación de la Ciencia de mordeduras y ataduras. ¿Cuántas formas de civilización no han sido destruidas y adulteradas por la intransigencia de miembros de las venerables "señoras"?

Los genios también cometen errores.

Sin que muchos lo supieran, Platón y Aristóteles se sentían como en casa en una sociedad esclavista. Dieron justificaciones para la opresión, sirvieron a los tiranos, provocaron diversos separatismos consistentes con una sociedad despótica y tiránica. Divorciaron la Tierra del cielo, un pensamiento que llegó a dominar todo Occidente hasta el día de hoy. Incluso utilizaron metáforas de la esclavitud para vincular su política y cosmología. Como ocurrió con más de trescientos volúmenes y folletos de obras espirituales en la ciudad española de Barcelona, el "*Auto de Fe*" del 9 de octubre de 1861, a las 10.30 de la mañana, Platón y Aristóteles ordenaron quemar y destruir todos los libros de los sabios jonios, incluido Demócritus, porque no reconocía la inmortalidad de innumerables

---

[7] *El Libro de los Espíritus*, Allan Kardec, edición 76 FEB, Parte III de las Leyes Morales, Capítulo VIII, pregunta 781, línea 5.

dioses y porque creía en la existencia de un número infinito de planetas. De los 73 libros que cubrían todo el pensamiento humano de este jónico no quedó ninguno; lo mismo ocurre con casi todos los científicos jónicos. *La Teoría Corpuscular del Espíritu* también pasó por ataques similares, algunos muy violentos. Cosas normales del hombre común. En otras palabras, la supresión de hechos inquietantes, la defensa de la idea que la Ciencia debería estar reservada a una pequeña élite, el desprecio por la experimentación, la adopción del misticismo religioso y la fácil aceptación de las sociedades esclavistas, por si solas, frenaron e influyó en el progreso de la Humanidad. Aun hoy existen pseudo- pensadores que se oponen a la popularización de la Ciencia y, por tanto, del conocimiento, dicen que el conocimiento sagrado - apoyando, como en el pasado griego, en los dogmas esclavistas de los religiosos - , y a ser mantenidos en el alcance del culto, no empañado por la divulgación pública.

Me parece que en la Edad de las Tinieblas, la que pasó a ser conocida como Edad Media, los hombres de la Filosofía y la Religión aprendieron bien la lección de sus padres, Platón y Aristóteles.

El lector debe quedar asombrado por estas revelaciones sobre Platón (428/27 a. C -. 347 a. C.) y Aristóteles (384 a. C -. 322 a. C.). Y me preocupa aun más que esté criticando a estos genios de la Humanidad. No, no los estoy juzgando, estoy informando hechos. La condena quedará eventualmente en manos del lector.

Lo que pretendo decir con esta historia real - patrimonio de la Humanidad - es que incluso grandes genios como Platón y Aristóteles cometieron errores muy graves y, por tanto, afectaron la evolución de la Humanidad. Como puede ver el lector, todos cometemos errores. Algunos más que otros. No hay defensores de la "verdad absoluta." Los grandes "defensores" de Jesucristo, de la pureza única de su mensaje libertador y consolador, incluso crearon un ejército que lo "defendió" a cambio de torturas, crímenes, asesinatos, etc. y todo siempre en Su nombre. Que lo digan los acusados del Tribunal de la Santa Inquisición. Nada mejor que utilizar una historia del Nuevo Testamento para aclararnos: Cuando los apóstoles de Jesús fueron arrestados y llevados al Sanedrín por difundir la doctrina del Maestro, Gamaliel, un sabio doctor de la Ley, dijo: "*Ahora os digo: Da tu mano a estos hombres, y déjalos en paz, porque este consejo o esta obra, si es de hombres, será destruida; pero si es de Dios, no podrás vencerlos; no sea que tal vez seas hallado incluso luchando contra Dios.*" (Hechos, 5: 33- 42).

El miedo a la Ciencia

Después de un largo sueño místico, en el que los instrumentos de la investigación científica se deterioraron, finalmente se redescubrió la perspectiva jónica. E mundo occidental ha despertado de nuevo. La experimentación y la investigación han despertado nuevamente, como dice Allan Kardec (1804- 1869), en su obra, basándose - experimentación e investigación - en estas prerrogativas.

Hoy en día hay mucha ciencia jónica y también una buena dosis de investigación libre y valiente, por la que nos guiamos los espiritistas, pero también hay supersticiones temibles y ambigüedades éticas "fatales." Estamos heridos y reprimidos por viejas contradicciones; Algunos de nosotros todavía defendemos estos postulados que destruyen el pensamiento jónico. Todavía no hemos aprendido de tantas de las víctimas de los autodenominados "defensores" como Tito Lucrecio (/- 98- 55 aC), Galileo Galilei (1564- 1642) y Charles Darwin (1809- 1882).

Hoy en día la historia se repite, aunque ya no se asesina a personas, se las tortura o se condena a prisión en el sentido literal de la palabra, sino que se las condena de otras formas. La Ciencia sigue molestando a mucha gente. En particular, los hombres en el poder. La Religión y la Filosofía continúan viéndolo a través de la lente del pasado.

Sería cuando menos absurdo que alguien con formación religiosa o filosófica criticara con vehemencia una obra de carácter científico. Sí, *La Teoría Corpuscular del Espíritu* es de naturaleza científica. Si no fuera así, la Astrofísica Teórica, la Física Teórica, la

Cosmología y las Matemáticas - a excepción de la Criptografía - , tampoco lo serían. Y necesito entender qué es la ciencia. ¿O Albert Einstein, Stephen Hawking (1942 - ...) ¿y tantos más no serán científicos?

João Magueijo (1967 - ...), cosmólogo portugués, está considerado uno de los diez mayores genios actuales en el campo de la Cosmología. En este milenio, Magueijo publicó un libro, *Más rápido que la luz*, publicado en Brasil por Record y en Portugal por Gradiva. Este libro fue publicado en los EE.UU. y en el Reino Unido. Magueijo es autor de una teoría que cuestiona la premisa básica detrás de la relatividad einsteiniana: que la velocidad de la luz en el vacío es siempre constante. Por increíble que parezca, fue perseguido, y su trabajo estaba en riesgo, como científico que es, una tesis académica. Inicialmente se prohibió la publicación de su libro en el Reino Unido. ¿Cómo se puede prohibir un libro con contenido científico? ¿No es Inglaterra un país democrático? Por supuesto que lo es. El problema es que siempre vuelve a lo mismo: la condena, por parte de los no científicos, de los cuernos de la Ciencia. La vieja historia griega se repite. El cosmólogo portugués, testarudo como cualquier portugués, consiguió que su obra se publicara en tierras de Su Majestad. Pero él no lo escribió, dijeron sus abogados. ¿Quién lo persiguió y quién sigue persiguiendo a los hombres de Ciencia? Los mismos de siempre, los burócratas de la Ciencia. Los que no entienden nada de Ciencia y se creen poseedores de la verdad absoluta. En una revista científica inglesa su trabajo científico fue clasificado como "herejía."

Siempre hay quienes tienen una reacción subjetiva, puramente irracional, en el sentido de aversión a todo lo nuevo. Y también hay quienes tienen una reacción objetiva, pero en el sentido neutral y crítico que todo lo nuevo debe ser probado primero. Evidentemente habrá que comprobarlo con coherencia lógica, coherencia natural, luego con observaciones, experimentos, si son posibles, etc. Siempre hay reacciones negativas de ambos tipos. Los primeros, creo, son completamente inaceptables; los segundos son importantes, incluso esenciales, para ayudarnos a mejorar, a perfeccionar nuestras ideas. Esta es una crítica hecha con el propósito de aportar aclaraciones, correcciones, aquellas que permitan avanzar.

¿Por qué algunas personas se mantienen firmes ante nuevas formas de pensar? ¿Al progreso científico y tecnológico? ¿Serán los mismos de antes?

Algunas verdades...

Hernani Guimarães Andrade nunca intentó superar a Allan Kardec. Bien, por el contrario. Guimarães Andrade siempre tuvo como brújula al honesto profesor Hippolyte Leon Denizard Rivail. Hombre sencillo y discreto, nunca intentó destacar. Su obra y su vida hablan por sí solas.

Resulta cuanto menos curioso que algunos críticos infundados de la citada obra utilizaron la Ciencia Oficial para tumbar la teoría propuesta por Guimarães Andrade y luego utilizaron la misma ciencia para defender la existencia del espíritu, el periespíritu, el mundo espiritual, de Dios, etc.

También creían que Guimarães Andrade era un esotérico y místico. No basta con decirlo a la ligera: es necesario demostrarlo. Del análisis de sus obras esto no me parece correcto. En lo que a mí respecta, fui un joven ateo convencido y orgulloso, hasta que encontré *El Libro de los Espíritus* y me enamoré de su contenido, tanto del contenido de las preguntas como del contenido de las respuestas. Sé también que este magistral compendio de la vida no es un misal ni un libro consagrado, lleno de dogmas y/o verdades absolutas. A partir de entonces me dediqué al estudio de la Doctrina Espiritual, teniendo siempre como brújula a Allan Kardec. No tengo nada que ver con religiones, sectas o filosofías extrañas o verdades absolutas o creo que las tendré. Soy científico, he analizado, desde una perspectiva que no es solo la mía, *La Teoría Corpuscular del Espíritu*. Nada más.

Otros críticos dicen que *La Teoría Corpuscular del Espíritu* no ofrece ninguna consistencia, desde un punto de vista científico. ¡Qué tontería afirmar semejante falsedad! Que quede demostrado... No basta con decir mentiras. Estamos hablando de Ciencia, no de filosofías. Para demostrarlo es necesario demostrar que la teoría es un error. ¡Espero seguir vivo para ver esto!

En *La Teoría Corpuscular del Espíritu,* primer capítulo, Guimarães Andrade afirma que el Espiritismo necesita progresar, superar las viejas concepciones mecanicistas de siglos pasados y que "los seguidores de la Doctrina deben tener el coraje de retroceder, si es necesario; de repensar viejos conceptos; sacudir el polvo de la suposición para descubrir la realidad sepultada; dejar de lado el dogmatismo autoindulgente e ignorante que se aferra a la forma y olvida el espíritu."[8] Estoy totalmente de acuerdo con Hernani Guimarães Andrade.

A pesar de varios conceptos erróneos encontrados en la Doctrina Espírita, los autoindulgentes, los temerosos y los poderosos continúan persistiendo en los errores que critican en los demás. Negarse a aprender y corregir los suyos. Como testificó sabiamente Allan Kardec en *La Génesis*: "*Caminando de la mano del progreso, el Espiritismo nunca será superado, porque, si nuevos descubrimientos demostraran que está equivocado en algún punto, cambiaría en ese punto. Si una nueva verdad revelara, lo aceptará.*"[9] Pero, aunque sabemos que no hay posibilidad de vida inteligente en el planeta Marte, seguimos defendiendo lo indefendible. A pesar de las evidencias evidentes, aun hoy veremos la Doctrina Espírita como ridícula, pero lo más grave es que ridiculizarán la Doctrina Espírita. No existe ninguna hipótesis de vida inteligente - para hablar de vida organizada y encarnada -, ni en el Planeta Rojo ni en otros del sistema solar. Esta es evidencia de poca Ciencia. Por otro lado, en nuestras escuelas ya enseñamos qué son los fluidos y las vibraciones. Salvo aquellos que se empeñan obstinadamente en el Espiritismo y que seguirán repitiendo las estupideces más absurdas, contribuyendo una vez más al ridículo de la Doctrina Espírita, por parte de la sociedad ilustrada y del futuro. Se olvida

---

[8] *La Teoría Corpuscular del Espíritu,* 1 Edición, del autor, 1958, página 17, línea 10.

[9] *La Génesis,* de Allan Kardec, 36 Edición FEB, Capítulo I, página 40, ítem 55, línea 22.

que hoy los jóvenes estudiantes de 14, 15 años ya saben qué es un fluido y una vibración. Y estos conceptos no son consistentes con lo que afirma el Espiritismo. Yo me quedo con la Ciencia. También sé que Allan Kardec haría lo mismo y eso también hizo Guimarães Andrade.

Cosmología y Teorías

Es necesario no olvidar que las teorías son sólo representaciones de la realidad: no son realidades. [10] Somos nosotros, quienes crean una teoría, resuelve las ecuaciones que surgen de ella y comprueba si la imagen obtenida de esta teoría corresponde a la realidad.

Hay dos tipos de teorías para describir las leyes físicas de nuestro Universo: teorías construidas y teorías descubiertas. Las primeras son como una edificación que comienza con un soporte sólido y donde las paredes, ventanas y puertas se colocan en posiciones que dependen del propósito de la edificación. Si luego queremos cambiar las puertas, ventanas o paredes podemos hacerlo sin afectar a su estructura. Asimismo, una teoría construida puede modificarse para adaptarse a nuevos resultados experimentales, suponiendo que los resultados no contradigan su fundamento.

La teoría descubierta se puede comparar con un pedazo de tierra "perdido" y desconocido en el océano, la época de los navegantes del siglo XVI. La tierra es encontrada por casualidad por el descubridor, cuando se da cuenta de que hay muchas gaviotas caminando en los cielos. Donde hay gaviotas implica que hay peces y tierra. Después de rodear a las gaviotas, ve una enorme línea de tierra en el horizonte. A diferencia de una teoría construida, una teoría descubierta difícilmente puede modificarse, ya que no se

---

[10] Por ejemplo, los planetas, cuando se mueven en sus órbitas alrededor del Sol, no están resolviendo constantemente sistemas de ecuaciones diferenciales que les indiquen cómo moverse, así como las esferas celestes no son fijas. Simplemente se mueven, indiferentes a nuestros cálculos y estudios.

puede evaluar el terreno antes de encontrarlo. Pero como el "descubrimiento" se basa en la investigación teórica y no en la experimentación, una teoría descubierta puede desarrollarse en ausencia de nuevos resultados experimentales, lo cual es muy difícil de hacer con una teoría construida.

Un ejemplo de teoría construida es el modelo estándar de interacciones fundamentales que describe tres de las cuatro fuerzas conocidas: la fuerza electromagnética, la fuerza débil - responsable de la radiactividad - y la fuerza fuerte - responsable de la estabilidad del protón. Sin embargo, el modelo estándar no describe la cuarta interacción, la gravitacional. La base del modelo estándar es la *Teoría Cuántica de la Fuerza Electromagnética.* Esta teoría ya ha sido verificada con la precisión de una parte en mil millones, siendo la base sólida del modelo estándar. Las otras dos, la fuerte y la débil, se describen utilizando generalizaciones de los conceptos latentes de *La Teoría Cuántica del Electromagnetismo.*

En la década de 1970 se descubrió la posibilidad que las partículas fundamentales fueran la resonancia de un objeto unidimensional: una cuerda. Este descubrimiento se hizo por casualidad. La Teoría de Cuerdas describe las partículas elementales como modos de vibración de cuerdas unidimensionales cerradas - *loops* - o, más recientemente, membranas bidimensionales.

Sin embargo, existen otras teorías que también intentan unificar la gravitación con las otras 3 interacciones. La teoría de cuerdas se está descubriendo y no se está construyendo, por lo que las propiedades de la teoría no se pueden adaptar para que coincidan con las propiedades previstas.

¿*La Teoría Corpuscular del Espíritu* será una teoría descubierta o construida?

Actualmente, la Teoría de Cuerdas es una de las teorías mejor estructuradas que se conocen dentro de la Física Teórica. Aunque todavía existe cierta controversia, la opinión de la comunidad científica internacional es que esta teoría "es la única que existe"; es decir, de todas las diferentes teorías que han surgido para intentar explicar la nueva Física más allá del "estándar." modelo, este es el único que aun no ha sido declarada como incorrecta.[11]

El problema que se plantea es que su lenguaje se vuelve cada vez más complejo. Se crean las matemáticas. Se inventa una nueva matemática. Este lenguaje universal es tan específico que muy pocos lo entienden.

La Física está en todas partes. De hecho, las leyes de la Física gobiernan el Universo, el Sol, la Tierra e incluso nuestra propia vida. En la sociedad actual en rápido y constante desarrollo, dependeremos cada vez más de la alta tecnología: las computadoras, el transporte y las comunicaciones son solo algunas de las áreas clave que resultarán de los descubrimientos realizados por los científicos dedicados a las más diversas ramas de la Física.

Los físicos teóricos utilizan las matemáticas para describir ciertos aspectos de la naturaleza. Sir Isaac Newton (1643- 1727) fue el primer físico teórico, aunque en su momento su profesión se llamó - imagínese - "filosofía natural." Hoy en día ya entendemos estos errores intencionales, pero en el pasado la gente había utilizado el Álgebra y la Geometría para construir maravillosas obras de Arquitectura. Sin embargo, el Álgebra y la Geometría solo describen objetos aparentemente inconmensurables. Para describir las cosas a un nivel o de alguna forma en profundidad, Newton inventó el Cálculo. Luego creó una nueva matemática.[12]

---

[11] La controversia que existe se debe a la falta de datos experimentales exhaustivos para validar la teoría. De hecho, todavía hay muy pocos resultados experimentales. Pero, sin duda, se trata de un área científica súper activa y en rápido desarrollo.

[12] Objetos en movimiento visibles, p. el Sol, la Luna, los planetas y las estrellas siempre han intrigado al ser humano. Para ellos, el científico inglés creó un nuevo cálculo del cielo (Newton) durante la noche. Combinado con las "Leyes de Newton", ideó un modelo matemático para la fuerza de gravedad que describía no solo los movimientos observados de los planetas y las estrellas en el cielo nocturno, sino también los de los pesos en equilibrio.

Actualmente, los físicos teóricos suelen trabajar dentro de los límites de las matemáticas conocidas, a veces inventando nuevas matemáticas, en respuesta a nuevas necesidades, tal como lo hizo Newton con el cálculo. Mientras teórico y experimentalista, Newton pasó largas horas - hasta el punto de descuidar su salud -, observando el comportamiento de la Naturaleza, para poder describirla detalladamente. Posteriormente, las leyes que describen la Naturaleza no son abstractas y la Naturaleza no se forzada a sí misma a obedecer a éstas. En su descripción se utiliza lenguaje matemático. En los siglos XVII y XVIII la teoría y la experiencia iban de la mano. Actualmente, las funciones de teoría y observación se dividen en dos comunidades distintas en Física: experimentos y teorías. Ambos son mucho más complejos que en la época de Newton. Los físicos teóricos exploran en Matemáticas áreas de la naturaleza que la tecnología actual aun no permite experimentar[13]:

Ludwig Joseph Johann Wittgenstein[14] tenía razón. Y aun así, nos preguntamos ¿cómo puede la Filosofía analizar algo en Ciencia, si entiende poco de Matemáticas o Física o Medicina o Química o Informática o Ingeniería?

Partiendo de suposiciones que no comprende y no conoce fácilmente, llega a suposiciones erróneas. Lamentablemente, hoy en día, el grado de especialización y complejidad ha evolucionado de tal manera que el filósofo fácilmente puede ser considerado analfabeto en lo que respecta a la Ciencia.

Las teorías pueden ser, simultáneamente, el punto de llegada y de salida de los científicos que esperan encontrar en ellas respuesta a un problema dado. En otras palabras, algunos controlan la exactitud de sus teorías, otros experimentan - cuando

---

[13] Muchos físicos teóricos se han dado cuenta que no tienen forma de comparar y/o experimentar cómo sus descripciones matemáticas armonizan con la realidad misma. Aprendieron a vivir con ambigüedad e incertidumbre en su trabajo describiendo la Naturaleza, utilizando las matemáticas para hacerlo.

[14] El filósofo austriaco más renombrado del siglo XX, Ludwig Wittgenstein, afirmó que "la única tarea que le queda a la filosofía es el análisis del lenguaje."

es posible hacerlo – ; para ello hay que realizar una operación intermedia. Hay que extraer una predicción concreta de la teoría. Tienes que anticipar lo que sucederá en circunstancias concretas, si tu teoría es correcta. Aquí radica la propuesta de *La Teoría Corpuscular del Espíritu*. No es una Ley, pero es una Teoría. Jamás Guimarães Andrade afirmó categóricamente la absoluta verdad de su tesis académica.

Una Ley, en teoría, se compone de reglas y fórmulas que establecen una relación invariable, constante y mensurable entre los fenómenos. Sin embargo, a menudo no es tan lineal, ya que, a lo largo de la evolución científica, nos hemos encontrado con graves errores en las leyes. Hipócritamente, algunos científicos intentan ocultarlos, sin que otros lo sepan. Otras veces, por ser difíciles de eliminar o sustituir, los "dueños" menos escrupulosos de la Ciencia deciden mantenerlas, para que el descrédito de la sociedad no les afecte.

Sería completamente absurdo que fuéramos a buscar un planeta, una estrella, una galaxia o incluso el propio Universo y los sometiéramos a pruebas. ¿Cómo hacerlo? ¿Ponemos nuestras estrellas, el Sol, por ejemplo, en un laboratorio? ¿Se podría colocar sobre un cubreobjetos para observarlo a través de un microscopio, pudiendo cambiar parámetros y/o manipularlos? ¿Podríamos experimentar con ello? La respuesta parece evidente para nosotros.

Ser científico no es lo mismo que ser hombre o mujer con formación científica; son campos muy diferentes y con los que muchos se equivocan. Un científico trabaja "veinticuatro" horas al día con la Ciencia. Vive, come, respira, sueña y ama la Ciencia. No es un filósofo, en el sentido habitual de la palabra. No pierde el tiempo con juegos de palabras. Es un trabajador científico. Trabaja como los jonios, con las "manos." Aunque hay miles de científicos, lamentablemente hay pocos científicos.

El científico reconoce que la única certeza que tiene es que no tiene certeza absoluta; todo se basa en probabilidades e incertidumbres. Sin duda no es perfecto ni puede serlo, pero es una de las mejores herramientas que el hombre tiene a su disposición para autocorregirse y progresar incesantemente. Esta es la base con la que el profesor Hernani Guimarães Andrade fue modelo en la elaboración de *La Teoría Corpuscular del Espíritu.*

Por varias razones, la Cosmología es una ciencia única. Desde un punto de vista formal - el más importante - , es que en Cosmología solo se pueden hacer observaciones y no experimentos. Solo hay un Universo que estudiar, del cual, de hecho, somos parte, y no es, por tanto, posible cambiar tal o cual parámetro, tal o cual ingrediente y registrar lo que es diferente. Naturalmente, esto conduce a algunos problemas sutiles. Por ejemplo, la cuestión de "cuán especial es nuestro Universo" tiene una formulación compleja, porque no existe un "universo típico" que pueda servir de comparación. Obviamente, el simple hecho que nuestra especie exista impone limitaciones a posibles caminos evolutivos o significados físicos. Sin embargo, desde un punto de vista práctico, la mayor dificultad reside en el hecho que las escalas características del espacio y del tiempo en Cosmología son mucho más altas que las habituales. Así, la Luna, que se encuentra aproximadamente a 400.000 km de distancia, está aproximadamente 1,3 segundos luz. Tenga en cuenta que, cuando miramos la Luna, no la vemos como es ahora, sino como era hace 1,3 segundos/luz: el cielo nocturno es en realidad una "máquina del tiempo."

También enfatizamos que la expansión del Universo es una expansión del espacio mismo y no una expansión de galaxias en un espacio que ya existe. De hecho, el espacio es "creado" a medida que el Universo se expande. Además, tampoco es correcto imaginar el inicio del Universo como una explosión en algún punto del espacio; primero, porque no existe ningún punto privilegiado - el Universo es homogéneo - y, segundo, porque el concepto de explosión está asociado a un gradiente de presión - y el Universo es isotrópico. En particular, el Universo puede expandirse tan rápido como quiera: la velocidad de expansión no está limitada por la velocidad de la luz, porque en esta expansión no hay transporte de energía.

Normalmente, se denomina especulación a algo con lo que no se está de acuerdo, por lo que se podría pensar que la especulación no tiene ningún papel que desempeñar en la Ciencia. De hecho, ocurre exactamente lo contrario. En Física Teórica, y especialmente en el campo de la Cosmología, la mayor parte del tiempo se dedica a intentar descubrir fallos en teorías que ya existen, así como a analizar nuevas teorías especulativas que quizás nos permitan describir tan bien o mejor que las anteriores los datos experimentales. Una de las herramientas es dudar de todo lo que otros han propuesto antes, para proponer alternativas audaces que generen discusión. A todo esto se llama Ciencia. Para eso nos pagan a los científicos.

Albert Einstein la tuvo más fácil, ya que solo necesitaba un bolígrafo o lápiz y hojas de papel. ¿Será que Einstein, porque es físico teórico y no utiliza la experimentación, no es un científico? ¿Y qué pasa con los matemáticos profesionales - no incluye profesores de Matemáticas ni personas con formación en Matemáticas, hablo de matemáticos reales: investigadores de Matemáticas, científicos? Guimarães Andrade dejó muy claras estas premisas en la elaboración de *La Teoría Corpuscular del Espíritu*.

La genialidad de *La Teoría Corpuscular del Espíritu*, así como su propuesta científica, es la de abrir nuevos caminos a la discusión sobre el origen del hombre, la vida y del Universo.

Sin querer plagiar al primer hombre que pisó la Luna el 20 de julio de 1969, procedente de la misión Apolo 11, el astronauta norteamericano Neil Armstrong (1930 - ...), diría que *La Teoría Corpuscular del Espíritu* "es un pequeño paso para el hombre, sino un salto gigantesco para la Humanidad."

Nos toca a nosotros saber aprovechar...

Oporto - Portugal, 25 de abril de 2007.

Profesor Doctor Luis de Almeida, Científico de la Agenda Espacial Europea

El Profesor Doctor Luis de Almeida es licenciado en Ingeniería Aeroespacial, maestría, doctorado y posdoctorado en Astrofísica y Cosmología Multidimensional. Investigador de la Agenda Espacial Europea y consultor de la NASA.

CAPÍTULO I
El Espiritismo frente a otras Ciencias

"El Espiritismo o será científico o nunca sobrevivirá."

Allan Kardec

El espíritu y las ciencias

Desde los memorables acontecimientos de Hydesville (1848), los hechos del Espiritismo fueron catalogados y, paulatinamente, superaron las rigurosas observaciones realizadas por numerosos científicos de los siglos XIX y XX.

Como es natural, hubo y todavía hay opositores de esta joven ciencia; pero su número está disminuyendo ante la abrumadora evidencia que se está recopilando a favor de la autenticidad de los fenómenos espirituales. Los argumentos de los negativistas no lograron hacer tambalear los sólidos fundamentos del Espiritismo, porque, evitando el análisis de los abundantes hechos de su fenomenología, sus adversarios se aferran a prejuicios filosóficos y teológicos, a ridículas observaciones personales de pocos casos fraudulentos o a la transcripción de informes sin carácter científico, incapaces de contrarrestar el testimonio de verdaderos eruditos e investigadores.

Por tanto, consideramos que la existencia del espíritu es una realidad indiscutible. Negarlo equivaldría a negar el resto de hechos observados en el Universo; esta actitud solo estaría justificada ante un total desconocimiento del tema o una mentalidad sectaria fanatizada por dogmas y prejuicios. Aunque no estamos de acuerdo con sus hipótesis explicativas de los fenómenos espirituales, estamos con Richet cuando dice:

"Hemos leído y releído, estudiado y analizado los trabajos que se han escrito sobre este tema y declaramos que es bastante inverosímil e incluso imposible que hombres ilustres y honestos se como Sir William Crookes, Sir Oliver Lodge, Reichenbach, Russel Wallace, Lombroso, William James, Schiaparelli, P. Myers, Zollner, A. de Ochorowicz, Morselli, Sir William Barrett, Ed. Gurney, C. Flammarion y tantos otros han sido, en cientos de sesiones repetidas de manera diferente, a pesar de su vigilancia atención, para engañar a los defraudadores y que han sido víctimas de una credulidad espantosa. ¿No podrían todos y siempre ser tan ciegos como para no darse cuenta de fraudes que deben haber sido graves; lo suficientemente imprudentes como para concluir cuando ninguna conclusión era legítima; por lo tanto, la incapacidad de nunca, ni siquiera unos, ni otros, hacer una sola experiencia impecable. "*A priori*", sus experiencias merecen una consideración seria y no descartadas con desprecio."[1]

Los avances alcanzados en el sector del Espiritismo Científico no fueron pequeños; sin embargo, su radio de acción no superó los límites de la fenomenología mediúmnica. La investigación de hechos sobrenaturales fue exhaustiva. Se escudriñó cada rincón del vasto edificio del mediumnismo y el animismo. La presencia de ectoplasma en manifestaciones telequinéticas y teleplásicas ha sido ampliamente probada. Era indiscutible la intervención de inteligencias extracorpóreas, actuando y presidiendo los diversos, variados e impactantes hechos del Espiritismo. Aun hoy, los investigadores prácticamente repiten los mismos experimentos y las mismas investigaciones, realizadas en el siglo pasado y principios de este.

Actualmente existe una curiosidad insaciable en torno a los fenómenos espirituales, una tremenda sed de pruebas de la supervivencia del espíritu, que muchas veces impide ir más allá de

---

[1] OJ Charles Richet - *Traité de Metapsychique*. Edición Deuxieme 1923. Livre Premier, pág. 6. Este extracto traducido por el autor.

la simple observación personal, careciendo, en algunos casos, incluso del rigor del control científico que siempre presidió las cuestiones serias. obra de los venerables y sabios experimentadores del pasado. Lamentamos el casi estancamiento en el que se encuentra actualmente el componente científico del inseparable trío de doctrina: Ciencia, Filosofía y Religión.

Admiramos y aplaudimos su gran avance en el campo filosófico y especialmente en el campo religioso, aquí, en Brasil.

Se lo debemos a la mediumnidad de Francisco Cândido Xavier; es una evolución apreciable de los conceptos espirituales y, en los admirables informes psicográficos de André Luiz, podemos recoger una riqueza de enseñanzas también de carácter científico-espiritual.

Pero ¿dónde encontraremos una teoría que abarque y enmarque todos estos fenómenos dentro de un marco racional?

La Física, la Química, la Astronomía, la Biología, todas las Ciencias, en fin, emergieron progresivamente del bulto materno de la Filosofía para trazar vuelos audaces en alas de las teorías.

La Alquimia evolucionó hacia la Química, impulsada por las teorías e hipótesis de Lavoisier, Proust, Dalton y otros. La Física escapó de la magia, arrastrada por las audaces concepciones de Galileo, Newton, Hertz, Maxwell, Fitz-Gerald, Minkowshi, Steinmetz, Rutherford, Niels Bohr, Einstein y tantos más.

La Astrología se convirtió en Astronomía, gracias a Ptolomeo, Copérnico, Keppler, Galileo y muchos otros audaces pioneros del pensamiento, que buscaron, en hipótesis formuladas a la luz de la intuición lógica, una anticipación de los hallazgos experimentales, dando una hoja de ruta segura y un plan de investigación dentro del rango de máxima probabilidad de éxito.

Sin embargo, el Espiritismo adolece de la falta de teorías que le permitan avanzar con seguridad en el camino de la investigación metódica de laboratorio.

Hoy en día abundan los medios de investigación, así como los métodos modernos de prueba sistemática. Los laboratorios de psicología van ganando terreno poco a poco en el estudio de las facultades y los fenómenos del alma, gracias a las teorías de Freud, Pavlov y otros. Ya contamos con electroencefalógrafos. Los fisiólogos comienzan a vislumbrar las posibilidades de la psicosomática para curar innumerables enfermedades. Toda la Ciencia avanza, guiada por hipótesis y teorías. Golpea aquí o allá. Se rectifican conceptos básicos. Ciertos detalles de las premisas se modifican y, de mejora en mejora, las teorías ganan el premio de Leyes de la Naturaleza.

¿Por qué no hacer lo mismo con el Espiritismo? Quizás ya sepamos todo sobre el fascinante problema del espíritu; de sus relaciones con el mundo físico; de sus propiedades; de su verdadera naturaleza? Allan Kardec buscó establecer un orden, una concatenación y, sobre todo, una síntesis de todo el Espiritismo, pero no desarrolló plenamente el tema. El Codificador llegó al mundo en un momento en que la ciencia se preparaba para una gran transformación y las ideas audaces encontraban un terreno fértil para una rápida propagación. Los viejos conceptos mecanicistas estaban ya a punto de sufrir sus primeros golpes, pero los hombres todavía creían ver en la mecánica racional, la piedra fundamental para resolver los antiguos enigmas. El espíritu científico se ubicó en el punto ideal donde conviven razón y método con fe e intuición. Los espíritus colaboradores de Kardec revelaron entonces una Doctrina cuya terminología y fundamentos científicos se adaptaron al nivel de la época. Nótese, por ejemplo, el uso acentuado de las expresiones fluido eléctrico y fluido magnético, que encontramos a cada paso en las obras del Codificador y, también, en los autores de obras espirituales y similares de la época.

No vemos mención clara y explícita de las ideas relativistas y cuánticas que estaban por aparecer, sin embargo los conceptos mecanicistas de vibraciones, éter, etc., continuaron siendo empleados por los reveladores. Se puede ver la influencia del agonizante pensamiento científico de la época en las expresiones utilizadas por los mentores espirituales.

¿Estarían equivocados? ¿Quizás ignorarían lo que ahora es banal y común? No lo creemos. El alcance de la revelación espiritual tal vez se limitó a formar una base inicial para la Doctrina. Parece que los supervisores espirituales no estaban interesados en enseñar Ciencias Físicas, ya que, ciertamente, deberían conocer su progreso en poco tiempo. Quizás pretendían hablar a los hombres en su propio idioma, para que los entendieran y no los discutieran académicamente. Por tanto, probablemente no cuidaron la precisión tecnológica de los conceptos físicos, ni buscaron corregir las concepciones obsoletas aun conservadas por la Ciencia Oficial, ya que tal imprecisión no perjudicaría la idea básica y fundamental, que solo podía entenderse bien, si no chocara con el pensamiento oficial imperante en la época.

Allan Kardec declaró, en sus obras, que el Espiritismo renunciaría a los conceptos expuestos en favor de los logros de la Ciencia Oficial:

> "El Espiritismo, marchando con el progreso, nunca será superado, porque, si nuevos descubrimientos le demuestran que está equivocado en un punto, cambiará en ese punto; si se revela una nueva verdad, la aceptará."[2]

Por tanto, la Ciencia Espiritual tiene un campo abierto para la investigación y el desarrollo de sus principios básicos, que pueden y deben evolucionar en paralelo a la Ciencia Espiritual Oficial. Y, tal como están las cosas, necesita avanzar incluso, si es necesario, a costa de reformar sus postulados. Solo así el Espiritismo logrará escapar al triste destino de convertirse en dogma y sus conceptos, imponiéndolos como artículos de fe, precipitándose a la fosa común de las doctrinas cristalizadas en la religión.

No es nuestra intención menospreciar o relegar a un nivel secundario los demás aspectos de la Doctrina Espírita. Nuestro objetivo es alertarle del peligro de atrofia de uno de sus

---

[2] *La Génesis*, Allan Kardec, Nueva Edición de 1900. Traducido bajo los auspicios de FEB, cap. I - 55, pág. 43.

componentes. No podemos olvidar el triple carácter del Espiritismo: científico, filosófico y religioso.

El Espiritismo no puede separarse de la Ciencia. Debe seguirla paso a paso. Los seguidores de la Doctrina deben tener el coraje de retroceder, si es necesario; reformar viejos conceptos; sacudir el polvo de la suposición para descubrir la realidad enterrada; abandonando el dogmatismo autoindulgente e ignorante, que se aferra a la forma y olvida el espíritu.

Debemos perder la timidez y la complacencia y dejarnos llevar en las alas de la inteligencia, siguiendo el progreso, aunque nos cueste el sacrificio de inmolar la verdad a los ídolos de mente engañada. Disponemos de abundante material recopilado a través de investigaciones sistemáticas, realizadas a lo largo de varios años.[3]

Parece que nos encontramos en una posición análoga a la de los científicos del siglo XIX, ante los fenómenos físicos; un esquema mecanicista encajaba casi perfectamente en la imagen del Universo imaginada por los estudiosos de aquella época. Confirmando la teoría ondulatoria de Huygens y Euler, Fresnel descubrió los fenómenos de interferencia y difracción de la luz. Para explicar la polarización de la luz.

Según la hipótesis ondulatoria, se admitió un medio elástico capaz de vibrar y servir de intermediario para la propagación de rayos luminosos: el éter. El éter era una paradoja, debe ser perfectamente elástico, poseer una rigidez casi infinita, ser extremadamente sutiles y llenar todo el espacio, sin dejar vacíos ni ejercer fricción imaginable que ofrezca resistencia al movimiento de los cuerpos.

La Teoría del Éter cósmico quedó definitivamente entronizada tras los trabajos de Maxwell. El mecanicismo había

---

[3] Para los lectores que aun no estén familiarizados con la parte científica de la Doctrina de los Espíritus, recomendamos la lectura del espléndido libro: *Al fin y al cabo, ¿quiénes somos?*, de Pedro Granja, donde podrán encontrar una magistral síntesis de los mejores trabajos sobre el tema.

alcanzado su apogeo y los estudiosos ya estaban ensayando una explicación mecanicista generalizada para todos los fenómenos naturales, incluidos los biológicos. El Universo era una máquina inmensa. La solución al gigantesco mecanismo era ahora cuestión de tiempo. No quedaba nada más por descubrir.

En 1861, A. A. Michelson y E. W. Morley realizaron, en Cleveland, el clásico experimento con el interferómetro de su invención. Buscaban determinar, mediante experimentos ópticos, "el movimiento de la Tierra en relación con el éter." Los resultados obtenidos sorprendieron al mundo científico. Se había verificado la constancia de la velocidad de la luz. Como consecuencia de ello, el éter universal se convirtió en una quimera. Se comprobó que no existía. El punto neurálgico del mecanismo se había alcanzado por completo. Todas las ideas a partir de entonces, relativas a la materia, al tiempo y al espacio, tendrían que sufrir una modificación casi total.

Entonces surgieron los grandes teóricos. La Física experimentó una profunda revisión de sus postulados, dando como resultado el espectacular avance que ahora vemos. Pero ha costado algún sacrificio, alguna renuncia, algunas molestias, cambiar los conceptos que prevalecían hasta entonces, ya que los hombres están muy apegados a sus doctrinas, a sus convicciones. No es fácil desarraigar creencias y concepciones, incluso si satisfacemos su inconsistencia.

Por lo tanto, nuevas teorías, nuevas doctrinas y nuevas ideas tienden a penetrar muy lentamente en la gigantesca barrera impuesta por la intolerancia, la vanidad y el espíritu de rutina que obstaculizan el progreso.

Nuestra posición, como decíamos, en relación a los fenómenos espirituales, es similar a la de los físicos del siglo XIX. No se trata de los devastadores resultados de un nuevo experimento como el de Morley y Michelson. Se trata precisamente de una falta de experimentación orientada en otra dirección y precedida de una teoría que proporcione las pautas necesarias.

No pensamos en una subversión o un derribo del edificio teórico ya existente. Solo creemos en la posibilidad de un pequeño avance en el difícil campo científico espiritual, formulando una hipótesis de trabajo que facilite la incursión deseada y que ponga al Espiritismo en sintonía con las ciencias progresistas de hoy.

El aspecto actual experimental del Espiritismo

Actualmente, numerosos investigadores llevan a cabo experimentos sistemáticos en torno a los llamados fenómenos metapsíquicos. Observan principalmente a pacientes en trance. A pesar del rigor y la orientación científica de estas experiencias, las observaciones, en general y salvo raras excepciones, todavía no provienen del estadio de las manifestaciones mediúmnicas.

Por otra parte, las interpretaciones teóricas de los fenómenos casi siempre provienen del punto de vista de Charles Richet, quien veía en todo la manifestación exclusiva de las facultades supranormales del médium.

Con esta idea preconcebida, los metapsicistas modernos se lanzan a medir y observar las "emisiones de ondas cerebrales" u otros fenómenos relacionados, atendiendo siempre al supuesto que la manifestación de los espíritus es una hipótesis prescindible, anacrónica y absurda.[4]

Cuando salen de la rutina metapsicista, la investigación se caracteriza por una falta de unidad de objetivos y también por una falta de método científico. Los experimentos se llevan a cabo de forma aislada, se publican tras los primeros ensayos y, en torno al acontecimiento, se tejen las hipótesis más absurdas, seguidas de conclusiones apresuradas.

Así, se hacen famosas determinadas experiencias cuya descripción se transcribe de narrador a narrador, sin que nadie

---

[4] Como ejemplo, véanse los trabajos del Prof. Ferdinando Cazzamalli, publicado en la revista *Metapsichica*, de Bolonia- Italia, Año IX, Fasc. I.

intente resaltarlas nuevamente mediante la observación, confirmándolas o cuestionándolas.

Y el caso de la pantalla hecha con una solución de dicianina, diseñada para revelar el aura humana. El autor del descubrimiento es M. Walter J. Kilner, miembro del *Royal College of Physicians* de Londres. La comunicación se hizo en un libro en 1912. En 1920, el autor publicó un nuevo libro que trataba de la misma investigación.

Veamos algunas opiniones de observadores de esa era:

El Prof. Haschek de Viena (1914): no estaba de acuerdo con la hipótesis de la existencia del aura. Admitió que se trataba de un fenómeno de oxidación de los productos normales de excreción de la piel.

A. Hoffmann (1919): concluye que se trata de un fenómeno de sugestión, o mejor dicho, de ilusión óptica, resultante de la fatiga de la retina.

Clifford Best (1923- 1924), del Instituto Metapsíquico de Buenos Aires: encontró que se trataba de fatiga retiniana.

El propio Kilner, autor de la historia de la dicianina, no pudo fotografiar el aura humana de esta forma. Esto viene a limitar las hipótesis planteadas por Hoffmann y Clifford Best.

Estas experiencias aparecen, hacen ruido, son transcritas en revistas y periódicos de los círculos espíritas y metapsiquistas, pero su reflejo en el mundo científico oficial es débil. ¿Será la voluntad de los científicos? No lo creemos. El defecto no es la ciencia; eso lo sabemos bien.

* * *

Sin embargo, seríamos injustos si generalizáramos nuestro reconocimiento. Sin duda, todavía existen grupos espíritas, aquí y en el extranjero, que experimentan con el Espiritismo real. Citaremos, como ejemplo digno de imitar, los bellos trabajos realizados con los médiums Francisco Lins Peixoto (Peixotinho) y Fabio Machado, bajo la dirección del ilustre espiritualista patricio: Dr. Rafael Américo Ranieri. Los relatos de tales experiencias fueron recogidos en un libro, titulado *Materializaciones Luminosas* (Ed. Lake). Recomendamos leer esta obra, verdadero modelo de acción experimental de tipo clásico, pero muy moderno en cuanto a la época en la que se realizaron los experimentos investigativos, además del carácter inédito de un gran número de ellos.

La necesidad de una teoría científico– espírita

Lamentablemente, es tendencia de los metapsíquicos negar la manifestación de los espíritus, atribuyendo al médium las facultades necesarias y suficientes para desencadenar todos los fenómenos. Fundada por Charles Richet, heredó de él su punto de vista. Así, sistemáticamente se aleja del Espiritismo y no vemos ninguna razón para que corra tras él.[5]

El Espiritismo Científico, con o sin Metapsíquica, es la Ciencia de los fenómenos espirituales, y no es necesario negar sus orígenes para encontrar un lugar entre las Ciencias. Tarde o temprano se incorporará al concepto de los científicos.

El Espiritismo Científico carece de una teoría que le permita coordinar los fenómenos y trazar un plan de investigación, prescindiendo incluso de los extraordinarios médiums que han permitido hasta ahora la observación de los fenómenos metapsíquicos.

Una teoría puede no corresponder exactamente a la realidad; sin embargo, se vuelve cómoda y económica, facilitando el avance del conocimiento y la sistematización racional de la experimentación, dependiendo de la verificación posterior de su validez o de la corrección de sus imprecisiones.

Una vez establecidos los puntos básicos de una teoría, establecidos sus conceptos y creada su nomenclatura técnica, se hace factible aplicar los instrumentos internacionales que superen las deficiencias de los sentidos y la inexactitud de los conceptos,

---

[5] *Ciencia Metapsíquica* - Dr. Carlos Imbassahy, Edicciones "Mundo Espirita" - Calle do Carmo, 65, 4°. Piso, sala 1 - Rio de Janiero (RJ).

medidas, llevando el camino hacia el empirismo, que casi siempre es costoso y difícil.

Dicho esto, decidimos emprender la tarea de sentar las bases de una *Teoría Corpuscular del Espíritu,* siguiendo el esquema de la Teoría Atómica de la Materia.

Pensábamos que estábamos avanzados en nuestro intento, cuando nos sorprendió el interesante trabajo del ilustre autor Dr. G. B. Quaglia, publicado en la revista *Metapsichica,* enero - marzo de 1955, año X, fasc. I, pág. 27, bajo el título: *"Atomi e molecoli in rapporto alla psiche e ai fenomeni metapsichici."*

No hace falta decir lo contentos que estamos de ver que, en científicos ilustres formados en Europa ya vislumbran la posibilidad de sentar las bases de una teoría en este sentido.

Sin embargo, el trabajo del Dr. G. B. Quaglia difiere fundamentalmente de nuestra teoría, en cuanto a la naturaleza de constituyentes fundamentales del átomo espiritual, llamado por él: átomo psicobiofísico. Se trata; sin embargo, de una magnífica concepción, muy bien fundamentada y presentada de forma elegante, clara y lógica. Vale la pena mencionar los siguientes extractos de este importante trabajo.

> "Intentemos ahora dar una descripción del átomo psicobiofísico. Es evidente que, únicamente con el uso de tal modelo atómico, al explicar algunos fenómenos metapsíquicos, podemos darle un significado más concreto. Como dije al principio - citando las palabras de Heisenberg - , no debemos olvidar que todo conocimiento nuevo nace, por así decirlo, a la mitad y se equilibra un abismo. Lo mismo ocurre con el átomo psicobiofísico. Su uso y aplicación; solo podrán, paso a paso, hacerlo completamente significativo. Solo la experiencia puede consagrarlo. En el centro de este átomo hay un núcleo que es lo opuesto al núcleo psíquico", o mejor dicho, metapsíquico, en el sentido de "más que psíquico", o entonces, "más allá de la psique."

Evidentemente, un núcleo así no puede ser percibido internamente por la mente humana. Ningún instrumento puede probar directamente su identidad. Esto no impide que se idealicen las experiencias, con el objetivo de una demostración indirecta.

La integridad mental del hombre, el imaginario racional, puede reconocer la necesidad. El antinúcleo es efectivamente un sol espiritual, un pequeño sol vivo en cada partícula más pequeña del cuerpo humano. Este sol inmaterial le traerá, por así decirlo, unión entre el mundo de la espiritualidad y la entidad psíquica y somática humana.[6]"

G. B. Quaglia presenta su modelo del átomo psicobiofísico a través de un esquema donde se ve, en el centro, un núcleo, alrededor de este núcleo "tantos círculos como electrones y campos neutrofílicos esferoidales", admite que los neutrinos son las partículas que dan origen al campo biológico. Se intenta así unir el átomo material y el átomo psicobiofísico.

En la página 46 de la misma revista, leemos estas notables palabras:

"No voy a extenderme más sobre estos temas en particular, cada uno de los cuales requeriría un tratamiento por separado.

Para terminar, deseo señalar hasta qué punto esta hipótesis del átomo psíquico puede parecer, evidentemente, mera fantasía; sin embargo, es insignificante y contraria a los principios de la Psicología Anaéutica, que fue iniciada y fundada por el gran psicólogo médico, Carl Gustav Jung. La audacia de esta hipótesis, si es tan audaz, se relaciona principalmente con la ciencia física y biológica del pasado, pero ciertamente no, creo, con respecto a la verdad y la realidad."[7]

---

[6] El énfasis es nuestro. Opus cit.
[7] Ídem.

Podemos agregar que no vemos otra salida para el desarrollo del Científico- Espiritismo, excepto en la hipótesis de la naturaleza corpuscular del espíritu. Para ser más precisos: solo una teoría basada en tal hipótesis puede proporcionar los puntos de fijación para ajustarse al razonamiento matemático necesario para el desarrollo de la Ciencia espiritual. ¿Y por qué, se preguntará el lector, es necesario el tratamiento matemático de las cuestiones espirituales?

Responderemos con el panorama de la Ciencia Física actual, que, aunque ignora cuáles son las partículas constituyentes últimas de la materia, sabe, con la ayuda de las Matemáticas, cómo se comportan.

Nuestra posición, en relación a lo que es el espíritu, no difiere mucho de los datos físicos, en relación a lo que es la materia. La Teoría Atómica, por ejemplo, solo proporcionó un esquema para una mejor comprensión de los fenómenos, permitiendo la estructura y acción de fórmulas matemáticas. Es posible que las partículas u ondas ni siquiera tengan realidad en el sentido que le damos a esta palabra. Por tanto, no seríamos tan ingenuos hasta el punto de alimentar la ilusión de lograr algo más de lo que los físicos han logrado con respecto a la materia. Sin embargo, estamos seguros que la incorporación de una hipótesis corpuscular año tras año que tenemos actualmente del espíritu traería innumerables ventajas, especialmente en lo que respecta a la orientación de la investigación metapsíquica, hoy en día, realizada con objetivos muy restringidos o de forma muy dispersa.

CAPÍTULO II Las Bases de la Teoría

"¿Cómo será el tejido sutil del manto espiritual que el hombre vestirá sin el cuerpo de carne, más allá de la muerte?

Tan audaz es el intento de transmitir información sobre la cuestión a los compañeros encarnados, que difícil sería aclarar a la oruga cómo será después de vencer la inercia de la crisálida. "

Emanuel - Guion

La naturaleza corpuscular de las sustancias

Leucipo (siglo VI a. C.) y Demócrito (siglo V a. C.) nos legaron la concepción de la naturaleza atómica de la materia.

Demócrito era materialista y concebía la materia como compuesta de partículas rígidas, extremadamente pequeñas, hasta el punto de volverse indivisibles.

Su objetivo implicaba dos ideas:

1. La imposibilidad de dividir la materia, infinito;
2. La reducción de la inmensa variedad de sustancias conocidas a la combinación de ciertos tipos de partículas elementales, satisfaciendo así la simplicidad fundamental que debe ser una característica peculiar de la naturaleza.

Epicuro (342 - 270 a. C.) y Lucrecio (98 - 55 a. C.), fueron sus seguidores.

René Descartes (1596 - 1650), en 1625, concluyó no solo la existencia de átomos, sino también la de partículas aun más pequeñas, acercándose, en cierta medida, a las concepciones modernas sobre la naturaleza de estos corpúsculos.

Uno de los argumentos más comunes esgrimidos en contra de la concepción atómica es el de la posibilidad ideal de dividir una sustancia o extensión en tantas partes como se desee. Por pequeñas que sean estas partículas, nada nos impide, teóricamente, admitir la posibilidad de dividirlas, una y otra vez, hasta el infinito.

Veremos que este razonamiento resulta del hecho que pretendemos tomar prestados de las realidades de la naturaleza los resultados a los que llegamos mediante abstracciones mentales, creadas sobre una interpretación ilusoria de esas mismas realidades percibidas a través de nuestros sentidos.

La paradoja atribuida a Zenón de Eleia (490 - 485 a. C.):

"Sea un segmento de recta, limitado por dos partes: A y B, separadas por una distancia definida."

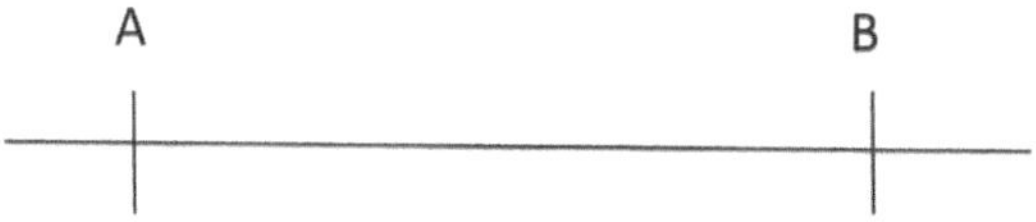

Fig. 1

En una recta se marcan dos puntos A y B. ¡Un movimiento! debe recorrer esta distancia AB, yendo de A a B.

¿En cuántas partes podemos dividir el segmento dado: AB?

La respuesta más común e inmediata es:

En cualquier número de partes, incluido un número infinito de puntos.

Supongamos que hemos dividido el segmento AB en un número infinito de puntos.

Ahora bien, nadie duda que es posible que un determinado mueble vaya del punto A al punto B, desplazándose a lo largo del segmento en cuestión.

Consideremos, entonces, lo que sucederá. El móvil, partiendo del punto A, se desplazará al siguiente punto, dentro de un tiempo determinado que designaremos como T.

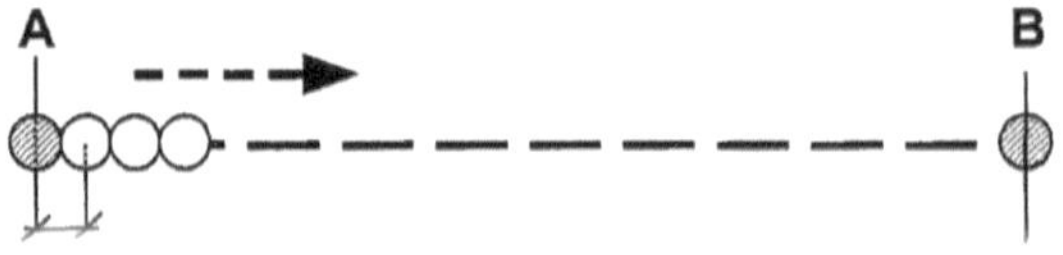

Fig. 2

Para recorrer la trayectoria AB, el móvil pasará sucesivamente por todos los puntos en los que se dividió la distancia de A a B. Los puntos están representados, en la figura superior, mediante discos, para hacerlos visibles.

El movimiento lo representaremos en la figura superior (Fig. 2), en la que realizamos los puntos como si fueran círculos. Supongamos que T tiene un valor determinado, mayor que cero. Como hay una infinidad de puntos entre A y B, el móvil tardará un tiempo infinito en completar todo el recorrido. En efecto, cualquier cantidad mayor que cero - en el presente caso, el tiempo T necesario para ir de un punto al siguiente- multiplicada por infinito, solo puede dar como resultado infinito. Por lo tanto el movimiento entre A y B es imposible, porque requiere una eternidad para realizarse, lo que va en contra de nuestra experiencia diaria.

Admitamos, entonces, que el móvil, al pasar de un punto al consecutivo, no pierde tiempo. Esto equivale a hacer:

T = 0 (cero)

Aun así, el resultado sería paradójico porque cero multiplicado por cualquier cantidad siempre daría cero como producto.

Por lo tanto, el móvil no tardaría nada en pasar de A a B. Esto supone encontrar el móvil simultáneamente en A y B, lo cual es absurdo.

¿Cuál es la causa de la paradoja de Zenón de Eleia?

Resulta del hecho que atribuimos cualidades o posibilidades a la naturaleza, solo ideales, nacidas de nuestras abstracciones. La discontinuidad es una forma de estar en la naturaleza, y cada vez que rompemos esta regla, caemos en absurdos como negar la posibilidad de movimiento.

La extensión produce en nosotros una sensación de la que extraemos la noción abstracta de espacio. Sin embargo, no debemos creer que, fuera de nosotros, la extensión será exactamente como la sentimos.

Como ejemplo mencionaremos la sensación de los colores. El fenómeno real, externo, que provoca la sensación de la que derivamos la noción de un determinado color, no es más que un movimiento vibratorio. Son dos cosas totalmente diferentes, aunque relacionadas.

La continuidad y la tonalidad solo son aparentes en el caso del color, ya que no nos dan una idea real de la naturaleza del fenómeno que los provoca.

Lo continuo solo puede ser considerado a través de una abstracción, a través de un mecanismo de pensamiento. Pero no podemos llevar tal abstracción al escenario de los hechos reales.

Por tanto, llegamos a la conclusión que el espacio en sí no existe, ya que la noción de espacio es una abstracción que surge de la sensación de extensión.

Pero la extensión depende de los seres reales que la forman.

Por tanto, la discontinuidad se convierte en una característica intrínseca de la sustancia; es decir, que las partículas fundamentales deben existir, independientemente que tengan extensión. Serían, por tanto, inextensivos y atómicas en el verdadero sentido del término atómico.

La Naturaleza Corpuscular del Espíritu

Consideramos suficientemente probada la existencia del espíritu como algo distinto de la materia, capaz de animarla y también de manifestarse de forma independiente, fuera de las organizaciones materiales llamadas seres vivos.

Los mismos argumentos lógicos que llevaron a considerar necesaria la discontinuidad de la materia como necesaria e imprescindible son aplicables a la noción que tenemos hoy del espíritu. El espíritu, al ser algo, tiene extensión y, en consecuencia, puede y debe ser divisible o descomponible en corpúsculos atómicos. El argumento de la división al infinito, en este caso, se desmorona por las mismas razones señaladas anteriormente para el caso de la materia. Por tanto, no podemos escapar a la concepción corpuscular, según la cual los elementos últimos existen en un número limitado, resultando en los demás atributos del espíritu de la combinación de estos diferentes corpúsculos.

Innumerables fenómenos espirituales y biológicos revelan su naturaleza vibratoria. Una gran mayoría nos lleva a concluir que la clave para explicar el dominio del espíritu sobre la materia y su reacción sobre la materia reside en las acciones mutuas entre dos campos: el biomagnético y el electromagnético.[8]

Al admitir el espíritu como un continuo, surgen varias dificultades para explicar estos y otros hechos observados.

Cuando llegamos al terreno de las manifestaciones de origen vibratorio, como las apariciones luminosas, entonces la dificultad se vuelve mayor, a medida que se aclara la elasticidad de la fuente emisora. Si una sustancia es susceptible a las vibraciones, tendrá partes más densas y partes más enrarecidas. Tal peculiaridad contradice las cualidades conferidas a un continuo, el cual, en rigor, no debe presentar variaciones ni otras diferencias en ninguno de sus puntos. No podemos atribuir al continuo propiedades que solo se aplicarían al discontinuo.

Los fenómenos de las apariciones luminosas, citados como ejemplo, revelan que la naturaleza de la fuente que las produjo solo puede ser elástica y debe tener una constitución corpuscular

---

[8] El campo biomagnético sería un campo de fuerzas organizadoras, responsables de la manifestación de esquemas biológicos, desde estructuras moleculares orgánicas complejas, hasta los propios seres vivos. El espíritu, por su estructura corpuscular, sería portador de campos biomagnéticos específicos y, por otra parte, podría sufrir la acción de campos de esta naturaleza, creados por las propias estructuras moleculares y organizaciones biológicas.

perfectamente regular. Se podría objetar que el ectoplasma, siendo una sustancia material, tendría la propiedad que pretendemos atribuir a los espíritus. Nos referimos, sin embargo, a las manifestaciones en las que no interviene el ectoplasma y que son percibidas por los llamados médiums psíquicos y por los propios espíritus en su hábitat natural.

Naturalmente, debemos comprender que la sustancia espiritual es susceptible de diferenciación, como de hecho lo declaran los mismos espíritus. En los informes psicográficos de André Luiz, transmitidos a través de la mediumnidad de Francisco Cândido Xavier, se revela que los espíritus tienen una constitución heterogénea, con numerosas menciones de incluso de órganos periespirituales.[9]

Pero algunos dirán que el simple informe de André Luiz no constituye una prueba científica.

Argumentaremos con la absoluta honestidad del médium, con descripciones relacionadas obtenidas de otras fuentes y, sobre todo, con los abundantes ejemplos de fenómenos metapsíquicos, cuya naturaleza requiere la estructura discontinua del espíritu como única hipótesis plausible. Nos basamos en una auténtica convergencia de evidencia.

Finalmente, las manifestaciones del espíritu, tanto en el campo biológico como en el campo metapsíquico, revelan, indiscutiblemente, que a él le sucede lo mismo con la materia.

Sin embargo, el propósito de este trabajo no es especular sobre tales preguntas. Nuestro principal objetivo es establecer las bases de una Teoría Corpuscular del Espíritu y comprobar su eficacia para explicar fenómenos biológicos, metapsíquicos y similares.

---

[9] Vea la magnífica colección cuyos libros en orden cronológico son los siguientes: *Nuestro Hogar, Los Mensajeros, Misioneros de la Luz, Trabajadores de la Vida Eterna, En el Mundo Mayor, Liberación, Entre la Tierra y el Cielo, En los Dominios de la Mediumnidad, Acción y Reacción, Evolución en dos mundos, Mecanismos de mediumnidad, Sexo y destino, Desobsesión y La vida continúa* -. Edición de la Fed. Espirita Brasileira.

No pretendemos presentar una solución definitiva al gran enigma de la naturaleza del espíritu. Solo deseamos sugerir un esquema, un modelo del átomo espiritual, atribuyéndole ciertas y determinadas propiedades. Las aplicaciones posteriores en el esclarecimiento de los fenómenos, así como las investigaciones de laboratorio sugeridas por el propio modelo, aportarán elementos de corrección o aprobación total del modelo.

Por ello, recomendamos al lector que intente no cometer el tan común error de tomar una representación esquemática como realidad objetiva. Este error ha sido fuente de innumerables interpretaciones falsas dadas a los modelos del átomo físico, así como a otros esquemas creados por la Ciencia para la interpretación de los fenómenos naturales. Al respecto, vale la pena citar las palabras de James Jeans:

> "El hecho esencial reside simplemente en que todas las configuraciones de la naturaleza, esbozadas por la Ciencia y que parecen ser las únicas cuerdas con el hecho observado, son configuraciones matemáticas. La mayoría de los científicos estarían de acuerdo con la afirmación que tales representaciones son nada más que simples bocetos - ficciones, por así decirlo - si ficción significa que la ciencia aun no ha entrado en contacto con la realidad última."[10]

Los Componentes del Átomo Espiritual

Lo observado hasta ahora nos lleva a concluir que la forma en que existen las cosas en la naturaleza sigue estrictamente el razonamiento natural puro. Este hecho justifica, por tanto, la creación de un esquema representativo de esta forma de ser, para que sea posible jugar con tus datos de la misma manera que la naturaleza juega con los suyos; pero sin confundirlos.

[10] James Jeans - El Universo Misterioso - Edición de 1941, en portugués, por la Companhia Editora Nacional.

Para facilitar la comprensión de aquellos menos versados en Ciencias Físicas, adoptaremos un modelo del átomo espiritual, similar al de Rutherford- Bohr para el átomo material.

Sin duda, lo más aconsejable sería utilizar los métodos de la Mecánica Cuántica y Ondulatoria y, abandonando cualquier modelo o representación sensible, encuadrar las propiedades del átomo espiritual dentro de ecuaciones matemáticas exactas, que traduzcan fielmente todas sus propiedades.

Sin embargo, sacrificaríamos la claridad en aras de la precisión, evitando uno de los objetivos de este libro, que es ser inteligible para un mayor número de lectores, dentro, naturalmente, de una precisión razonable.

De esta forma, el modelo atómico adoptado por nosotros constará de un núcleo central, alrededor del cual gravitarán corpúsculos planetarios con 6 órbitas bien definidas.

Habiendo elegido este tipo de átomo espiritual, es necesario caracterizar los respectivos elementos componentes, que deben contener, en germen, las propiedades fundamentales del espíritu.

* * *

Al observar los seres vivos que nos rodean, inmediatamente los distinguimos de los seres inanimados, por ciertas peculiaridades comunes a todos ellos.

Tomemos como ejemplo el comportamiento de un animal mencionado a menudo en los tratados de Biología y fácilmente observable al microscopio: el paramecio. Es un animal unicelular; es decir, formado por una única célula, con varias partes diferenciadas adaptadas a sus diversas funciones vitales.

El paramecio se mueve, se reproduce y, en cuanto encuentra sustancias nutritivas, como bacterias, intenta devorarlas. Si un agente externo lo ataca, intenta escapar o neutralizarlo. Cualquier obstáculo que te impida moverte se evita mediante una serie de intentos.

Más o menos las mismas manifestaciones se observan en todos los demás seres vivos, tanto microscópicos como macroscópicos, diferenciándose estos fenómenos solo en aquello que crea la mayor o menor complicación de sus funciones.

En general, siempre caemos en tres grupos distintos:

1. La vida, representada por la coordinación de las actividades físicas, químicas y biológicas de los seres llamados vivos.
2. Percepción- Memoria, caracterizada por la receptividad a estímulos del entorno que rodea al ser vivo.
3. Inteligencia, revelada por la correlación entre el estímulo y la respuesta a ese mismo estímulo.

Observamos también que la receptividad se combina con la memoria de los estímulos, ya que el ser vivo guarda recuerdos de los mismos, lo que le lleva a protegerse ante acontecimientos idénticos, creando defensas o medios de adaptación.

En los seres más complejos vemos la asociación de estas facultades elementales dando como resultado los órganos de los sentidos y todo el aparato extremadamente complicado de percepción, interpretación y registro de los hechos.

La inteligencia, armada con la percepción, hace de este su archivo de experiencias, a partir del cual prepara mejor al ser vivo para responder a los estímulos externos. Por mucho que intentemos encontrar otra característica fundamental común a todos los seres vivos, siempre caeremos en las tres ya descritas: vida, percepción-memoria e inteligencia.

Podemos admitir que estos tres componentes, comunes a todos los seres vivos, pueden existir en distintos grados, múltiplos de un cuanto indivisible que será la unidad fundamental de cada uno de ellos. Nos hubiera gustado esto:

- un quantum de vida,
- un quantum de percepción- memoria,
- un quantum de inteligencia.

Esta expresión - cuántica- se considera aquí como la fracción más pequeña posible, teniendo; sin embargo, un valor constante, fijo y determinado para cada componente tipo. Caracterizamos cada componente por sus propiedades, de la siguiente manera:

- Vida - como facultad de animar la materia, dando lugar a las manifestaciones típicas conocidas de los seres vivos, como el movimiento, el crecimiento, la nutrición y otros fenómenos físicos, químicos y biológicos, coordinados en este sentido;
- Percepción - Memoria - como propiedad de sentir y registrar las influencias ejercidas por agentes externos;
- Inteligencia - como la facultad de pensar, discernir, querer y responder selectivamente a estímulos.

Cada componente anterior corresponderá a una partícula espiritual muy elemental, capaz de poseerlo en su grado cuántico específico. Además, tendremos que dar nombres adecuados a estos corpúsculos, para poder identificarlos fácilmente.

Proponemos, respectivamente, lo siguiente:

Intelectón:

- corresponde a la inteligencia;

Perceptón:

- corresponde a la percepción- memoria;

Bion:

- corresponde a la vida.

Atribuyendo al espíritu la propiedad de animar la materia inerte, podemos identificar sus atributos con los de los componentes corpusculares antes mencionados. Podemos ir más allá, admitiendo que el espíritu mismo es producto de la disposición de estas partículas, del mismo modo que la materia proviene de la disposición de los corpúsculos atómicos.

Los atributos del espíritu resultarán, de este modo, de las características de sus componentes, número, disposición y combinación, como observamos en el caso de la materia, cuya diferenciación depende de las diversas disposiciones de sus constituyentes atómicos.

Veremos, más adelante, cómo será posible componer los diferentes átomos espirituales, jugando con los corpúsculos caracterizados anteriormente.

Por ahora, vale la pena analizar estas partículas en detalle, para grabar firmemente en la memoria las cualidades propias de cada una de ellas. Recordamos también que se estableció que a cada corpúsculo le corresponde un cuanto de la propiedad respectiva. En vista de esto, también son indivisibles, representando cada uno de ellos la frontera límite entre el ser y el no ser, constituyente fundamental del átomo espiritual.

El Bion, el Campo Magnético y el Campo Vital

El Bion es la partícula correspondiente a la vida en sí misma, independiente de organización previa. Y el agente vivificante de la materia.[11]

Consideraremos su naturaleza energética como negativa, y adoptaremos el signo (-) para la carga vital cuántica que porta esta partícula. Así, el signo (-) siempre indicará una carga vital procedente de un exceso de bions no neutralizados.

La carga de un bion se convierte en la unidad de carga vital.

Los bions pueden ser libres o cautivos. En libertad, forman la gran fuente cósmica de fluido vital, o el prana universal de los ocultistas, siendo así atraídos y dirigidos en forma de corrientes vitales, absorbidos, emitidos, condensados, almacenados, tal como ocurre con la electricidad. Cuando están cautivos, se encuentran en los espíritus, animando células vivas organizadas, vitalizando el protoplasma y gravitando hacia los núcleos espirituales.

---

[11] Ver *El Libro de los Espíritus* - libro 1°. capítulo IV, Principio Vital - Allan Kardec.

Las culturas biológicas, los bosques, el mar, etc., son fuentes extremadamente ricas de bions, dado el considerable número de seres vivos que allí se encuentran en constante desarrollo y destrucción.

Los hombres, en el futuro, dominarán por completo esta prodigiosa fuente de energía. Su uso revolucionará la Medicina y, como consecuencia, las enfermedades serán completamente borradas de la faz de la Tierra.

Los médiums curativos pueden ser verdaderos generadores naturales, capaces de proporcionar corrientes biónicas de cierta intensidad y que utilizamos en pacientes con desequilibrios de salud.

* * *

Sabemos que una carga inductora, en movimiento, provoca la creación de un campo. Es una ley de la naturaleza. Por ejemplo, si un electrón describe una trayectoria circular cerrada, dentro de este círculo aparecerá el campo que llamamos campo electromagnético. De hecho, no es necesario que la trayectoria sea circular y cerrada. Cualquier movimiento realizado por una carga eléctrica provocará la aparición del correspondiente campo electromagnético. La dirección y el sentido de este campo son tales que su reacción sobre la propia carga inductora tiende a impedir que se mueva libremente. La expresión matemática que da la relación entre la carga, su trayectoria y el campo, y se conoce como Ley de Biot-Savart.[12]

Por otra parte, cualquier variación en un campo electromagnético tiende a poner en movimiento cargas eléctricas vecinas, dando lugar así a una corriente eléctrica.

Dado que el bion lleva una carga inductiva, también debemos atribuirle la propiedad de provocar, cuando está en movimiento, un campo biomagnético. Por el contrario, el bion debe verse influenciado por un campo biomagnético variable. Establecidos estos principios, nos parece lícito aplicar una ley similar a la de Biot-Savart al movimiento de una carga biónica, obteniendo así la expresión del campo creado biomagnético.

Ciertos fenómenos biológicos sugieren la eficacia de la existencia de un campo biomagnético ligado a grandes moléculas orgánicas. Sería un campo organizador, como sugiere Jacques Bergier al comentar las experiencias de Paul Weiss. Este último, según publicó en la revista norteamericana "*Science Newsletter*", el 5 de mayo de 1956, anunció en un congreso la organización biomolecular que había conseguido reconstituir una pluma de pollo, a partir de células procedentes de un embrión de pollo. polluelo, disociados de su entorno primitivo y separados entre sí

12

Ley de Biot-Savart

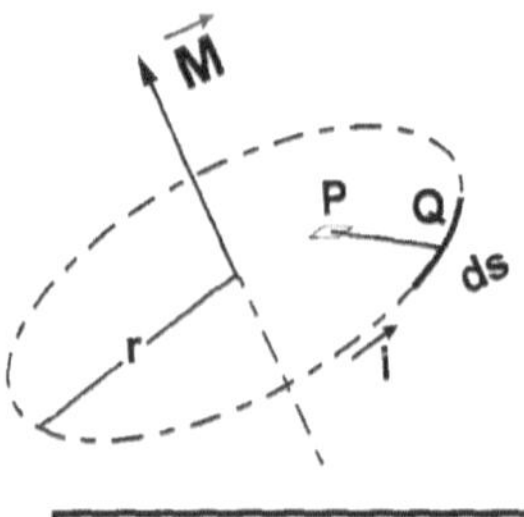

i = El valor de una carga inductora en movimiento circular;

ds = Un elemento infinitesimal de extensión recorrida por la carga;

M = El valor del campo interior de la trayectoria:

r = Radio de la trayectoria descrita por la carga inductora.

$$\vec{M} = \int \vec{i}\, ds \wedge \frac{P - Q}{r^3}$$

antes de la aparición de los gérmenes de las plumas. El Dr. Weiss, comentando los resultados de sus propios experimentos, afirmó que demostraban que "cualquier porción de células de la piel que nunca hayan formado parte de una pluma, puede, mientras estén en grupo, crear condiciones - un campo - que llevará a los miembros del grupo a moverse y crecer, siguiendo un esquema específico de organogénesis."

Jacques Bergier dijo lo siguiente sobre la comunicación de Paul Weiss:

> "Es cierto que, si se puede repetir esta experiencia, ya no se puede negar la existencia de un campo organizador, que se ejerce en un grupo de células."[13]

En el interesante libro de J. Bergier, que aquí citamos, encontramos, tres años después de haber escrito ya el presente capítulo y con gran placer por nuestra parte, no solo la formulación de la hipótesis del campo vital, con ciertas expresiones similares a las que utilizamos en este trabajo.

Para satisfacer la curiosidad del lector y demostrar que las ideas que presentamos no están exentas de su razón de ser ni son exclusivamente nuestras, transcribimos un fragmento apreciable de la obra de J. Bergier:

> "¿No existe entre estos campos de fuerzas un campo vital? ¿Un campo cuya característica es organizar la materia y la energía? Quizás este campo sea responsable del orden en el organismo vivo. Quién sabe, incluso se extiende más allá del organismo. Esto explica la evolución así como los llamados fenómenos parapsicológicos.
>
> En los últimos tiempos, la física ha imaginado e incluso descubierto un gran número de nuevas partículas, está intentando descubrir el gravitón, portador del campo gravitatorio, acaba de demostrar la existencia del neutrino (esta partícula, investigada durante mucho tiempo por teóricos, fue finalmente detectado por Reines y Cowan en

---

[13] Jacques Bergier - *Mysteres de La Vie* - Ed. "Le Centurion" - 1957.

agosto de 1956), vinculado a su vez a los corpúsculos de la luz y el campo mesónico. Y es posible que los detectores de células extremadamente sensibles, colocadas en el caldo de cultivo del profesor Weiss, detectaron, en el momento de la reforma de la pluma de pollo, nuevas partículas portadoras del campo de la vida que podrían llamarse vítons o vítergons. La Biología habría hecho entonces definitivamente su yuxtaposición con la Física y uno de los grandes secretos de la vida podría ser atacado por los matemáticos con todos los poderosos recursos que tienen a su disposición."[14]

El Prof. J. Bergier, en una brillante presentación, afirma al mundo una verdadera anticipación en el campo de los futuros logros de la Biología. Creemos que no pasará mucho tiempo antes que los investigadores finalmente detecten los vítones de los que habla el Dr. Bergier.

Sin embargo, las propiedades que atribuyó a sus partículas, los vítones, difieren ligeramente de las que atribuimos a los bions. En realidad, los vítons, tal como son concebidos en la obra de Jacques Bergier, se manifestarían en el espacio físico, mientras que los bions imaginados por nosotros tendrían otro hábitat, como explicaremos más adelante. Las propiedades de los biones abarcarían las de los vítones. Estos serían el resultado físico-energético de aquellos que actúan en nuestro espacio, en el espacio físico y no dentro de él.

El campo vital, eso sí, se corresponde perfectamente con nuestra concepción del campo biomagnético.

* * *

Es oportuno resaltar la importancia de estos conceptos que actualmente comienzan a invadir la propia Ciencia oficial, aunque ésta debe ser materialista por principio lógico. Este surgimiento de puntos de vista similares es un fenómeno natural. Resulta del juicio

---

[14] Opus cit. Página 118

simultáneo o de la observación simultánea de un hecho determinado. Si los acontecimientos y los observadores son similares, evidentemente las conclusiones serán las mismas.

Son en este caso los fenómenos biológicos, especialmente aquellos que precisas técnicas modernas nos han permitido reproducir en el laboratorio. La reacción, a la vista de los hechos extraordinarios e inexplicables observados, no tiene que esperar: ya se habla abiertamente de ella en un campo vital, en un campo organizador.

A modo de ilustración, transcribiremos algunos extractos más de la misma obra de Jacques Bergier.

Al tratar del desarrollo de un embrión, Jacques Bergier cita la opinión del Prof. Edmund W. Sinnott, decano de la Escuela de Medicina de Yale, considerado una autoridad en Biología, opinión contenida en el último libro del Dr. Sinnott: *Biologie de l'Esprit* (Ediciones Gallimard, col. *Frontieres de la Science*):

> "Las conclusiones del profesor Sinnott son las siguientes: la vida tiende hacia un fin, y es innegable que el azar por sí solo no basta para explicarlo. La segunda ley de la termodinámica, el principio de mínima acción, se contradice con la vida.
>
> Y el profesor Sinnott concluye: "Intentemos nombrar algo que es difícil de expresar con palabras: hay un principio de organización. Este principio de organización extrae orden del desorden, extrae espíritu de la materia y personalidad a partir de elementos neutros, impersonales y no diferenciados."

A continuación, el autor cita la opinión de otro científico y divulgador de la Ciencia, John W. Campbell, cuyas reflexiones sobre el organismo organizador son más precisas:

> "Campbell considera el principio de organización como un verdadero campo de fuerzas en el sentido de la Física. Este campo de fuerza produciría, en el espacio donde actúa, una entropía negativa."

Finalmente, también nos gustaría destacar de este trabajo las siguientes consideraciones en referencia al profesor Wassermann, del King's College de Londres:

> "Es más ambicioso que el señor Campbell, ya que pretende abarcar en su campo, que llama función "V", no solo los fenómenos organizadores de la vida, sino también los de la evolución e incluso los fenómenos parapsicológicos."

La existencia de este campo vital, o campo biomagnético, como lo llamamos, es conocida por los espíritus que se refieren a él desde hace mucho tiempo.

En la obra espiritual titulada *Misioneros de la Luz*, podemos leer lo siguiente:

> "Unida a la mente, a través de principios electromagnéticos del campo vital, que la ciencia común aun no puede identificar, controla las fuentes subconscientes bajo la determinación directa de la voluntad.[15]"

Otros fenómenos biológicos demuestran la posibilidad de interacción entre dos tipos de campos: electromagnéticos y biomagnéticos.

El mecanismo de la sensación es, de todos los hechos, el que más sugiere la acción mutua entre estos dos campos. Comenzaremos destacando el tiempo apreciable que separa la sensación de un estímulo, su percepción e interpretación y la consiguiente reacción. La corriente nerviosa no puede identificarse con la corriente eléctrica. Su velocidad de circulación ya es un argumento sólido en contra de esta hipótesis.

Al menos uno de nuestros sentidos capta los fenómenos electromagnéticos y los transforma en corrientes nerviosas. Los ojos realizan esta maravillosa operación.

---

[15] André Luiz, *Misioneros de la Luz*, psicografiado por Francisco Cândido Xavier, Ed. FEB, Primera edición, 1945, pág. 21.

El propio cerebro transforma sus vibraciones mentales en corrientes eléctricas que pueden ser registradas por el electroencefalógrafo. Y va más allá: emite ondas hertzianas, como afirma el Prof. Cazzamalli.[16]

Las ondas electromagnéticas estimulan el crecimiento de las células vivas y éstas, a su vez, producen radiación electromagnética. Es muy conocida la siguiente experiencia:

Tomar dos cebollas y extraer todas raíces menos una. Una de estas raíces apunta al tallo de la otra, manteniéndolo a una distancia de aproximadamente 2 cm. durante aproximadamente un cuarto de hora. Cuatro o cinco horas después, se examina la raíz expuesta bajo un microscopio, la acción de la punta del otro. Se observará que las células del lado sobre los que se actúa manifiesta una proliferación anormal.

Se midió la longitud de onda de la radiación emitida por la punta de la raíz y se encontró que pertenecía al espectro ultravioleta: 0,0003 mm de longitud.

Aquí vemos un fenómeno electromagnético que estimula un fenómeno biológico y viceversa, un medio biológico que emite radiación electromagnética.

La hipótesis del bion como carga vital elemental, capaz de crear un campo biomagnético capaz de actuar sobre el campo electromagnético, parece perfectamente racional, como se desprende de los ejemplos citados.

Experimentos bien realizados podrían proporcionar las constantes numéricas que vinculan la conversión de las dos formas de energía entre sí. Una vez determinadas las acciones mutuas de los dos campos, electromagnético y biomagnético, sería una sencilla tarea de laboratorio calcular la carga vital de un bion; es decir, el quantum de energía vital.

---

[16] *Revista Metapsíquica del A.I.S.M*, Bolonia, Italia, año XX - Fasc. I, de enero a marzo de 1954.

Asimismo, el conocimiento de estas leyes permitiría construir un generador biónico, utilizando medios eléctricos y mecánicos.

La Realidad del Bion

El bion, en el átomo espiritual, desempeña el papel del electrón en el átomo físico. La corriente eléctrica tiene su contraparte en la corriente biónica, cuya influencia sobre los órganos físicos de un ser vivo se manifiesta de diversas maneras. Entre estas destacamos las corrientes nerviosas. No se trata, como se podría suponer inicialmente, de corrientes biónicas canalizadas a lo largo de los nervios. Los bions no se manifiestan así en el espacio físico. Su influencia es solo inductiva, pero la propiedad inductiva de los bions se basa en el mecanismo de vivificación de la materia, como veremos más adelante.

El bion tiene cuatro dimensiones y su medio de acción es el hiperespacio. También daremos una explicación completa de este hecho en los capítulos siguientes. Por ahora, el lector debería contentarse con explicaciones más sencillas, como nos enseña André Luiz:

> "Los electrones y los fotones que constituyen vuestra vestimenta física también integran nuestros vehículos de manifestación, en otras características vibratorias."[17]

En la misma obra se pueden leer estas descripciones realizadas por André Luiz guiado por el instructor Alexandre

"Las glándulas del niño se convirtieron en núcleos luminosos, en forma de perfectos talleres eléctricos. Sin embargo, me detuve en la contemplación del cerebro, en particular. Los conductores medulares formaban una extensa mecha que sostenía

---

[17] André Luiz, *Misioneros de la Luz*, psicografiado por Francisco Cândido Xavier, Ed. FEB, Cuarta edición, pág. 48.

la luz mental, como la llama generosa de una vela de enormes proporciones."[18]

* * *

En cuanto a su realidad, ¿cómo podríamos afrontar al bion?

Nos parece que no le debemos nada a los físicos, ¿cuánta respuesta cabría en una pregunta idéntica formulada respecto del protón, el neutrón, el electrón, etc.? Simplemente saben que es más cómodo admitir tales partículas, aunque no se pueda definir su naturaleza íntima. La razón de esto es que los hechos son fácilmente explicables, cuando se considera que existen y tienen ciertas propiedades características determinadas por los hechos mismos.

Solo diremos que entre el electrón y el bion la diferencia quizás resida únicamente en sus propiedades dimensionales. El electrón tiene tres dimensiones y el bion tiene cuatro. Ambos serían torbellinos energéticos; nada más. La diferencia es pequeña, pero sus efectos son inmensamente grandes. La vida demuestra la acción inmediata de lo que acabamos de destacar.

El Perceptón y el Mecanismo de la Percepción-Memoria

El perceptón es el corpúsculo que posee la facultad de percibir estímulos y registrarlos en un verdadero archivo mental. Dicha sensibilidad, asociada al recuerdo del hecho registrado, no debe confundirse con la percepción sensorial proporcionada por los sentidos en los organismos superiores. En realidad, es el origen de la mente receptiva y registradora de hechos percibidos por los sentidos, pero, entre una cosa y otra, media un abismo de complejidad, tal como la relación entre los pigmentos de la pintura y las figuras de un lienzo famoso.

---

[18] André Luiz, *Misioneros de la Luz*, psicografiado por Francisco Cândido Xavier, Ed. FEB, Cuarta edición, pág. 98.

La percepción conserva la memoria de sus experiencias más rudimentarias; y la base fundamental de los recuerdos y de los registros de hechos que, sumados, constituirán el acervo de conocimientos adquiridos por el espíritu. De él se originan las facultades más complejas del ser vivo, como los instintos, ciertos atavismos, etc. Es como una película sensible capaz de percibir y registrar gran parte de los estímulos del entorno que lo rodea, conservándolos en su secuencia natural, constituyendo una verdadera hiperfigura en crecimiento; es decir, un continuum espacio-tiempo. Esta curiosa facultad del perceptón con respecto a la memoria y al embrión del sentido de duración que tienen los seres vivos, permitiéndoles localizar simultáneamente, en el espacio y el tiempo, la serie de acciones captadas del mundo exterior.

Debido a esta propiedad del perceptón, concluimos que debe tener una dimensión más además de las tres que conocemos. Por tanto, su configuración cubre el hiperespacio; es decir, la percepción tiene cuatro dimensiones. Entonces le será posible crear configuraciones en un continuum espacio-tiempo, manteniendo la secuencia permanente de los eventos registrados, sin mezclarlos ni fusionarlos.

En el capítulo III daremos una explicación de qué es el hiperespacio. Por ahora, nos veremos obligados a referirnos rápidamente a estas nociones, sin las cuales los fundamentos actuales sobre los cuales pretendemos construir la estructura racional de esta teoría carecerían de precisión y lógica. No podríamos hablar de registros de acontecimientos, sin introducir la noción de tiempo, a menos que admitiéramos la fusión de hechos registrados, lo que va en contra de nuestra experiencia cotidiana como seres vivos que somos. Dado que la memoria de los hechos mantiene secuencia en el tiempo, además de la diferenciación de posición en el espacio, solo nos queda una salida: admitir la configuración cuatridimensional para la percepción, situarla dentro de un hiperespacio, o mejor dicho, de un continuum espacio-tiempo.

Al ser receptivo a cualquier estímulo, su naturaleza energética es neutra. Esto significa que el perceptón, de forma aislada, está bioenergéticamente equilibrado. Sin embargo, está sujeto a un desequilibrio energético que le permite unirse con el intelecto, de forma estable e íntima; esta forma de asociación, casi normal y exclusiva, bajo la cual se encuentran estos corpúsculos.

El Intelectón o el Quantum de la Inteligencia Activa y Pura

El intelectón es la partícula activa e inteligente, chispa divina, asiento del pensamiento, del discernimiento y de la voluntad; capaz de responder a estímulos e interpretar el archivo mnemotécnico de la percepción al que está aliado.

Al igual que el perceptón, el intelectón debe tener una configuración cuatridimensional, sin la cual no tendría acceso a sus registros. El intelectón interpreta y asocia los diferentes acontecimientos que componen la secuencia fenoménica trazada por la percepción en el continuum espacio-tiempo. Así, toma conciencia del entorno, a través del perceptón, relacionando los acontecimientos entre sí y a partir de ellos, extrayendo sus muy rudimentarias nociones de causa y efecto.

De forma aislada, el intelectón representa el "quantum" de la inteligencia pura y activa, y manifiesta el conocimiento trascendental más elemental posible. Sus nociones no pueden exceder, en este estado, las ideas más elementales y *a priori* del tiempo y del espacio. Asociado al perceptón, es capaz de realizar sus funciones gracias a los registros que realiza.

Debemos atribuir al intelecto una carga bioenergética que consideramos positiva. Usaremos el signo (+) para indicar la naturaleza de la carga que surge de un exceso de intelectones no neutralizados. El intelectón normalmente está asociado al perceptón, formando con éste los núcleos de actores espirituales.

El campo bioestático creado por el intelectón mantiene cautivos en sus órbitas los biones que vitalizan las moléculas de la sustancia viva.

El Monatón, la Monada y los demás Átomos Espirituales

Destacamos las principales características de los corpúsculos que conforman la estructura espiritual. Podríamos enumerar muchos otros, pero no lo haremos en aras de una claridad que, a nuestro juicio, es absolutamente esencial para una perfecta fijación por parte del lector de los personajes más importantes que se atribuyen a los componentes del mencionado átomo.

En resumen, tenemos las siguientes partículas con sus respectivos atributos cuánticos:

1. Bion (negativo) = vida
2. Perceptón (neutral) = percepción- memoria
3. Intelectón (positivo) = inteligencia.

Las diferentes formaciones espirituales resultan de la asociación de estos corpúsculos, que se agrupan según el modelo de la homogeneidad física, asumiendo; sin embargo, una configuración cuatridimensional. En este esquema atómico-espiritual, el núcleo está formado por combinaciones del perceptón con el intelectón, mientras que las capas orbitales hiperespaciales están llenas de biones que se mueven muy rápidamente.

De todas las asociaciones nucleares, la más simple es la que resulta de la unión entre un perceptón y un intelectón. Decidimos proponerle un nombre: monatón.

El monatón es el núcleo atómico espiritual correspondiente al protón en la escala material.

Solo tiene dos constituyentes estrechamente vinculados entre sí: un perceptón más un intelectón.

La carga biopositiva del intelectón crea un campo alrededor de este núcleo muy simple, que captura un bion, que comenzará a girar alrededor del foco de atracción.

En su rotación, el bion ejecuta una trayectoria envolvente cuatridimensional, constituyendo así el elemento espiritual número uno, o el átomo espiritual más simple que pueda concebirse, que identificaremos como la monada. (Fig. 3)

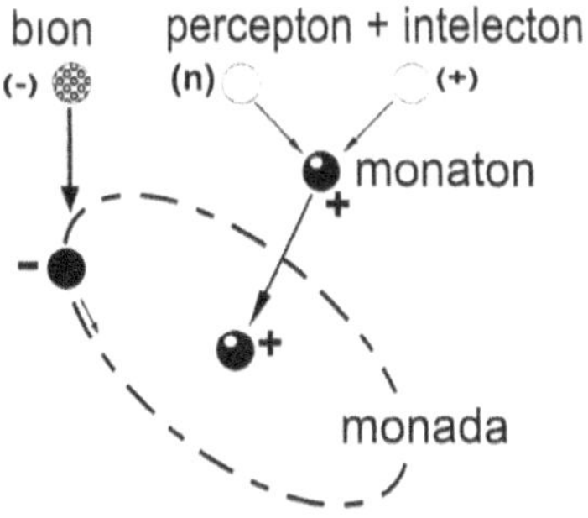

Fig. 3

La formación de la Monada.

La mónada sería el átomo espiritual más simple imaginable en el nivel. El esquema anterior corresponde, en realidad, a entidades de cuatro dimensiones, incluida la propia mónada.

Este átomo espiritual tan elemental, al tener su campo biomagnético anulado debido al movimiento del bion en un entorno cuatridimensional, permanece en equilibrio neutral fuera de nuestro espacio físico, o mejor dicho, tiene su hábitat natural dentro del hiperespacio.

Animando un ser vivo - lo más elemental concebible - el campo biomagnético de la mónada representa el prototipo del alma. En este caso, como explicaremos en el capítulo IV titulado "El Origen de la Vida", su equilibrio biomagnético se alterará y la mónada podrá actuar en un espacio tridimensional, equivalente al espacio físico.

Los otros átomos de la serie espiritual tendrán núcleos más complejos a medida que avancen en la escala numérica de partículas allí encerradas. Este incremento se producirá mediante la combinación sucesiva de monatónes (núcleos de mónadas) con perceptones (partículas neutras), formando átomos espirituales cada vez más mentalizados. A estos los llamaremos átomos: formaciones espirituales simples o elementos espirituales. (Fig. 4)

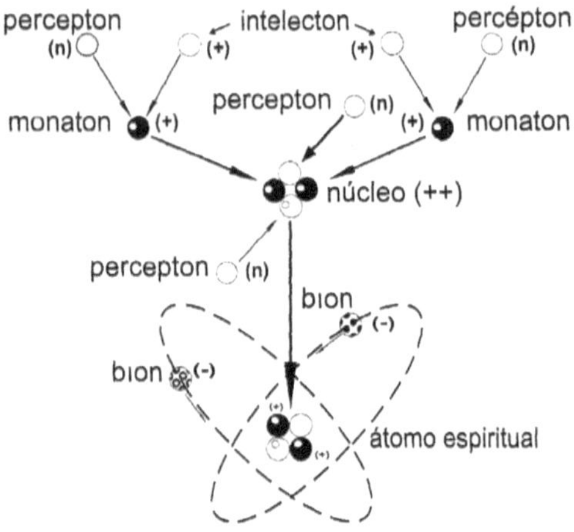

Fig. 4

Formación de un átomo espiritual.

La núcleo está formado por monotons (núcleos de mónadas) combinados con perceptones. El número de biones que ocupan las órbitas exteriores es igual al número de monatónes existentes en el núcleo. El esquema anterior corresponde a entidades con cuatro dimensiones, incluido el núcleo.

Así como los átomos materiales tienen afinidad entre sí, lo que les permite combinarse para formar moléculas, las formaciones espirituales simples también pueden dar lugar a combinaciones, que se denominarán formaciones espirituales compuestas.

La evolución del espíritu resulta del crecimiento en complejidad de una "formación espiritual compuesta" y se procesa, inicialmente, a través de la vida en el mundo físico, donde las experiencias adquiridas en los diversos ciclos de encarnaciones de las sucesivas naciones hacen posible la constitución; acción de "formaciones espirituales" cada vez más complejas.

* * *

Nos parece apropiado comentar, en este punto, las ideas del distinguido Profesor Whately Carrington, Miembro del Consejo de la "Sociedad para la Investigación Psíquica." En su libro "*Telepatía*", Carrington considera el espíritu como un sistema de psicones. En el cap. IX lo expresa así:

> "Según mi concepción actual, el espíritu, por lo tanto, se compone de sensaciones e imágenes, como entidades reales que existen por sí mismas, de carácter no físico, que tienen relaciones con entidades físicas del tipo indicado anteriormente, entre otras, el hecho debe en cualquier caso tienen ancestros comunes en las entidades neutrales como los informes que componen el universo organizado.
>
> Considero que estos sentidos e imágenes son los únicos elementos constitutivos del espíritu, del mismo modo que los electrones y los protones, los positrones y los negatones son (probablemente) los únicos constituyentes de la materia."

Como puedes ver, hay una tendencia a admitir una estructura atómica para el espíritu. El profesor W. Carrington casi compara los psicones con los constituyentes atómicos de la materia, pero no considera señalarles ninguna estructura peculiar:

> "No sé si los sentidos, las imágenes o ambos son siempre o al menos reducibles mediante análisis a algo comparable a los átomos de los elementos químicos, pero eso no importa para el objetivo que propongo." (Opus cit.)

Optamos por la estructura de acción atómica del espíritu, en el sentido real y morfológico que evoca. Los llamamos átomos espirituales o elementos espirituales y admitimos para ellos la estructura al estilo de los átomos de la materia, diferenciándolos solo en el número de dimensiones y en el hábitat donde pueden manifestarse libremente.

Con sus psicones, el Prof. W. Carrington logra explicar brillantemente ciertos hechos de la metapsíquica subjetiva. Sin embargo, quedan sin explicar los fenómenos objetivos y, sobre todo, los fenómenos biológicos, que la *Teoría Corpuscular del Espíritu* aborda fácilmente, además de abarcar el espectro fenoménico esclarecido con los psicons de Carrington.

* * *

En los siguientes capítulos, daremos la aplicación de los principios básicos de la *Teoría Corpuscular del Espíritu*.

Sin embargo, antes de pasar a estas cuestiones más profundas, es necesaria una preparación, sin la cual muchos lectores no podrán comprender el significado de las expresiones que utilizamos a lo largo de este trabajo. En este capítulo, estábamos obligados a mencionar a veces los términos: hiperespacio, tetradimensional, continuum espacio- tiempo, etc. Y, más adelante, no podremos evitar expresiones similares, aunque de mala gana. Desgraciadamente, la propia naturaleza del tema así lo requiere.

Para no perder la precisión de los conceptos a cambio de claridad, preferimos escribir el capítulo III, cuyo propósito y poner al lector en condiciones de comprender al menos el significado de los términos utilizados.

En cuanto a la parte matemática, tratada de forma muy elemental, aunque algunos no puedan lograrlo, no será imprescindible tener un conocimiento perfecto del tema, siempre y cuando las conclusiones sean bien asimiladas.

Pasemos, pues, al capítulo III, donde el lector emprenderá una pequeña etapa preparatoria, necesaria para continuar el estudio iniciado en los dos primeros.

CAPÍTULO III La Cuarta Dimensión y el Hiperespacio

"El no matemático se transforma en una sensación mística, cuando oye hablar de 'cuatro dimensiones', un sentimiento similar al que nos produce el fantasma del teatro. Y sin embargo, nada es tan banal como la afirmación que el mundo en el que vivimos es un 'continuum espacio-temporal' en cuatro dimensiones."

Albert Einstein

La teoría de la Relatividad Restricta y General.

- La Relatividad y el Problema del Espacio.

Los Superficiales

La comprensión exacta de lo que explicaremos a continuación, respecto a la *Teoría Corpuscular del Espíritu*, dependerá del conocimiento de ciertas nociones que aun resultan desconocidas para un gran número de personas.

A pesar de la aridez del tema, buscaremos desarrollarlo de la forma más elemental posible.

Comencemos con un breve estudio de un mundo imaginario, habitado por seres dotados de inteligencia, pero que tiene solo dos dimensiones: largo y ancho.

Estos seres vivirían en una superficie, de forma similar a como habitamos un espacio. Los llamaremos "superficiales", por este hecho, y veamos cómo se comportarían en relación con nosotros que, por analogía, seríamos los "espaciales."

Para lo "superficial", una línea representaría un obstáculo como una pared o muro. Un círculo para ellos equivaldría a una esfera para nosotros. (Fig. 5)

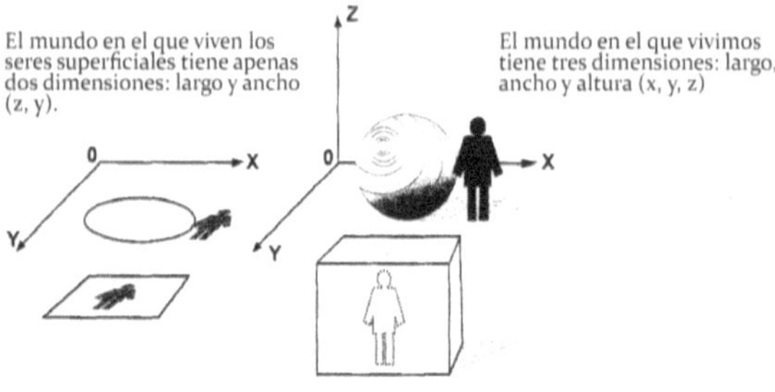

Fig. 5

En esta figura se hace una comparación entre un mundo con dos dimensiones y el nuestro, que tiene tres. Un círculo, para los superficiales, corresponde a una esfera, para nosotros. Asimismo, un rectángulo corresponde a un paralelepípedo.

Los extraños habitantes de la superficie difícilmente sospecharían que la existencia de un mundo espacial fuera posible. Sin embargo, algunos hechos inexplicables podrían llevarlos a concluir que existe otra dimensión además de las dos que ya conocen. Por ejemplo, si una persona "superficial" intentara introducir algo en un círculo cerrado, se vería en la contingencia de tener que romper la circunferencia en uno de sus puntos, abriendo allí un paso, sin el cual no sería posible penetrar el círculo. Para nosotros sería una tarea sencilla introducir o sacar objetos del interior del círculo, sin romper la circunferencia. El hecho que tengamos una dimensión más, la altura, sería suficiente para realizar la hazaña. Los "superficiales" se asombrarían ante el fenómeno, al igual que los experimentadores espirituales cuando presencian el transporte de objetos a espacios cerrados. (Fig. 6 y 7)

Un ser bidimensional podrá ser fácilmente removido de adentro hacia afuera de un paralelogramo, basta romper sus líneas delimitantes. Basta, para eso, que un ser tridimensional lo saque haciéndolo pasar a la "tercera dimensión" (o espacio).

Fig. 6

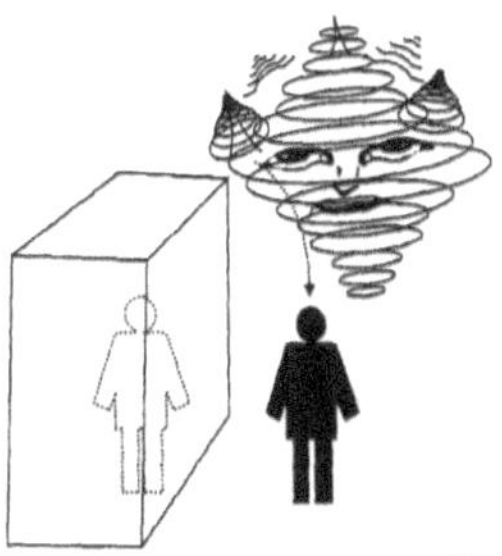

Un ser tridimensional (el hombre) puede ser sacado de un recinto herméticamente cerrado, sin tener que traspasar sus paredes o límites. Para ello basta con que un ser cuatridimensional lo saque de allí, haciéndolo pasar por la "cuarta dimensión" (o hiperespacio).

Fig. 7

Los "superficiales" se enfrentarían a innumerables problemas similares a los que hoy nos preocupan. Uno de ellos sería la naturaleza de la superficie en la que se encontraban, como nosotros, en el espacio en el que vivimos. Qué enigmático para ellas, sombras pensantes, el hecho misterioso que la superficie lo penetra todo, sirve de soporte a su universo, transmite vibraciones, es más resistente que el más tenaz de sus elementos y ofrece menos fricción que el más tenue de sus cuerpos. Lo llamarían éter. Intentarían de mil y una maneras descubrir su naturaleza. Algunos acabarían negando su existencia real.

El espacio lo penetra todo, sirve de soporte a las ondas electromagnéticas, vibra transmitiendo luz, está al mismo tiempo en todos los lugares y cuerpos, tiene otras innumerables propiedades quizás aun no sospechadas, y nos quedamos, como los "superficiales", sin saber lo que realmente es. Lo bautizamos con el nombre de éter, incluso negamos su existencia y, en definitiva, lo consideramos la región donde se manifiestan ciertos campos de fuerzas, nada más. Tenazmente, la ciencia busca una solución, reduciéndolo todo a fórmulas matemáticas, única ventana abierta a lo inescrutable.

Pero, así como los "superficiales" podrían sospechar la existencia de seres "espaciales", ante hechos inexplicables como la penetración del círculo sin violar la circunferencia, también nos vemos llevados a concluir la existencia de un mundo hiperespacial y cuatridimensional, sin el cual, muchos fenómenos confirmados por la experiencia quedarán sin explicación.

El Hiperespacio

De la misma manera que, para realizar un viaje a un lugar muy lejano, necesitamos aparatos como aviones, barcos, etc., ahora necesitamos un equipamiento adecuado para realizar una excursión al fabuloso mundo de la cuarta dimensión.

No somos capaces de imaginar seres o cosas de esta región única, porque, aunque vayamos armados de una gran dosis de fantasía, no podremos escapar de nuestros modelos tridimensionales. Sin embargo, todo nos lleva a creer que, en realidad, las entidades en el hiperespacio serían una copia de las del espacio, aunque con una proporción similar a la de la sombra con respecto al objeto que la produce. Por tanto, necesitaremos equiparnos para poder visitar los mundos del hiperespacio. Y el viaje, lamentablemente, no será tan placentero como muchos esperan, debido al único medio que tenemos para realizarlo: la maternidad.

Intentaremos aliviar esta situación lo mejor posible y asegurarnos que la paciencia del lector se vea compensada en su totalidad. Aclaramos también que, si bien el tratamiento matemático de la cuestión es fundamental, no lo es del todo imprescindible para comprender la teoría que vamos a desarrollar. Por tanto, el lector que no esté familiarizado con las disciplinas matemáticas podrá, sin inconvenientes apreciables, hojear esta parte, ateniéndose a las conclusiones que de ella se extraen.

Consideremos dos rectas que se cortan en un punto 0, formando entre ellas un ángulo recto YOX. (Fig. 8)

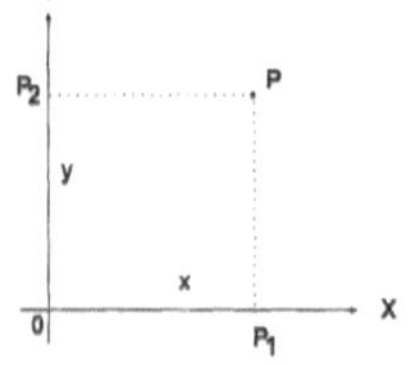

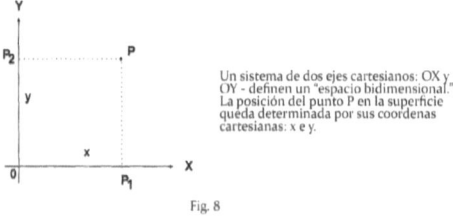

Un sistema de dos ejes cartesianos: OX y OY - definen un "espacio bidimensional." La posición del punto P en la superficie queda determinada por sus coordenas cartesianas: x e y.

Fig. 8

De esta forma, tendremos un sistema de ejes, llamado "cartesiano", en relación al cual podremos definir las posiciones de todos los puntos que se encuentran en el plano en el que se ubican dichos ejes.

En efecto, sea un punto P (Fig. 8) ubicado en el plano de los ejes OX y OY.

Si proyectamos dicho punto P sobre estos ejes de referencia obtendremos los puntos P_1 y P_2 situados, respectivamente, en OX y OY. Las distancias desde el punto O a esos puntos se llaman coordenadas del punto P. Si las proyecciones se hicieron siguiendo direcciones paralelas a los ejes perpendiculares, decimos que x e y son las "coordenadas cartesianas" del punto P. Tendremos entonces: Las dos coordenadas anteriores son suficientes para determinar la posición exacta del punto P (x,y) en el plano.

$$X = OP_1$$

$$Y = OP_2$$

Los "superficiales" seguramente utilizarían coordenadas cartesianas para estudiar las figuras en su extraño universo. Prescindiendo del uso del propio dibujo, podían definir perfectamente una recta o una curva, remitiéndolas a un sistema de ejes cartesianos, tal y como hicimos nosotros con el punto P.

Consideremos el mundo bidimensional, el país de lo "superficial", y veamos hasta qué punto su geometría podría proporcionarles una imagen de su "universo superficial." Para ellos, la posición de un punto estaría definida a través de dos coordenadas. Adoptando el sistema de ejes cartesianos, tanto para los "superficiales" como para los "espaciales", la representación de cualquier figura plana como, por ejemplo, el círculo, la elipse, la hipérbola o la parábola, se obtendría mediante ecuaciones cuadráticas a dos variables cuya expresión generalizada resumiremos, por conveniencia, de la siguiente manera:

$$F(x,y) = 0 \quad \text{(I)}$$

Si los "superficiales" admitieran la posibilidad de añadir al sistema otro eje cartesiano, perpendicular a los otros dos ejes del plano habitado por ellos, podrían localizar puntos fuera de su universo superficial y llegarían fácilmente a la ecuación que representa figuras de nuestro espacio, como la esfera, el hiperboloide, el paraboloide, etc., que son entidades geométricas muy conocidas en el espacio tridimensional. Serían ecuaciones cuadráticas, con tres variables, que escribiríamos de forma general y abreviadas de la siguiente manera:

$$F(x,y,z) = 0 \quad (II)$$

Sin necesidad de una representación gráfica ni siquiera de un modelo, los "superficiales" podrían estudiar analíticamente todas las propiedades de la esfera, el hiperboloide, el elipsoide, etc.

Para nosotros, la inclusión del tercer eje cartesiano proporcionaría un sistema de referencia espacial. (Fig. 9)

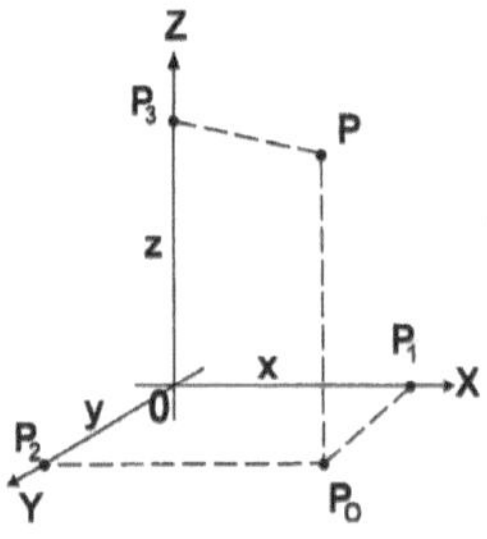

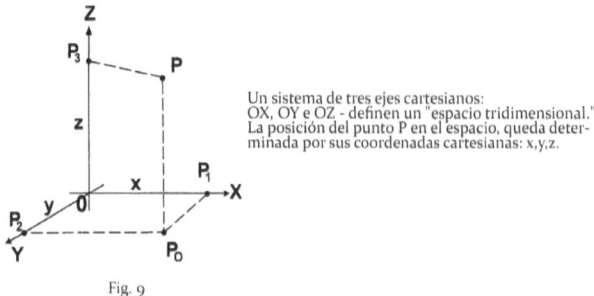

Un sistema de tres ejes cartesianos: OX, OY e OZ - definen un "espacio tridimensional." La posición del punto P en el espacio, queda determinada por sus coordenadas cartesianas: x,y,z.

Fig. 9

Un punto P (x,y,z), figura 9, estaría definido por sus tres coordenadas cartesianas:

$$X = OP_1$$

$$Y = OP_2$$

$$Z = OP_3$$

¿Sería lícito incluir una variable más en nuestras ecuaciones, refiriéndolas a un sistema de cuatro ejes cartesianos?

Pensamos que nada nos impediría hacerlo. De ahora en adelante quedaría definido el punto P (x,y,z,h) sería definido dentro de un hiperespacio de cuatro dimensiones. Entonces las correspondientes dimensiones tetradimensionales de la esfera, el hiperboloide, el elipsoide, etc., quedarían representadas por una ecuación cuadrática general con cuatro variables, cuya expresión abreviada sería esta:

$$F(x,y,z,h) = 0 \quad (III)$$

Posteriormente, podemos sumar una quinta, una sexta, etc., coordenadas, refiriéndolas a cinco, seis, etc., ejes cartesianos, y así estudiar las propiedades de las entidades geométricas en los espacios de cinco, seis o dimensiones finales.

El sujeto sería objeto de una metageometría polidimensional. No necesitamos llegar tan lejos. Nuestro objetivo solo llega al hiperespacio de cuatro dimensiones.

Ecuación (III), cuya forma abreviada se presenta:

$$F(x,y,z,h) = 0 \quad (III)$$

Representa un modelo internacional de hiperfiguras regulares del hiperespacio, y podrá ayudarnos a estudiar todas sus propiedades geométricas, incluida la deducción de los resultados de la intersección de una con otra y, también, con un espacio tridimensional. Podemos, por tanto, gestionar estas ecuaciones prescindiendo de cifras reales, ya que es imposible e innecesario, en este caso, que se asemeje a una acción objetiva. Por eso decimos que la ecuación (III) representa un modelo de hiperfiguras de cuatro dimensiones.

La ecuación (III) desarrollada para cualquier sistema de ejes sería muy extensa, por eso la presentamos de esa forma resumida.

Las coordenadas:

$$x, y, z$$

podrían ser las coordenadas de nuestro espacio tridimensional y la cuarta coordenada:

$$h$$

en este caso, el hiperespacio de cuatro dimensiones estaría en el hiperespacio. En la ecuación (III):

$$F(x,y,z,h) = 0$$

si cancelamos la cuarta coordenada, haciendo

$$h = 0 \text{ (cero)}$$

tendremos:

$$F(x,y,z) = 0$$

y volvemos en el caso de entidades en el espacio tridimensional, que están representadas por la ecuación (II):

$$F\ (x,y,z,) = 0\ (II)$$

Cancelando sucesivamente las coordenadas, volveremos al punto donde no existe dimensión alguna.

Supongamos que los "superficiales" habitaran una superficie no plana, y que su tamaño, en relación con su universo superficial, fuera muy pequeño. En este caso, es difícilmente sospecharían que un espacio superficial podría presentar curvaturas. Si las mediciones que obtuvieron no mostraran discrepancias más allá de la sensibilidad de sus escalas, los "superficiales" admitirían definitivamente que son habitantes de un universo plano. Una tercera dimensión no saldría del terreno metafísico y para ellas sería válida la Geometría Euclidiana. Los geómetras superficiales, habiendo establecido el teorema: "la suma de los ángulos internos de un triángulo es igual a dos ángulos rectos", entregarían su demostración a los físicos. Éstos, utilizando escalas adecuadas, tomarían medidas de un triángulo superficial y, si los instrumentos no alcanzaban el error derivado de la curvatura de la superficie, concluirían que el teorema era exacto, admitiendo que el mundo habitado por ellos era plano.

Un engaño similar fue cultivado en la antigüedad por los sabios de la Tierra. Lo consideraron plano. Posteriormente, la Geodesia vino para permitir la determinación rigurosa de la verdadera forma del geoide donde disfrutamos de nuestras imperfecciones.

Hasta hace poco, aun persistía la ilusión similar referente al espacio cósmico. Muchos asumieron que era infinito y libre de curvaturas. Para un caso como este sería válida la Geometría Euclidiana. Sin embargo, descubrimientos más recientes han apoyado la teoría de la curvatura del espacio cósmico. Inicialmente predominó el punto de vista einsteniano, que consideraba el espacio universal como curvo y cerrado en sí mismo. Un espacio de este tipo sería finito, aunque ilimitado.

Últimamente, la observación de la distribución de las galaxias a lo largo del espacio cósmico está revelando que nuestro Universo debe manifestar la apariencia de un hiperparaboloide tetradimensional de dos ramas. En estas condiciones, seguiría siendo curvo, pero infinito.

La Curvatura del Espacio

Podemos decir que las primeras nociones teóricas del espacio curvo comenzaron con Karl Friedrich Gauss y su ilustre discípulo Bernhard Riemann. Este último presentó, el 10 de junio de 1854, ante un público selecto, su teoría sobre la curvatura de espacios de cualquier número de dimensiones.

Recién en 1905, Albert Einstein, al darse cuenta de la importancia del trabajo de Riemann para resolver los principales problemas cosmogónicos, sentó las bases de la Teoría de la Relatividad, poniendo en contacto las ideas abstractas del discípulo de Gauss con la realidad experimental.

Según las conclusiones de la Teoría General de la Relatividad, nuestro espacio es cósmico y curvo. Tiene una configuración esférica de cuatro dimensiones. Siguiendo la nomenclatura de Riemann, Einstein denominó "continuum, espacio- tiempo" al conjunto de cuatro dimensiones que conforma el espacio universal. Este "continuum" consta de tres dimensiones de espacio y una de tiempo, formando un todo en el que el espacio y el tiempo no pueden separarse entre sí.

James Jeans en su obra *El Universo Misterioso*, nos presenta una imagen muy interesante para poder dar una idea más objetiva del universo einsteniano:

> "En resumen, una pompa de jabón con irregularidades y ondulaciones en la superficie es quizás, en términos de cosas simples y familiares, la mejor imagen del nuevo universo revelada por la Teoría de la Relatividad. El universo no es el interior de la pompa de jabón, sino su superficie, y siempre debemos recordar que, mientras esta superficie tiene solo dos dimensiones, el universo burbuja

tiene cuatro: tres dimensiones para el espacio y uno para el tiempo. Y la sustancia con la que fue soplada esta burbuja, la película de jabón, está formada por espacio vacío amalgamado con el tiempo vacío..."[19]

Nuestra extrema pequeñez en comparación con el considerable tamaño del Universo Cósmico hace que las desviaciones debidas a la curvatura normal del espacio sean imperceptibles y muy inferiores a la precisión de nuestros instrumentos. Algunos hechos; sin embargo, podrían poner de relieve deformaciones más acentuadas del espacio en las proximidades de grandes campos gravitacionales, como predijo Einstein basándose en la Teoría General de la Relatividad.[20]

Según este sabio, la luz, al pasar debido a la proximidad de los campos gravitacionales, sufre cierta desviación, debido a la gran curvatura espacial que allí existe. Calculando la deflexión que sufriría la luz de las estrellas cuyas proyecciones pasen muy cerca del Sol, se encontró el valor de 1,75 segundos de arco. Las fotografías obtenidas por las expediciones que fueron a observar, en las regiones ecuatoriales, el eclipse solar ocurrido el 29 de mayo de 1919, revelaron una desviación media de 1,64 segundos de arco para la luz de las estrellas más cercanas al disco solar. Teniendo en cuenta la precisión de los dispositivos utilizados, el resultado obtenido puede considerarse una confirmación espectacular de la predicción realizada. Otras observaciones experimentales han llegado a dar fe del valor de la Teoría de la Relatividad y, en consecuencia, de las conclusiones a las que conduce en relación con nuestro universo cósmico.

Citaremos el efecto Einstein y la desviación de la órbita de Mercurio como las pruebas más interesantes de esta teoría, además de la mencionada anteriormente.

---

[19] *El Universo Misterioso* - Cia Editora Nacional - São Paulo - Pag. 149 - Edición en portugués - 1941.

[20] Albert Einstein - *La Theorie de la Relativite Restreinte et Generale* - Ed. Gauthier - Villars - 1954 - Trans. del alemán al francés por M. Solovine.

Al deformarse, el espacio, en las proximidades de los campos gravitacionales, solo podrá hacerlo en dirección a otra dimensión más allá de las tres espaciales que conocemos físicamente.

* * *

No debemos confundir el tiempo contado por las manecillas de nuestros relojes con esta misteriosa cuarta dimensión. Este tiempo, así considerado, es una medida relacionada con la situación y el estado a lo largo de una de las direcciones del hiperespacio. Como no podemos admitir un ser real, abstrayéndonos de su duración; es decir, un ser instantáneo con realidad física, decimos que las cosas dependen del tiempo para existir objetivamente. Luego medimos un intervalo entre dos eventos, que se puede evaluar usando relojes, de la misma manera que usamos escalas para medir extensiones espaciales.

Los acontecimientos ocurren dentro de un "continuum" que cubre tres dimensiones de espacio y una de tiempo. Los acontecimientos forman hiperfiguras "espacial- temporales", y la noción de pasado, presente y futuro pierde, para un ser cuatridimensional, el significado que tiene para nosotros que habitamos un espacio tridimensional.

Un habitante del hiperespacio puede abarcar, a la vez, toda la morfología de un fenómeno en el espacio y en el tiempo, del mismo modo que abarcamos con nuestros sentidos las tres extensiones del espacio físico que ocupa un objeto material.

La Naturaleza Hiperespacial del Espíritu

En el capítulo anterior mencionamos el caso del perceptón y el intelectón, los cuales deberían tener una conformación cuatridimensional, debido a sus propiedades ligadas al registro y percepción de los acontecimientos en el espacio y el tiempo. Sin esta configuración, no sería posible que la percepción retenga la memoria de los estímulos, disponiéndolos ordenadamente uno tras otro, en secuencia natural, para constituir verdaderas hiperfiguras que cubren un "continuum" con tres dimensiones de espacio más una de tiempo.

Otra consecuencia de lo que señalamos en el capítulo citado es el hecho que el espíritu también tiene una configuración hiperespacial. Una conclusión que se puede sacar de inmediato, dado que sus constituyentes fundamentales son de esta naturaleza. Por tanto, el hábitat natural de los espíritus sería el corazón del hiperespacio.

Ante esto, un espíritu puede tener libre acceso al interior de un recipiente herméticamente cerrado, sin perforar las paredes que lo rodean, de la misma manera que los seres en el espacio físico pueden penetrar o salir del interior de figuras planas cerradas, sin romper sus líneas de delimitación. Esta propiedad explica los fenómenos del transporte de objetos materiales a espacios cerrados, de la lectura de libros cerrados, del diagnóstico de lesiones internas del cuerpo, de las operaciones de extracción de tejidos enfermos sin abrir al paciente, de la aparente interpenetración de la materia y de innumerables otros, abundantemente citados y reportados por experimentadores espirituales y metapsicistas.

Las Experiencias de Zöllner

En estos experimentos, el profesor Zöllner[21] dice haber obtenido pruebas de la existencia y la naturaleza tetradimensional de los agentes que actuaron en la realización de los fenómenos.

---

[21] Johann Carl Friedrich Zöllner - Alemania - Profesor de Astronomía y Física en la Universidad de Leipzig, miembro de la Real Sociedad Sajona de Ciencias, miembro correspondiente de la Real Sociedad Astronómica de Londres y de la Academia Imperial de Ciencias Físicas y Naturales de Moscú, miembro honorario de la Asociación Acción de las Ciencias Físicas de Frankfurt - Sobre el Maine, de la Sociedad de Estudios Psíquicos de París y de la Asociación de Espiritistas Británicos de Londres.

El propio Zöllner apoyó la hipótesis de que se trataba de seres inteligentes, dotados de cuatro dimensiones o de la posibilidad de moverse a lo largo de cualquiera de ellas:

> "Ya he tenido ocasión de comentar algunos fenómenos físicos que deben ser posibles para los seres del espacio cuatridimensional, ya que, en determinadas circunstancias, son capaces de reproducirlos visiblemente en el mundo material tridimensional. Ya discutí, en una forma más o menos larga, el nudo en una cuerda sin extremos, para llegar a la deducción anterior. Si una cuerda tiene sus extremos atados y sellados, un ser inteligente, teniendo el poder, por su voluntad, de producir en esta cuerda curvaturas y movimientos de las cuatro dimensiones, debe poder, sin deshacer el nudo, hacer uno o más nudos en esta cuerda sin fin. Este experimento se llevó a cabo con éxito, en Leipzig, el 17 de diciembre de 1877, a las 11 de la mañana, en presencia del médium americano Mr. Slade." (opus cit).

El trabajo del Prof. Zöllner contiene una serie de relatos extraordinarios de notables experimentos llevados a cabo bajo estricto control y en presencia de observadores desprevenidos: Fechner, Weber, Scheibner y otros. Entre dichas experiencias destacamos la descrita anteriormente, relativa a los nudos sobre una cuerda con sus extremos atados, sellados sobre una mesa a plena luz del día, con el médium bajo la mirada de otros dos observadores y con las manos tomadas.

En la serie de hechos descritos por Zöllner encontramos casos de aparición y desaparición de objetos sólidos, como por ejemplo: el extraordinario fenómeno de una mesa que desapareció para reaparecer momentos después, descendiendo del techo, a plena luz.

Para todos estos hechos Zöllner propuso una explicación basada en la idea de la intervención de seres inteligentes, capaces de actuar dentro de un entorno cuatridimensional. Admitió, como única hipótesis, la existencia de una cuarta dimensión.

Comentando las experiencias de Zöllner y otros metapsicistas, René Sudre, en su obra premiada por la Academia Francesa, *Los Nuevos Enigmas del Universo*, se expresa de la siguiente manera:

> "Estos fenómenos metapsíquicos, que los sabios han ido verificando aisladamente de vez en cuando, pero a los que todavía no se les ha dado el derecho de ciudadanía en la Ciencia, aunque muchos, y los más grandes, están convencidos de su realidad, no pueden encontrar una mejor explicación que la propuesta de Zöllner. Ahora que Einstein no dudó en deformar el espacio y el tiempo para explicar las grandes fuerzas naturales, no hay mayor audacia en añadir una cuarta dimensión al espacio para explicar las disimetrías de los cristales y de los seres vivos y los 'milagros' de la telergia, para cambiar una concha derecha en una concha izquierda, entrar en un espacio cerrado y hacer nudos en una cuerda sin extremos libres."

Apoyados, por tanto, en hechos y opiniones de reconocidos estudiosos, no dudamos en continuar nuestras especulaciones sobre la naturaleza del espíritu.

Polarización de los Átomos Espirituales

Cuando están libres y en estado normal, los elementos espirituales deben presentar una configuración cuatridimensional. Sus globos, que giran según un espacio que involucra a los respectivos núcleos, generan una figura de cuatro dimensiones. En determinadas circunstancias, esta configuración tetradimensional puede verse alterada. Un átomo espiritual, bajo la acción de un campo adecuado y suficientemente intenso, sufrirá polarización; es decir, la trayectoria y movimientos de los bions cambiarán. Como consecuencia, dichos corpúsculos comenzarán a girar según una superficie que involucra una figura tridimensional. La pérdida de una dimensión dará como resultado la aparición de un campo, al que llamamos "campo biomagnético", ya que es generado por los bions en sus movimientos, tanto de traslación alrededor del núcleo como de rotación alrededor del mismo, suponiendo que también tienen *spin.*[22]

En estado de polarización, el átomo espiritual se parece al átomo físico, naturalmente con ciertas diferencias importantes. Ambos se manifiestan dentro de un espacio tridimensional. Sin embargo, el átomo espiritual no pierde por completo su configuración cuatridimensional; el núcleo e incluso los biones están solo parcialmente deformados.

El campo de *spin* original de estos corpúsculos sería proporcional a esta deformación parcial.

Las influencias mutuas entre los campos electromagnético y biomagnético deben provocar, en las proximidades de la materia, constantes deformaciones en las capas biónicas de los átomos espirituales, dando lugar a frecuentes polarizaciones de estos últimos.

El mayor o menor número de bions en las capas circundantes de los núcleos del elemento espiritual determinará su mayor o menor susceptibilidad a la polarización. Por tanto, de todas ellas, la monada debe ser la más fácilmente polarizable.

Veremos, a lo largo de este trabajo, que es sumamente importante la hipótesis de la polarización de los átomos espirituales, cuya adopción traerá el esclarecimiento de innumerables fenómenos biológicos, entre ellos el de la vivificación; acción de la materia en consecuencia, el de la encarnación del espíritu.

Opinión de los Sabios

Al final de este capítulo, en el que abordamos tan brevemente un tema sobre el que se podrían escribir varios

---

[22] *Spin* es una palabra inglesa que significa rotación. Los físicos holandeses Goudsmith y Uhlenbeck (1925), para explicar el origen de la estructura ultrafina de los espectros luminosos, admitieron que los electrones giran sobre sí mismos; es decir, que tienen *spin.*

volúmenes como este, vale la pena mencionar las opiniones de algunos sabios sobre la cuestión del hiperespacio.

Einstein, al admitir la curvatura del espacio, admitió implícitamente la realidad del hiperespacio:

"Por las razones expuestas, parece que debemos admitir la idea de un universo en expansión, a pesar de su corta 'vida útil.' Si se hace esto, la cuestión principal será si el espacio tiene una curvatura positiva o negativa."[23]

Como el hallazgo de la curvatura positiva depende de la medición de la densidad promedio de materia en el Universo, agrega:

"Se puede concebir que es posible demostrar que el mundo es esférico (y es difícil imaginar que se pueda demostrar que es pseudoesférico). Esto depende del hecho al que siempre se le puede dar un límite inferior la densidad media del Universo, pero nunca un límite superior."[24]

Einstein se refirió sobre todo al continuum espacio-tiempo:

"Por lo tanto: el mundo de los acontecimientos forma un continuo de cuatro dimensiones."[25]

Lincoln Barnett, en su interesante trabajo de divulgación: *El Universo y el Dr. Einstein*, ya traducido al español, dice:

> "Las distorsiones combinadas, producidas por todas las innumerables masas de materia que existen en el Universo, hacen que el continuum se pliegue sobre sí mismo, formando una gran curva cósmica cerrada."[26]

James Jeans se expresa claramente al respecto:

---

[23] *El significado de la Relatividad* - Albert Einstein.

[24] A. Einstein y L. Infeld. *La Evolución de la Física*, Ed. Cia. Editora Nacional, S. Paulo - 1939

[25] Opus cit.

[26] Lincoln Barnett - *El Universo y el Dr. Einstein.* Ed. Melhoramentos - S. Paulo - 1955.

"Así como la sombra en una pared forma una proyección bidimensional de una realidad tridimensional, así los fenómenos del continuum espacio-tiempo pueden ser proyecciones cuatridimensionales de realidades que, de hecho, ocupan más de cuatro dimensiones."[27]

De esta manera, James Jeans admitió la posibilidad de realidades incluso más allá de las cuatro dimensiones del continuum espacio-tiempo.

Eddington en su excelente libro: *Espacio, Tiempo y Gravitación*, se expresa de la siguiente manera:

"Por muy fructífera que sea la teoría del universo cuatridimensional, es difícil dejar de escuchar una voz interior que nos dice:

'Desde lo más profundo de tu inteligencia, sabes que una cuarta dimensión es una tontería.'

Me imagino que esta voz ha resonado con frecuencia en la historia de la Física. Y tal vez sea una tontería decir que esta mesa sólida, sobre la que estoy escribiendo, es una colección de electrones que se mueven a velocidades prodigiosas en vacíos dispersos que, en relación con las dimensiones electrónicas, ¿son tan grandes como las que existen entre los planetas del sistema solar? Y es una tontería decir que el aire sutil intenta aplastar mi cuerpo con una carga de catorce libras por pulgada cuadrada? ¿Y soy tonto al decir que el enjambre de estrellas, que actualmente veo a través del telescopio, y el brillo de un tiempo que ya pasó hace 5.000 años? No nos dejemos seducir por esta voz. Está desacreditada."

A continuación, Eddington aclara bien la cuestión:

"Sin embargo, la afirmación que el tiempo es una cuarta dimensión puede plantear dificultades innecesarias, que una definición más precisa evitaría. El mundo exterior

---

[27] James Jeans - *El Universo Misterioso*, Ed. Cia. Editora Nacional- S. Paulo - 1941.

es donde están las cuatro dimensiones, no en sus relaciones con la persona que se encuentra en un estudio directo del espacio y el tiempo."[28]

El abad Th. Moreux, director del Observatorio de Bourges, dedica gran parte de su obra titulada: *¿Qué será de nosotros después de la muerte al estudio del hiperespacio?*

A continuación se muestran algunos extractos de esta curiosa obra:

> "Esta noción de hiperespacio, dado que en sí misma no hay nada absurdo, presenta, por lo tanto, se quiera o no, la posibilidad de un hecho y este hecho es de libre acceso a nuestra inteligencia.
>
> Además: esta hipótesis, cuya legitimidad solo podemos negar, negando la lógica humana, nos da el derecho a someterlo al Análisis Matemático, a estudiarlo detalladamente, aplicando las reglas que nos guían tanto en nuestra Geometría como en nuestros procesos algebraicos."

Más adelante, mencionando hechos supranormales oficialmente reconocidos como auténticos por la Iglesia, donde los espiritistas y metapsicistas verían inmediatamente los fenómenos clásicos de bilocación, telestesia, etc., añade:

> "Todos estos hechos - repitamos - solo pueden haber sido realizados mediante un cambio en las leyes que actualmente gobiernan nuestro mundo espacial. Por lo tanto fue por un milagro. En resumen, siempre ignoraremos los mecanismos últimos del fenómeno, pero la Metageometría, que del Hiperespacio, en particular, que estudiamos, queda allí para aclarar con nueva luz estos

---

[28] A.S. Eddington - *Espacio, Tiempo y Gravitación*, Ed. Calpe - Madrid - Barcelona - 1922.

extraordinarios hechos y para para demostrarnos que, en sí mismo, no es absurdo ni contrario a la razón."[29]

El lenguaje, como se ve, además del sello de autoridad científica del eminente astrónomo, está impregnado de Teología Romana, lo que, de ninguna manera, no le quita su gran valor; incluso al contrario...

Al concluir este subcapítulo, también transcribiremos los siguientes versos del *Bhagavad Gita*.[30]

4. "Este Universo entero, tanto en sus partes como en su totalidad, es una emanación mía, y lo penetro en mi forma invisible, Yo que soy lo inmanifestado.
   Todas las cosas provienen de Mí, pero Yo no tengo origen en ellas; en Mí están todas las cosas, pero Yo - en mi Divinidad - no estoy comprendido en ellas.
5. No penséis que todas las cosas soy Yo. Soy el sustentador de todo, lo penetro en todo, pero no estoy limitado ni encerrado en ello."

Magníficas y extraordinarias palabras, escritas hace miles de años, y que contienen "la más alta ciencia y el mayor misterio", como lo declara el título de la parte IX: RAJA GUHYA- YOGA, y que, hoy, a la luz de los modernos conocimientos que estamos entendiendo mejor.

Vemos, al familiarizarnos con la antigua sabiduría, que hay muchos caminos por los cuales podemos llegar al conocimiento de las causas de las cosas. Quienes solo admiten la estrecha puerta de los sentidos como medio para verificar las verdades intuidas por la mente difícilmente encontrarán una explicación "racional" para verdades como ésta, reveladas por los instrumentos del espíritu.

---

[29] L'Abbe Th. Moreux - *¿Qué será de nosotros después de la muerte?* - Traducción portuguesa de la 45 Edición francesa, por José Agostinho, Ed. A. Figueirinhas, Ltda -. Oporto - 1938.

[30] *Bhagavad Gita* - Trans. por Francisco Valdomiro Lorentz, 4ta edición de Empr. Ed. "O Pensamento" Ltda -. S. Paulo - Parte IX - Vs. 4 y 5.

Hiperespacio: ¿Realidad objetiva o subjetiva?

Nos parece que esta cuestión aun está pendiente de solución definitiva. No es que las razones e incluso los hechos a favor de la interpretación de una cuarta dimensión como realidad objetiva sean nulos, pero la Ciencia Oficial aun no cuenta con todos los elementos necesarios para un pronunciamiento definitivo sobre tal proposición.

Sin embargo, si la existencia del hiperespacio es objetiva o subjetiva, no importa y ni siquiera invalida la solución que presentamos al problema de la naturaleza del espíritu.

Fundamentalmente seguimos gestionando esquemas o modelos correspondientes a una realidad aun inaccesible. Lo mismo ocurre con la Física. ¿Llegaremos, por ejemplo, algún día a comprender el misterioso fenómeno que se esconde bajo la apariencia corpuscular del electrón? ¿El modelo mismo del átomo, más en boga hoy en día, no es más que una muy modesta e imperfecta caricatura de la realidad?

Cuando nos acercamos a las intrincadas expresiones matemáticas, que también son modelos mejorados, nos encontraremos con la misma situación. Entonces nos topamos con otro tipo de ficciones ingeniosas, si es lícito designar así los espacios de Hilbert y Minkowski, las matrices de Heisenberg y la ecuación de Schrodinger, los tensores y una infinidad de otros extraordinarios artificios: mentes geniales, creadas para interpretar a los grandes enigmas que es el mundo en el que vivimos.

Por lo tanto, por ahora no importa si estamos considerando una realidad objetiva o subjetiva; es decir, si el hiperespacio existe físicamente o solo metafísicamente (en el sentido de más allá de la realidad física). Basta con que podamos establecer nuestras ecuaciones y utilizarlas para describir coherentemente todos o la mayoría de los fenómenos que intentamos abordar; o, utilizando modelos con propiedades especiales, dar una idea del mecanismo de los mismos fenómenos.

Por lo tanto, recomendamos que el lector intente aceptar los conceptos, solo desde este punto de vista; es aconsejable no perder nunca el contacto con la realidad física, accesible a la experimentación.

La adopción del modelo no debería implicar la aceptación de su realidad objetiva. Sin embargo, no debemos despreciar el valor del modelo, ya que sin él sería difícil estudiar racionalmente la fenomenología que se quiere investigar y conocer.

Es lícito dudar de la realidad incluso del espacio físico, pero esto no debe impedirnos utilizar la hipótesis de su existencia cuando; por ejemplo, tenemos que calcular el volumen de un sólido.

CAPÍTULO IV De Las Formaciones Espirituales

"¿De dónde vengo? De épocas muy remotas, de las sustancias más elementales, surgiendo de materiales cósmicos.

Vengo de los invisibles protozoarios, de la confusión de los seres embrionarios, de células primitivas, de bacterias."

Parnaso de Más Allá de la Tumba

Augusto dos Anjos
(Extracto de un poema escrito por
Francisco Cândido Xavier), Editora F.E.B.

Formaciones espirituales

Vimos, en el capítulo II, las características fundamentales de los corpúsculos que componen los espíritus.

También tomamos conciencia de los principios básicos que gobiernan las combinaciones de estas partículas para formar elementos espirituales. En este capítulo estudiaremos los diferentes tipos de espíritus que resultarán de la combinación de estos elementos fundamentales, dando lugar a las "formaciones espirituales."

Para facilitar el estudio, dividimos las "formaciones espirituales" en dos grupos básicos:

1. *Formaciones espirituales simples,* que comprenden todos los átomos espirituales o elementos espirituales, considerados de forma aislada.
2. *Formaciones espirituales compuestas,* compuestas por los átomos espirituales combinados formando los propios espíritus.

En el primer grupo, hay átomos espirituales caracterizados por un núcleo formado por la aglutinación de monatónes e intelectones, hacia los cuales gravitan los bions.

En el segundo, encontramos los conjuntos espirituales que resultan de verdaderas combinaciones de espíritu-elementos, dando lugar a los propios espíritus.

Estudiaremos cada uno de estos grupos en detalle.

De las Formaciones Espirituales Simples

(Átomos espirituales o elementos espirituales)

Las formaciones espirituales simples se caracterizan por constituir una unidad que contiene un micelio portador de cargas positivas rodeado de biones dispuestos en órbitas determinadas.

Las formaciones espirituales simples se pueden encontrar en estado libre o en sociedad, integrando una formación espiritual compuesta. En el último caso, el átomo espiritual, a semejanza del átomo físico, entra en la composición de las verdaderas moléculas espirituales.

No es indispensable que una formación sencilla y libre de ataduras tenga su propia individualidad. La individualidad del elemento espiritual permanece incluso cuando está atado a vínculos.

Sin embargo, su actividad puede verse influenciada por los vínculos de unión con otros elementos-espíritu, ya que es inherente a su propia naturaleza reaccionar inteligentemente ante los estímulos ambientales. De las acciones y reacciones entre el espíritu, la materia que anima y el ambiente en el que vive, nacen los llamados fenómenos biológicos. Entre estos destacan el movimiento, la nutrición, el crecimiento, la reproducción, la evolución, etc.

La manifestación del espíritu se caracteriza sobre todo por respuestas inteligentes a los estímulos externos y por la capacidad de pensar, aunque sea muy elemental, cuyo resultado es sustraer la materia vivificada, la obediencia ciega a las leyes del azar. La vida manifiesta impulsos coordinados y tiene la capacidad de organizarse como resultado del principio inteligente que la anima. Este principio está ubicado en el núcleo de los elementos espirituales.

* * *

De todas las formaciones simples, la más simple es el monatón, que como hemos visto anteriormente tiene un núcleo formado por un monatón. Alrededor de este foco tan simple, gira un bion, cubriendo con su órbita una configuración hiperespacial. (ver Fig. 3)

El monatón, núcleo de la mónada, entra en la constitución de todos los núcleos espirituales.

Los núcleos se distinguen por el número de monotones encerrados en ellos, lo que da como resultado una biocarga mayor o menor positiva de estos pequeños soles espirituales, permitiéndoles mantener los respectivos biones planetarios a su alrededor.

La carga biopositiva de los monotones sería un obstáculo para su conexión; sin embargo, dicha conexión se hace a expensas del perceptón que es neutral y, de esta manera, actúa como aglutinante para los montones.

Por esta razón, los núcleos con más de un monatón siempre tendrán las percepciones necesarias para estabilizar sus estructura. (Ver Fig. 4)

Hay una energía de unión de las partículas nucleares espirituales, exactamente como ocurre en el caso de las partículas nucleares de los átomos físicos. En términos técnicos, se denomina "energía de cohesión." Sin esta fuerza agregadora, el núcleo no tendría estabilidad y el espíritu se disolvería en energía radiante, naturalmente dentro de su plano dimensional. Por tanto, si los elementos espirituales permanecen estables, existe una fuerza responsable de la estabilidad del núcleo espiritual.

A medida que aumenta el número de corpúsculos nucleares, la repulsión de cargas positivas adquiere valores cada vez mayores. Para contrarrestar esto, se necesitaría una energía de cohesión muy alta, lo que no es posible más allá de ciertos límites del tamaño del núcleo. Habría un punto en el que el núcleo ya no permanecería estable. Este hecho determina la imposibilidad que existan una serie de elemento-espíritu con un número ilimitado de variedades. En otras palabras, con los elementos espirituales ocurre lo mismo que con los elementos materiales: su variedad es limitada.

Actualmente todavía no disponemos de datos suficientes para determinar los límites de la serie de elementos espíritu. Sin embargo, creemos que su conocimiento es posible mediante el estudio de biomoléculas, virus, protofitos, protozoos y células de organismos vivos.

La Diafanidad del Espíritu

Las formaciones espirituales simples son verdaderos átomos espirituales. Sin embargo, las distancias entre el núcleo y los electrones deben ser mucho mayores que las distancias que separan a los electrones de sus respectivos núcleos en el átomo físico.

Y ésta es una condición necesaria para que el espíritu sea más diáfano que el material. En consecuencia, la velocidad de los movimientos alrededor de los núcleos también se vuelve grande, y el espíritu debe tener una constitución energética mucho más alta que la de la materia, para permanecer estable.

Leemos en André Luiz:

> "En nuestro plano, transformaciones similares son más rápidas y exteriorizan aspectos íntimos del ser, con facilidad y seguridad, porque las moléculas del periespíritu

giran a un patrón vibratorio más elevado, con movimientos más intensos que las moléculas del cuerpo carnal."[31]

Aquí damos un nuevo significado al término diafanidad, que no se identifica ni con dilución ni con rarefacción. Resulta ser otra propiedad, que comprende la incorporación simultánea de extensión y energía en una estructura atómica determinada.

Disponemos de un modelo físico que sirve de ejemplo. Cogemos una hoja de cartón. Cortémoslo en tiras. Juntando las piezas obtendremos un paquete sólido, pero sin las características combinadas de resistencia y extensión. Ahora bien, si montamos, con las tiras de cartón debidamente dobladas longitudinalmente, una estructura entrelazada como la de un puente o torre de acero, formaremos una estructura diáfana respecto al paquete original de tiras, comprendiendo mayor extensión y rigidez que éste. No hubo dilución ni adelgazamiento del paquete de tiras. Las correas acaban de recibir una nueva disposición que implica más espacio y mayor estabilidad.

Lo mismo ocurre con los elementos espirituales en relación con los elementos materiales. Los primeros tienen mayor extensión; sin embargo, su estructura, aunque menos compacta, tiene mayor energía que los segundos. Los átomos espirituales son estructuralmente más resistentes que los materiales, y estos son más compactos que los espirituales.

Por tanto, la diafanidad implica no solo la incorporación al mundo interior, de extensión a una estructura atómica, sino también la energía cinética necesaria en sus corpúsculos, lo que garantiza la estabilidad y solidez de su estructura.

---

[31] *Entre la Tierra y el Cielo* - André Luiz - Psicografiado por Francisco Cândido Xavier - Pag. 84.

La Energía Radiante de los Elementos-Espíritu

Las manifestaciones de los espíritus suelen ir acompañadas de fenómenos luminosos. Los médiums videntes registran la presencia de entidades, generalmente, rodeadas de luz.

La causa de estos fenómenos vibratorios debe tener su origen en la estructura atómica del espíritu. Veamos cómo sería. Aplicaremos al modelo de transformación espiritual los principios establecidos para la transformación física tal como los concibió Niels Bohr. Tendremos así órbitas bien definidas que deberán seguir las diferentes órbitas planetarias en sus trayectorias.

Como en el caso del modelo de Bohr, la emisión o absorción de energía se producirá a expensas que los bions salten de una órbita a otra. Al caer en una órbita menos lejana aparecerá un exceso de energía que inducirá una serie de vibraciones electromagnéticas en el espacio físico, cuya frecuencia vendrá dada por la ecuación de Planck:

$$Q = HV$$

En esta ecuación:

q = "quantum" de energía inducida en el espacio físico por bions;

V = frecuencia;

h = constante de Planck = $6{,}548 \times 10^{-27}$ erg.seg.

En los átomos espirituales, el valor inducido de "q" debe ser bastante alto, debido al alto nivel de energía de los biones.

De ello se deduce que las ondas electromagnéticas, generadas por los saltos de los biones en sus cambios de órbita, serán muy pequeñas. Esto significa que las oscilaciones electromagnéticas provocadas por un átomo espiritual tienen una longitud de onda mucho más corta que las generadas por los saltos de electrones en los átomos físicos.

Esta debe ser una de las razones por las que normalmente no podemos ver los espíritus; es decir, la luminosidad que estos provocan en algunas circunstancias. Hay personas que pueden percibir, en determinados momentos, ciertos matices de esta luz. Son médiums psíquicos. Debido a la similitud con el fenómeno óptico visual, la sensación es de colores variables dependiendo de la longitud de onda de las vibraciones captadas. Por eso leemos en Kardec:

- "¿Esta llama o chispa tiene algún color?

Para ti varía del brillo oscuro al rubí, dependiendo de si el espíritu es más o menos puro."[32]

Según el testimonio de los médiums psíquicos y según la descripción que hacen los propios espíritus, existe una gran variedad de colores originados en ellos.

Nuestro cerebro tiene la capacidad de interpretar sensaciones visuales, dentro de una determinada gama de colores conocidos, dependiendo de nuestra sensibilidad retiniana cuyos límites se encuentran más o menos entre longitudes de onda de 4×10^{-5} cm a 8×10^{-5} cm. Debido a este hecho, cuando percibimos, ya sea visualmente o por cualquier otro medio, un fenómeno vibratorio mucho más rápido, dicha sensación será clasificada por el cerebro, únicamente dentro de los patrones de color conocidos. Es posible sentir el color del espíritu, cuando en realidad no se ve el verdadero color, ya que excede con creces la sensibilidad del órgano de la visión física.

Respecto a la facultad de clarividencia, tenemos una observación personal que hacer. No la consideramos un hecho probado, pero nuestra experiencia y observación nos llevan a suponer que muchos otros sentidos se están desarrollando en la Humanidad. El impulso evolutivo de las especies y en particular de la especie humana es innegable. Incluido en su desarrollo

---

[32] *El Libro de los Espíritus* - Allan Kardec - Libro Segundo - Capítulo I - Tema 88.

progresivo, debe haber la aparición paulatina de otros órganos sensoriales que lo pondrán en contacto más íntimo con el Universo.

A modo de comparación, llamamos la atención sobre la distancia entre la muy rudimentaria sensibilidad cutánea de un gusano, generalizada en la captación confusa de la luz, el calor o el tacto, y la asombrosa perfección del órgano de la visión, donde se aplican las leyes de la óptica, usada con una habilidad que sobrepasa la inteligencia de cualquier genio.

A lo largo de milenios, la vida ha luchado y adaptado para superar la agresión del entorno externo. La experiencia registrada en las percepciones proporciona a los intelectos la sabiduría más elemental que da como resultado el soma ideoplástico capaz de influir en la conducta de los seres vivos posteriores, equipándolos física e intelectualmente para sobrevivir a los enfrentamientos del mundo exterior.

A partir de la consecución de la organización, la vida busca ahora el contacto total con el Universo, en el ansia de conocerlo plenamente, dominarlo y reproducirlo.

Estamos en la fase de lograr la comunicación con el Cosmos.

La mediumnidad es la antesala de los sentidos despiertos para la segunda fase de su implementación en órganos físicos especializados.

Creemos que el llamado punto ciego de los ojos es el nido donde se incuba el embrión de la videncia permanente. Los médiums videntes señalan que los espíritus generalmente se perciben un poco fuera de la visión directa: "un poco de lado", como dicen.

Es probable que otra "mácula lútea" sea perfeccionada y en la especie humana hasta convertirse en la *mácula videntiae*.

El Psicoscopio

Nos parece posible construir un dispositivo capaz de revelar los espectros de "luz" emitida o absorbida por los átomos espirituales.

Sabemos, por experiencia física, que toda fuente capaz de emitir ondas electromagnéticas de una determinada longitud tiene, en determinadas circunstancias, la propiedad de absorber esas mismas ondas. Es un fenómeno de consonancia.

Por lo tanto, un espectroscopio óptico no solo muestra los espectros de emisión de átomos excitados, sino que también revela, en un espectro continuo, los huecos correspondientes a las longitudes de onda que fueron absorbidas por átomos idénticos sin excitación. La mitogénesis causada por la acción de la radiación electromagnética, que en realidad es un fenómeno de absorción, proporcionó quizás los elementos para la caracterización de ciertos grupos de elementos espirituales. Sería un paso más en el estudio de las características vibratorias o al menos de sus interrelaciones, correspondientes a ciertos *Homos espirituales*.

Pero parece que los espíritus ya tienen un dispositivo muy curioso, que está destinado al análisis espectroscópico del alma.

Citamos nuevamente a André Luiz, quien en uno de sus numerosos y notables libros alude a este maravilloso instrumento, describiéndolo de la siguiente manera, después de haberlo bautizado con el nombre de Psicoscopio:

> "Es un recurso al que se refirió intuitivamente un ilustre estudioso de la fenomenología espiritual, al final del siglo pasado. Está destinado a escuchar el alma, con el poder de definir sus vibraciones y la capacidad de hacer diferentes observaciones sobre la materia - aclaró Áulus, con una leve sonrisa -. Esperamos estar, más adelante, entre los hombres. Funciona sobre la base de electricidad y magnetismo, utilizando elementos radiantes, esencialmente análogos a los rayos gamma. Y se constituyeron parejas de estudio, con recursos disponibles para microfotografía."[33]

---

[33] *En los Dominios de la Mediumnidad,* Andre Luiz - Psicografía de Francisco Cândido Xavier - Ed. FEB.

De hecho, los elementos radiantes - elementos espirituales - son análogos a los rayos gamma; es decir, ondas electromagnéticas inducidas por la biomagnética.

Los elementos espirituales ciertamente tienen espectros de emisión y absorción, como ocurre con elementos físicos. Si es posible construir un dispositivo sensible al rango de emisión de átomos espirituales excitados, como espectroscopio óptico, será una tarea relativamente fácil caracterizar todos los elementos espirituales, así como estudiar un gran número de sus propiedades.

Por ahora, en las condiciones en las que nos encontramos en términos de conocimiento e investigación, nos resulta difícil poder determinar el número y las propiedades de las diferentes clases de elementos espirituales. Sin embargo, tal vez el estudio preciso de seres moleculares, como virus y rickettsias o incluso ciertas nucleoproteínas, pueda arrojar alguna luz sobre esta cuestión fundamental.

En cuanto a la naturaleza de los núcleos, con respecto al número de corpúsculos allí encerrados, según los distintos tipos de formaciones espirituales simples, depende también de futuras investigaciones en este sentido.

Sería prematuro y arriesgado admitir cifras o supuestas características de los núcleos de los elementos espirituales.

La Asociación de Elementos–Espíritu

Debido a la naturaleza del elemento espiritual, que contiene inteligencia y percepción combinadas con memoria, el grado de desarrollo de sus facultades dependerá del número de partículas en el núcleo, de la suma de experiencias registradas y del ejercicio de coordinación al responder a estímulos del entorno que lo rodea. Por tanto, existe un límite al desarrollo forma intelectual y mental de formación simple, que impide su evolución indefinida. Este límite es la propia capacidad del núcleo. En su desarrollo extremo, la formación simple tiende a la asociación combinada con la especialización de los componentes, fortalezas del grupo, ascendiendo a un plano superior de supervivencia y progreso. Sin embargo, esto solo ocurrió en una fase colectiva, donde, a cambio de parte de su independencia, el elemento espiritual obtendrá otras ventajas que nunca podría disfrutar en plena libertad.

Los intentos de colectivización acaban desembocando en la asociación permanente, al principio, de grupos de entidades con la misma naturaleza nuclear y, más tarde, de grupos heterogéneos en los que cada actividad individual da lugar a una función orgánica. El grupo preserva la memoria de sus vivencias, inicialmente de forma aislada, y, posteriormente, como una verdadera integración de conocimientos individuales, dando como resultado la experiencia total de la Colonia.

Llamamos la atención del lector sobre este punto tan importante que explica la génesis de las formaciones espirituales compuestas. Éste es el verdadero origen de los espíritus de los seres organizados.

Hasta ahora solo habíamos considerado el elemento espiritual, prácticamente inmutable en su constitución dinámica, y que marca de manera única la asimilación de experiencias incorporadas a su hiperforma cuadridimensional. A lo largo de la dimensión temporal, se localizaron eventos específicos, similares a un collar de cuentas, en el que las cuentas estaban representadas por estímulos sentidos y registrados de forma indeleble. Solo los estímulos, como las imágenes o figuras y otros atributos de la sustancia externa percibidos por los sentidos de los seres organizados, dependen de una constitución mucho más complicada. Sin embargo, el mecanismo de la sensación y la memoria nació de esta lista muy rudimentaria de percepciones puntuales.

En asociaciones de elementos espirituales, a medida que aumentaba el número de miembros del grupo, también se ampliaban sus influencias y correlaciones mutuas.

La complejísima red de sensaciones y sentimientos, la maravillosa iconografía mental de seres superiores, surgió del simple entrelazamiento de aquellos hilos de percepciones puntillosas.

Pero esta interacción, este tejido, tuvo otras consecuencias, entre ellas la conexión estable y permanente de los componentes de las sociedades de elementos espirituales, unidos así por sus intereses mutuos, hasta el punto que luego pasaron a representar una individualidad integral bien definida, o un psicosoma.

Los espíritus de los hombres son las psicosomas más completas que existen encarnadas en el planeta Tierra.

Por tanto, estudiamos las formaciones espirituales compuestas; es decir, los espíritus mismos.

De las Formaciones Espirituales Compuestas o Espíritus propiamente dichos

Como vimos anteriormente, la asociación de espíritu-elementos dará lugar a combinaciones permanentes, cuya estabilidad nació de la interdependencia entre sus componentes.

¿Cuál habría sido el proceso fundamental para la realización de esta síntesis espiritual que dio origen a los propios espíritus?

En nuestro planeta, sin duda, el proceso fue y es la vida en la Tierra. La vida se combina naturalmente con la agresividad del medio ambiente y la necesidad de luchar por la supervivencia. En realidad: la vida bajo el aguijón del dolor, que también ha evolucionado desde la rudimentaria sensación desagradable que advertía a la mujer de la proximidad del peligro, hasta la pasión enteramente subjetiva, que daba al santo la premonición de la desgracia que estaba a punto de sobrevenir a una comunidad pecadora. Castigados por el rudimentario sufrimiento propio de su capacidad de sentir, los elementos espirituales encarnados en formas primarias de vida han intentado, a lo largo de milenios, ayudarse mutuamente para sobrevivir. Se unirán en grupos moleculares y simbióticos y, posteriormente, en Colonias con especialización de individuos. Las colonias evolucionaron hasta convertirse en organismos vegetales y animales. Así como se unieron en la lucha por la vida, los elementos espirituales permanecieron juntos cuando la colonia fue destruida. Luego regresaron a la etapa de existencia material, imprimiendo a la nueva colonia con características que surgen de las experiencias adquiridas en la encarnación anterior. De esta manera, se perfeccionan, asimilan un número creciente de elementos espirituales componentes y crecen, concomitantemente, en complejidad y perfección.

A medida que las formaciones espirituales evolucionaron, sus funciones biológicas en la vida material se volvieron complicadas.

Los organismos vivos quedaron mejor equipados para luchar contra el entorno hostil. La necesidad de alcanzar mejores estándares económicos en el grupo orgánico hizo accesible la incorporación de unidades con núcleos mayores; es decir, formaciones espirituales simples, portadores de núcleos grandes, podrían sufrir una acción biomagnética capaz de capturarlos y fijarlos a la formación espiritual compuesto en desarrollo.

Este fenómeno se explica fácilmente si se considera el mecanismo de polarización de los elementos espirituales. Un entorno biológico desarrollará campos biomagnéticos que serán más intensos cuanto mayor sea el número de formaciones simples en acción dadora de vida.

De hecho, sabemos que un elemento espiritual, cuando anima un organismo vivo, está polarizado, girando la mayoría de sus biones se encuentran prácticamente en un espacio contiguo a nuestro espacio físico.

Siendo: B1, B2, B3.... Bn, los valores de los campos biomagnéticos desarrollados por diferentes elementos espirituales de un grupo orgánico, el campo biomagnético resultante será:

$$B = B_1 + B_2 + B_3 \ldots + B_n$$

La acción de este campo resultante polarizará los elementos espirituales de un micronúcleo mucho más grande, cuyas órbitas biónicas requieren una gran fuerza biomagnética para deformarse.

La colonia, por tanto, obtendrá elementos del núcleo más "mentalizado" que pasarán a formar parte de ella, asumiendo, a su vez, funciones más complicadas.

Las formaciones espirituales compuestas, a medida que incorporan elementos con un núcleo mayor y aumentan su estabilidad estableciendo caracteres que garantizan una probabilidad cada vez mayor de supervivencia. La naturaleza es ciertamente responsable de la selección de los espíritus, del mismo modo que, en el mundo físico, proporciona los medios para la perfección de las especies.

Esto explica por qué existe vida en la materia, como factor indispensable en la formación y evolución inicial del espíritu. Sin la experiencia de luchar por la supervivencia, los elementos espirituales nunca alcanzarían la etapa de asociación.

Permanecer estancados en el límite de la capacidad de cada uno, y lo que hoy llamamos vida, con las expresiones más elevadas y sublimes que conocemos, dejaría de manifestarse si no existiera una organización adecuada que la sostuviera.

Génesis de los Centros Autónomos

La asociación de elementos espirituales no ocurre de ninguna manera. Se establece, lógicamente, dentro de ciertos principios, en los que diversas condiciones y factores se combinan y equilibran entre sí, ocurriendo más o menos según el patrón observado en agrupaciones de seres vivos organizados.

Dicha asociación se produce en etapas, cada una de las cuales se completa, creando sucesivamente biomoléculas, corpúsculos celulares, células, subgrupos, grupos, colonias, órganos, organismos, etc.

Millones de intentos son ensayados y puestos a prueba frente a la agresión ambiental, para que solo sobrevivan aquellos que mejor se adapten a las condiciones ambientales.

Una vez fijado el primer paso, el grupo inicial mejora, seguido posteriormente de un segundo período de unión con grupos similares, con el objetivo de formar colonias más complejas y más resistentes a las dificultades mesológicas, tanto antiguas como resultantes de las relaciones entre ellos, el nuevo organismo y el entorno en el que se formó.

Todo grupo que se estabiliza y perdura representa una victoria del espíritu sobre la materia, cuya tendencia es obedecer al azar y ceder dócilmente a la nivelación energética impuesta por el 2°. Principio de termodinámica.[34]

Sin embargo, el espíritu no se contenta con el estancamiento. Busca conquistar cada vez más universo, en un esfuerzo incansable e indefinido, cuyo objetivo final aun apenas podemos vislumbrar.

Estas sucesivas agrupaciones de elementos espirituales desarrollan, como hemos señalado anteriormente, campos biomagnéticos cada vez más intensos. En consecuencia, tales campos proporcionan polarización de elementos espirituales con núcleos más grandes. La presencia de estos elementos espirituales en pequeños grupos crea un verdadero punto de apoyo biomagnético, dando lugar a un centro dirigente que actúa como director de cada unidad social.

Este fenómeno quizás explique la presencia de núcleos en los seres unicelulares y en las células vivas.

Salvo raras excepciones, los núcleos se sitúan aproximadamente en la zona central de las células vivas, lo que parece confirmar la hipótesis, ya que la resultante de un campo de fuerza se situará más cerca del centro geométrico cuanto más uniforme sea la distribución de sus componentes.

La aparición de estos centros dirigentes se repite sucesivamente en una escala ascendente de complejidad, apareciendo en los seres superiores como verdaderos centros autónomos que presiden las funciones orgánicas más importantes.

---

[34] El 2do. El Principio de la Termodinámica dice así: "Es imposible transferir calor de un medio más frío a uno más caliente sin el gasto de trabajo mecánico." En otras palabras; en el Universo, los niveles de energía tienden a igualarse, a través de una continua degradación energética.

A su vez, el conjunto de estos fulcros está comandado por un foco central de control general, cuya función consiste en mantener el psicosoma agregado y combinado armoniosamente, formando una verdadera unidad orgánica.

Fisiológicamente, observamos en los animales superiores la presencia de centros dirigentes que dirigen sistemas autónomos, tales como: el corazón, el intestino, el simpático y el vago, etc. Las informaciones procedentes de los propios espíritus confirman la existencia de estos centros en la "constitución fisiológica del periespíritu."

Así lo expresa André Luiz:

> "Analizando la fisiología del periespíritu, clasificamos sus centros de fuerza, aprovechando la memoria de las regiones más importantes del cuerpo terrestre. Tenemos, así, para expresar el máximo del vehículo que actualmente nos sirve, el centro de la corona es lo que, en la Tierra, se considera definido por la filosofía hindú como el loto de los mil pétalos, es el más significativo por su alto potencial de radiación, ya que es la conexión con la mente, el asiento brillante de la conciencia. Este centro recibe primero los estímulos del espíritu, comandando a los demás, vibrando con ellos en justo régimen de interdependencia. Considerando en nuestra exposición los fenómenos del cuerpo físico y satisfaciendo las exigencias de simplicidad en nuestras definiciones de iones, debemos decir que de él emanan las energías que sostienen el sistema nervioso y sus subdivisiones, siendo el responsable de alimentar las células del pensamiento y el proveedor de todos los recursos electromagnéticos esenciales para la estabilidad orgánica. Y, para ello, el gran asimilador de la energía solar y los rayos de la espiritualidad superior capaces de promover la sublimación del alma. Poco después, notamos el centro cerebral, adyacente al centro coronal, que ordena percepciones de diversa índole, percepciones que, en ropaje carnal, constituyen la visión, el oído, el tacto y la

vasta red de procesos de inteligencia que conciernen a la Palabra, la Cultura, el Arte y el Conocimiento. Es en el centro cerebral que tenemos al mando del núcleo endocrino, refiriéndose a los poderes psíquicos, a continuación tenemos el centro laríngeo, que preside los fenómenos vocales, incluidas las actividades del timo, la tiroides y las paratiroides. Poco después identificamos el centro del corazón, que apoya los servicios de la emoción y el equilibrio general. Siguiendo con nuestras observaciones, señalamos el centro esplénico que, en el cuerpo denso, tiene su sede en el bazo, regulando la distribución y adecuada circulación de los recursos vitales en todos los compartimentos del vehículo que utilizamos. Continuando, identificamos el centro gástrico, que es el responsable de la penetración de alimentos y líquidos en nuestra organización y, por fin, tenemos el centro genésico, donde se ubica el santuario del sexo, como templo modelador de formas y estímulos."[35]

Los Chakras

La palabra "chakra" significa rueda, foco en movimiento o vórtice.

Los ocultistas se equivocan demasiado con esta palabra y con su significado real, ya que vendrán a practicar ciertos ejercicios, con el objetivo de armonizar y desarrollar su funcionamiento: el yoga de los padmas.

Según las teorías ocultistas, los "chakras" son verdaderos puntos de apoyo de la acción espiritual correspondientes a los centros autónomos. Es pequeño y alto, pero hay siete de ellos muy importantes y considerados los principales.

Les dieron nombres especiales, en referencia a las regiones del organismo donde ejercen su influencia.

---

[35] *Entre la Tierra y el Cielo* - Andre Luiz - Psicografía de Francisco C. Xavier. Ed. FEB -. Capítulo XX - Folios 127 y 128.

Debido a la apariencia con la que estos chakras se presentan a quienes tienen la capacidad de verlos, se les ha llamado "patrones"; es decir, llamaradas. Por eso se dice que los chakras tienen pétalos, variando su número según su ubicación.

A continuación se muestra una tabla que muestra los chakras y sus principales características:

Nº	Nombre en Sánscrito	Nombre en Español	Nº de pétalos	Región donde actúan
7	Sahasrara	Coronario	960 más 12	Parte superior de la cabeza
6	Ajña	Frontal	96	Entre las cejas
5	Vishuda	Laríngeo	16	Garganta
4	Anahata	Cardíaco	12	Cerca al corazón
3	Manipura	Umbilical	10	Cerca al ombligo
2	Swadhistana	Esplénico	6	Cerca al Bazo
1	Muladhara	Raíz	4	Base de la espina dorsal

La descripción proporcionada por el espíritu André Luiz, quien nos la transcribe en el subcapítulo anterior, está, como puede verse, en perfecto acuerdo con las enseñanzas ocultistas.

La Ley del Karma

Construyéndose a sí mismo, el espíritu realiza sucesivas síntesis de los centros autónomos. Partiendo de organizaciones más simples se asciende a otras más complejas.

Solo su esfuerzo participa en este arduo trabajo de autoconstrucción. El espíritu es causa y efecto de sí mismo: aunque reciba ayuda, ésta tendrá siempre el carácter de un préstamo que deberá reembolsarse con los intereses adeudados.

Como hemos visto, el espíritu avanza paso a paso por el difícil camino de la evolución, bajo el fluir del dolor e impulsado por el deseo de superar el entorno donde se desarrolla el gran drama de la vida. La selección natural es el juez implacable que rechaza cada prueba errónea, de forma absolutamente imparcial. Y el karma es la balanza fiel para medir, desde el principio, el equilibrio final que resulta de cada acto del espíritu evolucionante.

Cada órgano, cada función, cada cualidad, cada facultad es conquistada por el mérito exclusivo del espíritu. En este juego no hay privilegios ni concesiones: las posibilidades y los medios son iguales para todos.

Y como dice André Luiz:

> "No podemos olvidar; sin embargo, que nuestro vehículo sutil, tanto como el cuerpo de carne, es una creación mental en el camino evolutivo, tejido con recursos tomados temporalmente por nosotros mismos de los graneros del Universo, un recipiente que utilizamos para adaptarnos a nuestra individualidad eterna es la luz divina de la sublimación, con la cual nos corresponde exigir las esferas del espíritu puro, todo es obra de la mente en el espacio y el tiempo, utilizando miles de formas para purificarse y santificarse para la gloria divina."[36]

Metabolismo Espiritual

La formación espiritual compuesta, manteniendo constante su estructura, debe presentar parcial y permanentemente renovación de determinadas zonas, a expensas del intercambio con el medio externo, de la misma manera que un organismo vivo intercambia sus células mediante el intercambio con el medio material en el que vive.

Sin este intercambio, las manifestaciones energéticas del espíritu quedarían inexplicadas.

---

[36] *Entre la Tierra y el Cielo* - Andre Luiz - Psicografía de Francisco C. Xavier - Capítulo XX - pág. 128 Ed. F.E.B.

¿De dónde obtendría la energía necesaria si no tuviera el recurso para extraerla mediante la asimilación de elementos del exterior? Este razonamiento lleva a la conclusión que hay asimilación y excreción y, lógicamente, renovación del organismo espiritual. En definitiva, los espíritus se alimentan a sí mismos.

Naturalmente, no comen delicias materiales, pero deben absorber metabólicamente sustancias adecuadas a su naturaleza, metabolizarlos y rechazar los residuos, además de emitir energía.

Según las descripciones que hacen los propios espíritus, existen dos tipos fundamentales de elementos nutricionales utilizados por ellos: los extraídos de los seres vivos y los obtenidos del medio cósmico.

La innovación se lleva a cabo principalmente en el periespíritu. Sin embargo, los núcleos dirigentes de los centros autónomos deben permanecer prácticamente inalterados, variando muy lentamente mediante la adición de elementos espirituales.

El periespíritu puede perder una dosis considerable de sustancia constitucional, por diversas razones, reduciéndose, en ciertos casos, casi exclusivamente al conglomerado de centros autónomos. En este estado, su apariencia se reduce a la forma de equilibrio natural; es decir, la globular. En tal situación, comienza a parasitar a un huésped vivo, del que absorbe los elementos vitales necesarios para su gasto energético.

Los desequilibrios, especialmente en su constitución morfológica, se reparan mediante reencarnaciones, donde las influencias mutuas entre el cuerpo físico y el periespíritu logran restablecer el psicosoma dañado.

La Morfología Espacio-Tiempo del Espíritu

Como vimos anteriormente, al iniciarse, el espíritu parte de una formación espiritual muy rudimentaria y sencilla a la que se une otros "elementos" que entrelazan sus historias y describiendo, a lo largo de la dimensión temporal, algo así como líneas de eventos relacionados entre sí.

Cualquier elemento espiritual puede servir como punto de partida. Sin embargo, son las leyes estadísticas las que rigen tales fenómenos fundamentales, predominando los casos en los que existe una mayor probabilidad de vivificación inicial de la materia.

A partir de formaciones tan rudimentarias, el espíritu crece lentamente, generando, mediante la adición de otros elementos, una hiperforma cuatridimensional cuya apariencia se asemejaría, reduciéndola a un modelo espacial, más o menos a la forma de un cono. La altura de esta hiperfigura se mediría a lo largo de la dimensión temporal. Las secciones transversales representarían las formas tridimensionales de cada fase de la existencia del espíritu.

Para aclarar más, adoptaremos un modelo tridimensional que da una idea del fenómeno cuatridimensional considerado.

Representaremos, en perspectiva, un sistema de tres ejes cuyo origen se sitúa en el vértice de una figura cónica irregular. (Fig. 10)

Para simplificar, consideremos que el eje Z'Z sigue la dirección de desarrollo de la figura y corresponde al eje del tiempo en un modelo de cuatro dimensiones.

A cada cuota de tiempo contada sobre Z'Z, a partir de O, en dirección OZ, le corresponderá una cifra S, resultante de un corte plano que pasa por la figura cónica, normalmente según el eje Z'Z. (Fig. 10)

Estos tramos planos: S_1, S_2, S_3, etc. podría suceder si en intervalos tan pequeños como queramos, en la escala de las cotas marcadas en Z'Z. De esta manera podremos representar el desarrollo de los acontecimientos, de manera continua, como ocurriría en el caso de la evolución de un espíritu. Cada sección plana representaría el aspecto tridimensional que asume el espíritu en un período de tiempo determinado, mientras que la configuración total, generada desde el ápice, correspondería a la hiperforma espacio- tiempo completo del espíritu.

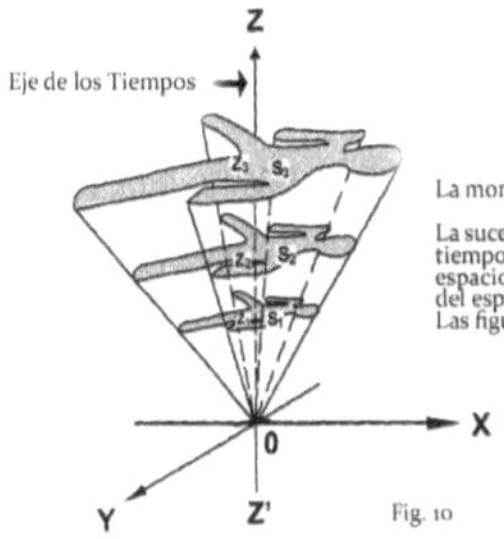

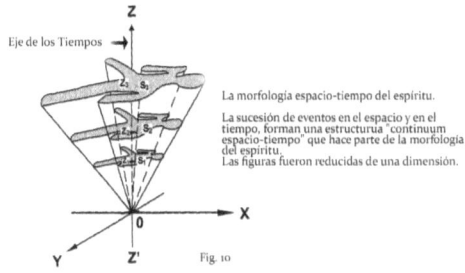

La morfología espacio-tiempo del espíritu.

La sucesión de eventos en el espacio y en el tiempo, forman una estructurua "continuum espacio-tiempo" que hace parte de la morfología del espíritu.
Las figuras fueron reducidas de una dimensión.

Fig. 10

El último tramo determinado por la elevación máxima equivaldría a su instante presente en el transcurso del tiempo.

El espíritu, considerado como una entidad cuatridimensional, posee todos los acontecimientos ocurridos desde su génesis hasta el último momento de su evolución, incorporada a su morfología espacio- tiempo. Para él el tiempo no pasa como una sucesión de acontecimientos y, sí, como una expansión de su hiperforma, la forma en que crecemos en volumen en el desarrollo de nuestro cuerpo físico. En determinadas circunstancias, puede, retrocediendo mentalmente a lo largo de la dimensión temporal, revivir las diferentes fases de su vida anterior, sin perjuicio del progreso del tiempo universal que le está vinculado.

Pongamos un ejemplo: imaginemos un tren en movimiento. En el interior de uno de los vagones, un archivero recoge pacientemente una serie de fichas que registran, minuto a minuto, todos los acontecimientos ocurridos durante el viaje. Supongamos también una disposición del archivo tal que el crecimiento de la colección se produzca en la dirección del movimiento del tren. El desarrollo de la serie de tokens se lleva a cabo a medida que avanza todo el sistema por la composición ferroviaria.

El desarrollo en sí del fichero crece con la adición de cartones, equivalentes al desarrollo de los acontecimientos en el mundo de las formas. El tiempo está allí representado por la sucesión continua de láminas de cartón que se van colocando una tras otra. El "sistema de archivos" tiene su propio tiempo, independiente del "sistema de trenes" que arrastra el primero. Cuando cesa el proceso de recogida de las fichas, cesa también el desarrollo de su propio tiempo, quedando solo el del "sistema de trenes" al que damos el inadecuado nombre de eternidad. Este último movimiento, el del tren, lo identificamos con un tiempo universal, propio del mundo de los espíritus, ya totalmente libre de las ataduras de la materia. El archivero, si lo desea, puede utilizar los registros del archivo y reconstruir cualquier acontecimiento, retrocediendo prácticamente en dirección opuesta al desplazamiento temporal del primer sistema. Esta posibilidad da una idea del mecanismo de la "memoria regresiva" del espíritu.

La relación entre el aspecto espacial del juego de cartas y el de la cara plana de una de sus cartas reproduce las diferencias entre la configuración cuatridimensional del espíritu y su forma periespiritual tridimensional.

CAPÍTULO V El Fenómeno de la Vida

"¿Por qué existes?

No tienes mucha curiosidad, pero hiciste esa pregunta. ¡Feliz negligencia, por singular que sea! Porque nunca pediste vivir y la existencia te fue impuesta imperiosamente.

¿Por quién? ¿Para qué? ¿Por qué?"

Carlos Richet

"La Gran Esperanza"

El problema del origen de la vida

El problema del origen de la vida ha sido objeto de atención de los más grandes pensadores de todas las épocas. Su importancia es tal que quizás contenga la semilla de la divergencia entre los dos campos ideológicos que hoy se oponen violentamente: el Espiritismo y el materialismo. Desgraciadamente, la solución a un problema de tal magnitud parece reservada para un futuro muy lejano. Incluso es posible que la Humanidad nunca acepte unánimemente su verdadero resultado.

* * *

El materialismo considera perfectamente prescindible la intervención de un principio espiritual como agente vivificante de la Tierra. Enseña que la materia viva es la continuidad natural de la materia inanimada, en su evolución histórica.

> "Según el materialismo dialéctico, la naturaleza de la vida es material, aunque la vida no es una propiedad inherente a ninguna materia en general. Es solo un atributo

de los seres vivos y falta en los objetos y sustancias del mundo inorgánico.

La vida es una forma particular de movimiento de la materia. Pero esta forma no ha existido siempre, ni está separada de la materia inorgánica por un abismo insalvable, sino que surge de esta misma materia, de la cual es una cualidad nueva, que surge en el curso de su desarrollo."[37]

Como se ve, el materialismo no evoca precisamente el azar como factor de una feliz coincidencia, a partir de la cual comenzó el proceso vital resultante de una organización fortuita. Admita, señor, que la materia tiene leyes bien definidas, que siempre surgen como resultado del desarrollo evolutivo de la memoria. Tales leyes gobernaron la formación sucesiva de compuestos de carbono cada vez más complejos, cuya formación, en un momento dado, fue facilitada por las condiciones ecológicas de nuestro planeta. El resultado fue una serie de sustancias orgánicas que, en forma coloidal, se mezclaron entre sí, tomando como escenario aguas oceánicas o lagos, dando lugar a determinadas formas de materia orgánica, conocidas con el nombre de coacervados. Estos encontraron un ambiente abundantemente provisto de productos orgánicos sintetizados naturalmente que servían como alimento. La posterior selección de estos coacervados en la lucha contra su propio entorno los llevó a alcanzar organizaciones cada vez más perfectas, culminando con la creación de una constitución protoplásmica, base fundamental del ser vivo.

De ahí que la materia orgánica continuó en constante evolución, guiada por las leyes naturales, dando origen a seres vivos que continúan su paulatina mejora aun hoy.

Algunos descubrimientos importantes, a primera vista, parecen dar algún apoyo al esquema biogenético del materialismo. Uno de ellos es la demostración experimental realizada en Liverpool por el Prof. Baly. Esto comprobó la posibilidad de

---

[37] A. Oparin - *El origen de la vida*; Ed. Vitoria Ltda. Trans. Versión portuguesa y francesa: "*L'Origine de la Vie*" - Río de Janeiro, 1956.

sintetizar azúcares y otras sustancias orgánicas, algunas de ellas con contenido de nitrógeno, bajo la influencia de los rayos ultravioleta de la luz solar que actúan sobre el agua que contiene dióxido de carbono y nitrógeno. Los primeros océanos debieron ser ricos en estas sustancias.

> "Como dice J.B.S. Haldane, hasta que el océano primitivo adquiriera la consistencia de un caldo caliente diluido."[38]

Un medio de esta naturaleza sería ideal para soportar cualquier compuesto químico que alcanzara los límites entre sustancias vivas e inanimadas y que fuera capaz de producir réplicas de sí mismo.

Señalamos, además del descubrimiento del Prof. Baly, el de D'Herelle (1917), sobre bacterífagos, y los de Stanley (1935) y Wickoff, realizados en el Instituto Rockefeller, sobre la cristalización del virus del mosaico del tabaco, el papiloma del conejo, la gripe, la polio, etc. Estas sustancias manifiestan propiedades que las sitúan a medio camino entre la materia viva y la inanimada.

Sin embargo, aun queda por resolver el problema de cómo se habrían formado las extremadamente complejas moléculas proteicas y los ácidos nucleicos, las bases fundamentales de los nucleoproteínas virales, o incluso de los primitivos coacervados de oparina.

Últimamente otros descubrimientos han arrojado algo de luz sobre un problema tan importante, especialmente el de Stanley S. Miller.

Harold Urey (Premio Nobel de Química) estaba interesado en comprobar las posibilidades de formación de compuestos orgánicos en capas altas de la atmósfera, bajo la acción de descargas eléctricas. Uno de sus colaboradores, Stanley S. Miller, intentó reproducir en el laboratorio las condiciones prescritas por Urey,

---

38 *La Ciencia de la Vida - Vol. V. Historia y aventura de la vida.* H.G. Wells, J.Huxley y GP. Wells - Ed. Jose O. Editor.

que corresponderían a las de los primeros tiempos de la Tierra en sus períodos de formación. Para ello se hizo circular de forma continua una mezcla de vapor de agua (H_2O), metano (CH_4), amoníaco (NH_3) e hidrógeno (H_2), sometiéndolo a chispas eléctricas. Se logró la circulación simplemente hirviendo la mezcla y obligando a los vapores a seguir un circuito forzado, con un enfriador en la etapa final para condensarlos nuevamente.

Al cabo de una semana de funcionamiento ininterrumpido, el análisis de la mezcla, realizado mediante el método de cromatografía en papel, reveló la presencia de aminoácidos que se habían formado mediante el proceso descrito. Entre estos aminoácidos destaca la presencia de glicina y alanina, los componentes más simples y frecuentes de moléculas de proteínas. Además, se encontraron signos de ácido aspártico y otros compuestos. La cantidad formada de dichos productos fue muy elevada.

Este evento cambia profundamente la forma de afrontar la cuestión de la formación de compuestos complejos esenciales para la construcción de una sustancia viva y espontánea, en un tiempo remoto del pasado de nuestro planeta.

Frente a hechos similares, gana terreno el punto de vista materialista, que los interpreta como otras tantas confirmaciones de su tesis.

La Cibernética, la ciencia de la automatización, ha permitido crear una imagen coherente del origen de la vida, sin necesidad de la intervención de un principio organizador extramaterial. Según esta disciplina científica, la vida resulta de sistemas químicos cibernéticos que por su propia naturaleza pueden evolucionar hacia etapas de organización creciente.

Albert Ducrocq, en su libro recientemente traducido al español: *Lógica de la Vida*, expone brillantemente un esquema de biogénesis y evolución biológica, basado en los conceptos de la Cibernética. Se trata de una obra de apreciable valor científico y ofrece material digno de un estudio cuidadoso. Albert Ducrocq, prescindiendo de la intervención de otros factores distintos de los materiales, esboza con rara habilidad y notable claridad una teoría de la biogénesis.

Según Ducrocq, el ser vivo es servidor:

> "Consideremos cualquier ser vivo, simple o complejo, vegetal o animal, y observémoslo durante algún tiempo con la mente de un técnico. Luego impresiona con un hecho muy general: la servidumbre que es capaz de ejercer, entendiendo este término servidumbre evidentemente en el sentido que le da la Cibernética y que implica una disimetría entre la energía suministrada a una obra y lo que provoca que esa obra se realice en un momento dado, proceso que es, intrínsecamente, creador de pedidos."

Desafortunadamente, esta interesante concepción biocibernética deja intactos ciertos problemas, como los fenómenos metapsíquicos. Incluso la explicación de la constitución de los modelos asumidos por los metazoos, con el extraordinario equipamiento fisiológico que poseen los animales superiores, no resulta todavía muy satisfactoria.

Observamos; sin embargo, con satisfacción, que Cibernética también ha contribuido ya con un valioso y admirable aporte científico a la solución del gran problema del origen de la vida.

Sin embargo, como reconoce el propio materialismo, aun queda un largo camino por recorrer para alcanzar una solución definitiva al problema.

* * *

El Espiritismo admite la existencia de un principio inmaterial capaz de animar la materia orgánica y darle las facultades propias de los seres vivos.

Al principio, el Espiritismo fue más incisivo, llegando incluso a atribuir la creación de todas las especies animales y vegetales a Dios, un espíritu.

En *La Génesis*, cap. I, ver. del 11 al 28, encontrarás la descripción de cómo "Dios creó las plantas y los animales según su especie", incluido el hombre, "hecho a su imagen y semejanza." La intervención de un principio espiritual se hizo sentir como causa fundamental y anticipada de la manifestación de la vida.

El concepto espiritualista sobre el origen de la vida podría dividirse en dos campos de pensamiento: la teoría de la inmanencia, defendida por San Agustín, y la de la trascendencia, enseñada por Santo Tomás de Aquino.

Según la teoría de la inmanencia, Dios infundió en la materia un principio activo, o "*logospermatikos*" (razón seminal), que solo está esperando la ocasión oportuna para manifestarse a través de formas vivientes:

> "Los elementos de este mundo corpóreo tienen un dinamismo preciso y una cualidad propia de la que depende lo que cada uno es capaz o incapaz de hacer, lo que puede o no suceder."[39]

La teoría de la trascendencia se basó principalmente en las ideas de Aristóteles.

Jules Carles resume el punto de vista de los tomistas de la siguiente manera:

"Para Aristóteles, como para Santo Tomás, la vida se caracteriza por la presencia de una "psique" que, si bien está relacionada en muchos aspectos con razones seminales, se distingue sobre todo por el hecho que no existe antes que el organismo esté preparado para recibirlo: el nacimiento es entonces un acontecimiento, un comienzo, mientras que con razones seminales es solo una aparición, una revelación. En la materia que aun no está viva, no hay, por tanto, gérmenes de vida, ni algo capaz de vivificar, sino solo la posibilidad de proporcionar todos los elementos necesarios para formar un organismo viable: la vida

---

[39] San Agustín - *De Genesi ad litteram*, V, 22.

Extraído de la obra de Jules Carles, *Los orígenes de la vida*, Edición Europea de Difusión del Libro - 1956.

aparecerá mientras este organismo esté formado, porque Dios es muy sabio y muy previsorio para no tener el deseo de realizar, aquí o allá, milagros que puedan modificar acontecimientos que no evolucionan según su voluntad."[40]

Como puede verse, la contribución del Espiritismo a la solución del problema del origen de la vida, aunque grande, prácticamente limitó la enunciación a lo verbal de los probables procesos utilizados por la Divinidad para llevar a cabo la biogénesis.

La respuesta experimental, que confirmaba una u otra de las dos teorías, acabó tocando a la Ciencia.

Inicialmente, tras el éxito de los experimentos de Pasteur, quedó definitivamente demostrada la imposibilidad de la generación espontánea. Como las tesis agustinianas y tomistas, especialmente estas últimas, encontraron un aparente confinamiento en los fenómenos de putrefacción, fermentación y proliferación de animales pequeños, el triunfo de Pasteur les asestó un duro golpe.

La inocuidad de las hipótesis meramente teóricas ha quedado prácticamente demostrada, a pesar de su indiscutible valor filosófico, especialmente para la época en que fueron concebidas. En otras palabras, el Espiritismo simplemente señaló brillantemente los dos caminos probables que conducirían a la solución al problema, pero no indicó la verdadera ruta a seguir.

* * *

Ahora bien, debemos hacer justicia al Materialismo Científico, en cuanto a su cooperación en éste y en muchos otros campos de la Ciencia.

El Materialismo Científico es, indiscutiblemente, un logro en el curso de la evolución histórica del pensamiento; una reacción profundamente revolucionaria y, sin duda, necesaria. Solo porque

---

[40] Jules Carles - Opus cit.

lleva el título de materialismo, los espiritistas no deberían condenarlo como un error o incluso una desviación.

Está claro que ha venido realizando una valiosa labor considerable. Podemos, sin ningún favor, considerarlo providencial, tales son sus servicios prestados a la Humanidad a través del desarrollo de la ciencia y la tecnología, en contraste con el estancamiento observado en sectores donde aun prevalecen los daños del exceso de religiosidad o superstición incontrolada, bajo la apariencia de prácticas espirituales.

Al abordar el gran problema del origen de la vida, el materialismo contribuyó en gran medida a obtener la solución deseada. Aunque no ha explicado del todo el mecanismo de vivificación de la materia, tiene el gran mérito de haber explorado considerablemente el extenso camino a seguir para llegar hasta allí.

* * *

Sin embargo, corresponde al Espiritismo Científico sugerir la clave de la solución del enigma, pero la intensa lucha librada contra él tanto por los propios materialistas como por los espiritistas lo coloca en una verdadera "tierra de nadie." Sin embargo, si esta posición de los medios se estudia y comprende bien, se reconocerá como el eslabón perdido para unir las dos corrientes en competencia, como enseña José Herculano Pires:

> "Realmente, el Espiritismo, frente a los mundos en conflicto del materialismo y del Espiritismo, no peca de exclusión, no comete el pecado de elección Proudhoniano o marxista. En su estructura encontraremos esas dos concepciones no solo conjugadas o ajustadas, sino superadas en la transfiguración de un nuevo cuerpo, la síntesis, en el que Ciencia, Filosofía y Religión, las tres provincias antagónicas del conocimiento, aparecen unidas

en el verdadero *"processus"* de la dialéctica más pura, resultando una de la otra."[41]

Como hipótesis explicativa del origen de la vida, tiene una ventaja innegable sobre la de los materialistas. De hecho, no entra en conflicto con la tesis de la evolución dialéctica de la materia: más bien la refuerza al reconocer que éste debería ser el caso en general.

Cuando el punto de vista materialista se topa con la gran dificultad de explicar la continuación de la evolución de la materia más allá de los límites permitidos por el Cálculo de Probabilidades y el 2°. Principio de la Termodinámica, la concepción espiritualista supera fácilmente la barrera, añadiendo fuerzas evolutivas a los elementos básicos indispensables para la organización inteligente observada en los constituyentes de los seres vivos.

Como teoría, parece ser más precisa, ya que cubre una gama más amplia de fenómenos y, por tanto, explica mejor cómo se desarrollan.

En particular, el Espiritismo presenta pruebas racionales, experimentales e indiscutibles de la existencia del espíritu. Ante un hecho no hay que dudarlo.

* * *

La *Teoría Corpuscular del Espíritu* ofrece los medios de conciliación entre los dos puntos de vista sobre el origen de la vida.

Sin contradecir la tesis materialista, la Teoría Corpuscular intenta aprovechar los trabajos desarrollados por ella, añadiendo un factor más que no había sido considerado en su concepción del origen de la vida. Este factor es el espíritu en íntima colaboración con la materia, siguiéndola en su evolución histórica y dirigiéndola hasta alcanzar el estado de materia viva.

No se trata del espíritu todopoderoso que realiza, por arte de magia, el gran milagro de la creación de los seres "según su

---

[41] *Dialéctica y Metapsíquica* - Humberto Mariotti - Extraído del prefacio de J. Herculano Pires - Edipo Editora - São Paulo.

especie", o del hombre "a su imagen y semejanza." El espíritu es considerado como una de las fuerzas de la naturaleza, capaz de evolucionar debido a su actividad con la materia, y superarla, avanzando, de forma independiente, después de un cierto nivel de progreso alcanzado a través de la palingenesia, hasta el punto de poder manifestarse fuera de ella y continuar, después de su emancipación, hacia otras etapas aun apenas vislumbradas por nosotros en nuestra profunda ignorancia.

Las Fronteras de la vida

La sustancia viva está formada, sobre todo, por elementos de bajo peso atómico. Los porcentajes más altos incluyen oxígeno, carbono, hidrógeno y nitrógeno.

Damos, como ejemplo, una tabla resumen de estas proporciones.[42]

ELEMENTOS	ANIMALES	VEGETALES
Oxígeno	62,81	77,90
Carbono	19,37	11,34
Hidrógeno	9,31	8,72
Nitrógeno	5,14	0,83
Varios	3,37	1,21
TOTAL	100,00	100,00

Bajo el título Varios, aparecen en mayor cantidad elementos aun más ligeros.

Otra característica destacable es el gran tamaño de las moléculas que componen la materia viva, lo que da lugar a un peso molecular considerable. Algunos de ellos, como la hemocianina de Buyscon, cuyo peso molecular alcanza los 6.700.000, son auténticos gigantes.

---

[42] Extracto de *Los Orígenes de la Vida* - Jules Carles - Ed. Difusión Europa del libro- S. Paulo.

El tamaño considerable de las moléculas, combinado con la ligereza de los átomos que la componen, parece constituir una de las condiciones esenciales para la manifestación de la vida. El carbono, debido a su extraordinaria propiedad de aglutinar una gran cantidad de átomos ligeros, permite la construcción de moléculas grandes. Tales compuestos, llamados orgánicos, tienen por tanto las cualidades compatibles y necesarias para servir de soporte a los elementos espirituales. Éstos comenzarán a influir en las grandes moléculas orgánicas, iniciando, a partir de entonces, su singular aventura como seres vivos.

Existe algo así como un tamaño molecular crítico, combinado con un determinado peso específico, también molecular, a partir del cual se desencadenaría espontáneamente en determinadas sustancias orgánicas el fenómeno llamado vida.

La Naturaleza tiene estos prototipos biológicos, y hoy difícilmente podemos dudar que nos encontramos ante seres en la frontera entre la materia viva y la inanimada, cuando observamos la estructura y el comportamiento de los virus y bacteríagos; estos últimos también se clasifican como virus.

* * *

Twort (1915) y D'Herelle (1917) descubrieron el fenómeno de la bacteriofagia.

D'Herelle obtuvo, de la emulsión en caldo simple de heces de un convaleciente de disentería bacilar, un filtrado de vela de Chamberland, que tenía la propiedad de provocar la destrucción de un cultivo joven y bien desarrollado de bacilo disentérico. La replicación en culturas posteriores reveló la progresiva intensificación del fenómeno. Fue evidente la existencia de un principio capaz de atravesar velas de porcelana y provocar bacterilisis en serie, demostrando además una intensificación con cada paso.

D'Herelle llamó a este principio: *Bacteriophagum intestinale* y admitió que se trataba de un parásito de bacterias, de tamaño ultramicroscópico.

Twort (1915) había observado un fenómeno similar en cultivos de estafilococos, habiendo llegado a la conclusión que se trataba de un virus filtrable, un parásito de estafilococos o, en su defecto, una "enzima capaz de autorregenerarse."

Posteriormente, fue posible observar diversas fases de la bacteriofagia bajo el microscopio electrónico, habiendo sido estudiada por Jeannet y D'Herelle (1910- 1921), Costa Cruz (1922-1926), Delbruck (1946) y, finalmente, filmada por Brofenbrenner. (1928), Bayne- Jones y Sandholzer (1933).

¿Son los bacterífagos seres vivos?

Bordet, Krueger y otros no admitían que los bacterífagos estuvieran vivos, sino que los consideraban enzimas originadas en la propia bacteria y excretadas por ésta, poseyendo, además, el poder de autocatálisis.

Hoy en día son pocos los bacteriólogos que no aceptan la tesis de D'Herelle, que consideraba al bacterífago como un ser vivo ultramicroscópico; un agente infeccioso de bacterias.

Tras el trabajo de Northrop (1938), que logró aislar a partir de lisados de bacteriófagos una nucleoproteína de alto peso molecular, capaz de reproducir los mismos fenómenos atribuidos a los bacteriófagos, estos fueron clasificados entre virus como los del "mosaico del tabaco", del "conejo papiloma", "pérdida del tomate" y otros.

Sobre el tema, Jules Carles lo expresa así:

> "Por tanto, es indiscutible que los bacterífagos contienen corpúsculos localizables y F. D'Herelle afirma que viven. Como los seres vivos, tienen una temperatura óptima, bastante alta por cierto, ya que se sitúa entre 50 y 82 grados, y son asesinados por el calor; este rasgo es característico de los seres vivos, ya que lo mismo sucede con la diástasis e incluso con las vitaminas, que hoy en día nadie cree que estén vivas.
>
> Los bacterífagos tienen caracteres mucho más típicos; se reproducen, como lo demuestran las bacterias

que estallan en bacterífagos cuando solo uno de ellos ha penetrado en su interior.

Son capaces de metabolizar, y la prueba es que secretan jugos digestivos, lisinas que vemos a menudo rodean las placas donde se multiplican.

Su individualidad es tan clara que se utiliza para aislarlas; como no todas son igualmente activas sobre tal variedad de bacterias, varios cultivos sucesivos en este medio permitirán preservar solo las principios más activos. Gracias a la herencia, esta individualidad se mantiene en la descendencia, y un bacterífago activo sobre tres o cuatro especies de bacterias mantiene esta actividad, incluso si no se utiliza durante varias generaciones. "[43]

Nos encontramos, por tanto, clientes de seres fronterizos.

Se trata de moléculas verdaderamente vivas, cuyas manifestaciones biológicas muy simples se reducen prácticamente a la multiplicación, cuando están en presencia de una sustancia viva que les sirve de alimento directo.

* * *

Miremos a otros seres en idénticas condiciones: virus, de los cuales los bacterífagos son un caso particular.

Hoy en día, casi todo el mundo relaciona una enfermedad infecciosa con un agente microbiano que causa la infección. Sin embargo, hasta hace poco, algunas enfermedades no revelaban el microbio patógeno cuando se examinaba el material del paciente bajo el microscopio. Sin embargo, el filtrado de la vela de porcelana del material recolectado fue capaz de reproducir la misma enfermedad original cuando se inoculó en un animal sano. El agente infeccioso así caracterizado se denominó virus filtrable. De hecho, esta fue una designación inicial y ahora se reconoce como

---

[43] Extracto de *Los Orígenes de la Vida* - Jules Carles - Ed. Difusión Europa del libro- S. Paulo.

inapropiada, ya que no todos los microorganismos filtrables son virus.

Por otro lado, existen virus que no son agentes infecciosos.

La definición de qué es el virus se sustituye ventajosamente por la descripción de algunos de ellos. Uno de los más estudiados recientemente es el virus del mosaico del tabaco, una enfermedad que ataca las hojas del tabaco. Fotografiado bajo un microscopio electrónico, este virus aparece como pequeños palos que miden alrededor de 250 x 12,3 milimicrones (millonésimas de milímetro). No todos los virus tienen esta forma de bastón. Los de la gripe tienen forma de pequeños gránulos casi esféricos, mientras que los bacterífagos normalmente están armados con un apéndice que les da la apariencia de renacuajos.

El virus del mosaico del tabaco es particularmente importante, ya que fue el primero en cristalizarse (Stanley, 1935). También fue la primera enfermedad causada por un virus (Ivanovski, 1892).

Stanley logró obtener una nucleoproteína de alto peso molecular a partir de hojas de tabaco enfermas, que, cuando se concentraban adecuadamente, cristalizaban en forma de agujas de aproximadamente 20 a 30 milésimas de milímetro de largo. Fue posible reproducir nuevamente la enfermedad, utilizando hasta un mínimo de 0.000.000.000,1 mg. de esta sustancia. Según Stanley, la nucleoproteína en cuestión puede recristalizarse 15 (quince) veces sin perder su actividad. Estaba el virus en su forma pura.

Escuchemos a Otto Bier comentar este hecho:

> "Tendríamos que admitir, por tanto, que la materia viva, en su expresión más simple, podría estar presentada por macromoléculas nucleoproteicas capaces de producir réplicas de sí mismas, a costa de materia y energía suministrado por las células susceptibles del huésped."[44]

---

[44] Bacteriología e Inmunología - Otto Bier - Ed. Melhoramentos - São Paulo.

Estudiadas con la ayuda de rayos X, mediante el proceso de difracción, se comprobó que las agujas obtenidas por Stanley no eran exactamente cristales verdaderos, sino más bien paracristales. Posteriormente se obtuvieron verdaderos cristales en forma de diminutas placas hexagonales.

El virus que causa el marchitamiento de los tomates cristaliza, formando dodecaedros romboidales cuya autenticidad se revela mediante difracción de rayos X, dando como resultado una red cristalina cúbica a través de este proceso.

Un trabajo más reciente, de Kenneth M. Smith y Robbley Williams (1958), sobre el virus de *Tipula paludosa* (VIT), demostró que este virus tiene forma de icosaedro. De hecho, el ingenioso proceso utilizado por los científicos en cuestión permitió revelar directamente, por primera vez, la forma geométrica cristalina de una partícula de virus.[45]

El hecho que los virus cristalicen a partir del organismo lleva a concluir que son seres inanimados, macromoléculas con una forma y tamaño bien definido desde su formación. Por otro lado, sus actividades los sitúan entre los seres vivos. Finalmente, tendremos que concluir según Jules Carles:

"Es importante, sobre todo, no olvidar, como recordó Delbruck al iniciar un congreso sobre la naturaleza biológica de los virus, en junio de 1953, que se presentan en tres estados diferentes: vegetativo, cuando se multiplican en las células; simbiótico, cuando, una vez instalados, parecen formar parte de la célula y son infecciosos cuando, al salir de los organismos, esperan un terreno agradable. Los bioquímicos y biofísicos han estudiado sobre todo el período extracelular y de ahí provienen la mayoría de los argumentos contra la vida del virus, porque, si nadie tiene dudas sobre la vida de una gala, el problema será menos claro cuando sea solo un corzo.

[45] *Endeavour* - Volumen XVII - Enero - 1958 - Número 65, págs. 12 al 21.

Estén vivos o no, no hay duda que los virus ocupan un lugar intermedio entre la materia y la vida, y el hecho que no podamos decir si son seres vivos o no consolida aun más su posición en esta zona incierta. Si son seres vivos, llenan de separación buena parte del foso de separación; si no lo son, hay que recordar que llenan casi por completo este foso, pues no existen grandes diferencias entre las especies más grandes y diversas de rickettsias, algunas de las cuales podrían clasificarse entre los virus. "[46]

Como ya hemos expresado anteriormente, consideramos el tamaño de la molécula orgánica como fundamental en la estructuración del ser vivo, no una condición suficiente sino necesaria, incluso imprescindible. Evidentemente, un gran número de otros factores o características intrínsecas deben formar el conjunto condicional para el surgimiento de la vida. Esta es la razón por la que algunas moléculas que son lo suficientemente grandes no muestran signos de vida, ya que las necesitamos para considerarlas vivas.

TABLA DE SERES VIVOS Y MOLECULARES		
	Peso Molecular	**Diámetro en mμ**
Bacillus prodigiosus	173.000.000.000	750
Rickettsia común	11.000.000.000	300
Rickettsia pequeña	400.000.000	100
Virus de vacuna	2.300.000.000	175
Virus Mosaico Tabaco	43.000.000	430/123
Virus de la poliomielitis	700.000	12
Virus de la fiebre aftosa	400.000	10
Bacterias estafilococos SK	300.000.000	90
Bacteriofago megaterio	23.000.000	38

[46] *Los orígenes de la vida* - Jules Carles - Edición de difusión europea del libro.

TABLA DE SERES VIVOS Y MOLECULARES		
	Peso Molecular	**Diámetro en mμ**
Bacterias estafilococos S13	400.000	19
Molécula de hemocianina Buyscon	6.700.000	59/13,2
Molécula de hemocianina de Rossia	3.316.000	
Molécula de hemocianina de octopus	2.800.000	64/8
Molécula de hemocianina de Palinurus	446.000	
Molécula de eritrucruorina de lombriga	2.990.000	
Molécula de Edestina	309.000	
Molécula de hemoglobina	69.000	28/0,6
Molécula de ovoalbúmina	42.100	18/0,6
Moléculas de policloroprenos	300.000	
Moléculas de polioxietileno[47]	100.000	

[47] "En química orgánica se comparan los tamaños de los seres vivos más pequeños con las moléculas más grandes. Según Stanley, los diámetros se citan en millonésimas de milímetro, en el caso de moléculas alargadas, las dos cifras son longitud y anchura. La mayoría de los pesos moleculares se citan también según Stanley (en relación con la fiebre aftosa, fotografías recientes con microscopio electrónico indicaban un diámetro de 20 a 32). En relación con los seres vivos, no se trata de un verdadero peso molecular, sino del peso que tendría una molécula de ese tamaño."

Sin embargo, cualquier molécula viva, si queremos llamar así a los virus, por ejemplo, tiene un peso molecular elevado. Aportamos, a modo de ilustración y prueba de lo que acabamos de exponer, un interesantísimo cuadro, extraído del excelente trabajo de Jules Carles: *Los orígenes de la vida*:

> "No todas las moléculas orgánicas grandes manifiestan las características de seres vivos autónomos, pero pueden participar en organismos vivos y no sabemos hasta qué punto debemos considerar la autonomía de estos corpúsculos como una cualidad indispensable para clasificarlos como seres vivos. Por otro lado, el concepto de ser vivo, basado en la experiencia normal, sitúa a los virus y también a las grandes moléculas orgánicas en un campo especial o de coparticipación en la organización de las células, los protozoos y los protofitos o agentes capaces de parasitarlos, por en virtud de propiedades particulares que los convierten en huéspedes o desintegradores de organizaciones vivas."

Algunos autores como Darwin, Spencer, Weismann, Naegeli, Haacke, Hertwig, Maggi, Altmann, Giglio-Tos, Fick, Haecker, Pierantoni y otros, al analizar la constitución de la materia viva, concluyeron que la célula demostraba una complejidad demasiado grande para ser considerada como una unidad vital elemental.

Admitieron la existencia de corpúsculos diferenciables, rodeados por la sustancia fluida sarcódica, y responsables de las actividades del protoplasma. Pierantoni (1909- 1910) y otros destacaron la existencia de estos corpúsculos y su cultivabilidad fuera de las organizaciones celulares.

Si aceptamos, por tanto, las teorías que consideran a los seres monocelulares como verdaderas colonias simbióticas, formadas por una sustancia homogénea fundamental en la que se ubican prolijamente corpúsculos o gránulos, llegaremos a los límites de la materia viva, cuando analicemos la estructura de estos gránulos.

Podemos atribuir o no a estos elementos cualidades de seres vivos autónomos.

Sin embargo, si son susceptibles de cultivarse fuera de las organizaciones celulares, ¿por qué no considerarlos como seres vivos básicos, fundamentales, en estado de asociación? Creemos que el problema se convierte, en este punto, es solo una cuestión de cómo entender qué es un ser vivo. Preferimos considerar una única secuencia que, a partir de la molécula viva, evoluciona continuamente alcanzando sucesivos estadios de asociación. La organización surge entonces como consecuencia natural de la influencia del espíritu, único principio capaz de llevar a la materia, en este caso, a contradecir la ley de Carnot- Clausio.[48]

Por lo tanto, hemos llegado a las fronteras de la vida y vemos que siempre parece manifestarse cuando la molécula orgánica alcanza un cierto tamaño (una cualidad esencial) combinado con ciertas características, algunas de las cuales ya son bien conocidas en Biología.

Recientemente, los investigadores estadounidenses H.L. Fraenkel Conrat y Robley Williams llevaron a cabo un interesante experimento cuyos resultados, en cierta medida, se corresponden con la observación hecha hace unas líneas. Estos biólogos estadounidenses lograron disociar la molécula de nucleoproteína (virus) en dos componentes: un ácido nucleico y una proteína. Obtuvieron así dos sustancias orgánicas, sin capacidad de reproducirse y mucho menos de infectar una célula viva o una bacteria, en las condiciones que lo hacen los virus. Luego, hicieron que el ácido nucleico se reuniera con la proteína primitiva y así lograron reconstituir nuevamente el virus. Este comenzó a manifestar, a partir de entonces, sus propiedades características como reproducción, infectividad, etc. La vida parece haber surgido espontáneamente tan pronto como la molécula de nucleoproteína se recompone; es decir, cuando se presentaban aquellas

---

[48] Ley de Carnot- Clausius o 2do. Principio de la Termodinámica: "La entropía tiende a aumentar en el Universo." Consulte el siguiente subcapítulo.

circunstancias que eran esenciales para su manifestación. Se cruzaron las fronteras de la vida, habiendo cruzado del campo biológico al de materia inanimada y de allí al biológico.

* * *

Debemos ser cautelosos al abordar cuestiones tan trascendentes. Las afirmaciones categóricas son tan poco científicas como las negativas sistemáticas. Sin embargo, no hay ningún inconveniente en asumir, como hipótesis de trabajo, un determinado punto de vista, sobre todo porque, si los resultados obtenidos no sugieren una solución definitiva, aun es necesaria una conclusión previa que decida qué dirección tomar; es decir, cuál tiene más probabilidades de estar en el camino correcto. Ésta es la razón que nos llevó a interpretar como superadas las fronteras de la vida, en la hazaña memorable de F. Conrat y R. Williams, aunque la ciencia aun no ha proclamado definitivamente su veredicto.

Sin duda, nos encontramos en una encrucijada cuando consideramos el comportamiento de los virus. Su multiplicación y su conducta, al atacar a las células vivas, confirman la hipótesis que las cataloga como seres vivos; Sin embargo, su cristalización es un fenómeno completamente extraño, si no contrario a esa suposición. Es necesario considerar no solo los virus en particular, sino todos los seres vivos, como un conjunto panorámico que abarca todo el espectro evolutivo, desde los ladrillos esparcidos, los ya cementados, los muros en construcción, etc., hasta los edificios prefabricados; es decir, los animales y plantas superiores. Sería difícil confundir edificios con ladrillos, así como sería absurdo atribuir al ladrillo las características de un rascacielos. Sin embargo, hay algo en común que permite colocarlos en un lugar idéntico de clasificación. Esta similitud, que relaciona a los virus con los seres vivos organizados, surge de la visión de conjunto: y la vida, simplemente. Lo sentimos, aunque no sabemos ubicarlo con rigurosa exactitud cuando lo contemplamos dentro de sus fronteras. Nos sorprende la evidente intrusión de fenómenos físicos y químicos en esta fase infantil de la vida. De la misma manera, nos asalta la duda y la sorpresa cuando observamos el extremo opuesto de la escala, ante la desconcertante intervención del espíritu en las manifestaciones biológicas, donde esperamos obediencia solo a las leyes de la Física y la Química.

La Organización Biológica y el 2do Principio de la Termodinámica

Una de las singularidades de la vida es que este fenómeno contrasta con el 2º. Principio de la Termodinámica.

A primera vista parece un acontecimiento sin gran importancia; sin embargo, cuando consideramos la tremenda influencia del 2do. Principio de la Termodinámica a medida que se desarrollan los hechos de nuestro Universo, comenzamos a meditar seriamente sobre el extraordinario fenómeno de la vida.

Hemos mencionado este misterioso segundo varias veces. Comienza y ha llegado el momento de conocerlo mejor. El lenguaje matemático puede expresarlo con gran precisión, pero nos resulta más conveniente describirlo de una forma más comprensible y al alcance de la mayoría.

Consideremos una determinada porción de un gas: el aire, por ejemplo. Supongamos que está encerrado dentro de un pequeño globo de goma, de esos que usan los niños como juguete. Si por algún proceso pudiéramos penetrar el interior del globo, volviéndose más pequeño que el microbio más pequeño, hasta el punto de poder ver las moléculas del gas allí contenido, seríamos testigos de un espectáculo fabuloso. Vimos millones y millones de estas partículas chocar, impactar contra las paredes de goma del contenedor, formado también por una inmensa cantidad de moléculas unidas entre sí y formando un amortiguador contra los ataques de sus inquietos prisioneros en permanente agitación.

Esos choques sucesivos provocan la presión que mantiene el globo inflado. El interior del globo es el origen de un verdadero caos en términos de tráfico. Cada molécula representa un vehículo en movimiento y cada una tiene una determinada velocidad; es decir, una determinada energía cinética (de movimiento).

Considerando el conjunto, es posible determinar si la energía promedio por molécula. Cuando esta energía media aumenta; es decir, cuando aumenta la velocidad media de las moléculas, estas empiezan a chocar con mayor violencia y también ejercen mayor presión sobre las paredes del globo, contra las que se lanzan con mayor frecuencia. Entonces decimos que el gas se ha calentado. La cantidad de calor está representada por la energía cinética de sus moléculas.

Dentro del pequeño globo solo vemos movimiento. Sin embargo, aquí podemos introducir dispositivos especiales en la masa gaseosa intensamente agitada y medir esta misma agitación en términos de presión y temperatura. El estado de ese gas, o la energía de movimiento de sus moléculas, puede ser determinado por las leyes de la Termodinámica, la ciencia que se ocupa de estos fenómenos.

Cada vez que calentamos nuestro pequeño globo, previamente lleno de gas, elevándolo a una temperatura superior a la temperatura ambiente, vemos que se hincha un poco más, superando la resistencia de la goma, realizando así una determinada cantidad de trabajo. Al dejarlo en un lugar más frío, el calor del gas comienza a disiparse; es decir, el movimiento de las moléculas tiende a reducirse y el globo perderá parte de su volumen.

Sabemos, por experiencia diaria, que un fenómeno contrario al descrito nunca se produciría, manteniéndose naturalmente las mismas reglas. En otras palabras, cada vez que queremos introducir mayor vivacidad en el tránsito de las moléculas, necesitamos un espacio, una obra. Calentar esa porción de gas siempre requiere una cierta cantidad de energía. Por otro lado, las temperaturas del gas del globo y del aire atmosférico siempre tienden a igualarse.

Hay intercambio de calor entre la fuente fría y caliente; pero bueno, este es el 2do. Principio de la Termodinámica, este intercambio se producirá siempre en una dirección: del medio más caliente al más frío. La tendencia es hacia la unificación de temperaturas, pero siempre en la dirección descrita anteriormente: de las más calientes a las más frías.

Nuestro Universo, aparentemente, parece obedecer a este famoso principio, y llegará el día en que toda la materia diseminada por el espacio cósmico tendrá su temperatura igualada. Entonces reinará el equilibrio final y ya no se producirán los intercambios de energía que normalmente observamos. Al menos, ésta es la conclusión a la que llegaremos, si se permite tal generalización en la forma de conceptualizar actualmente impuesta por el 2°. Principio o Ley de Carnot- Clausio.

El 2do. Principio de la termodinámica dice que la entropía crece constantemente en nuestro Universo.

Entropía significa la relación entre la cantidad de energía y la medida de su desigualdad. En cualquier caso, existe una tendencia a su aumento. Podemos decir que mide el grado de desorden progresivo que toma constantemente el control de los elementos organizados.

Es similar a la evaluación del colapso impuesto a una región montañosa, debido a la acción erosiva del clima. La palabra "trastorno" se utiliza aquí en el sentido de estados más probables.

Imaginemos un experimento sencillo para aclarar mejor la cuestión.

Imaginemos una botella de vidrio cuyo cuello es lo suficientemente largo y estrecho como para permitir alinear cien pequeñas esferas, cincuenta de las cuales son rojas y las demás azules. Coloquemos el número total de bolas en el cuello de la botella, en un orden determinado; por ejemplo: primero todos los azules y luego todos los rojos. Girando el recipiente, haremos que las bolas caigan en su cuenco. Devolviendo el cuello de botella a su posición original, veremos que allí las esferas se reagruparán, de manera desordenada con relación a la organización primitiva. Sabemos que la probabilidad de obtener el arreglo primitivo es muy remoto y requeriría un número desalentador de intentos para lograrlo. Al aumentar el número de bolas, la probabilidad se reduce aun más. Si las sustituyéramos por millones de partículas diminutas, con cada intento aumentaríamos aun más el grado de homogeneización de la mezcla, alejando cada vez más la posibilidad de lograr la organización primitiva: todas las azules juntas, seguidas de todas las rojas reunidas. Aquí vemos un ejemplo de la tendencia natural hacia el desorden. Los fenómenos más probables son los que ocurren con mayor frecuencia.

Una determinada sustancia que se calienta representa una población de partículas agrupadas según una característica típica. Una vez permitido el mezclado; es decir, en cuanto entra en contacto con un ambiente más frío, comienza la destrucción del material de relleno y, con ello, la formación de estados cada vez más homogéneos, más simétricos, hasta llegar al equilibrio final. La entropía crece continuamente. Es como si mezcláramos partículas de un color con las de otro, en el caso de una botella de cuello largo, y agitáramos la botella con fuerza. La desigualdad representada por la primera fase de organización da paso a mezclas progresivamente más homogéneas, que representan los cada vez más probable. Sentimos, en realidad, que no es imposible lograr la disposición inicial. Solo que la dificultad de lograrlo es tan grande que decimos que es imposible obtenerlo cuando no tenemos suficiente tiempo para hacer los intentos necesarios. Si carecemos de los medios para lograr esa disposición fortuita y, a pesar de encontrarla cumplida, nuestra conclusión inmediata es que alguna inteligencia organizadora actuó sobre la disposición de las partículas.

El Universo, al parecer, partió de una gigantesca aglomeración de partículas sometidas a intensos cambios, dentro de la cual se identificaron y se identifican todavía hoy zonas de considerables diferencias energéticas; es decir, de altas temperaturas. Son como los puestos máximos de una determinada organización cuyo colapso se viene produciendo desde hace milenios. Allí la entropía progresaba incesantemente. Al alcanzar temperaturas más bajas, la batería sufrió sucesivas transformaciones regidas por otras leyes naturales, alcanzando estructuras cada vez más estables, dando lugar, a partir de entonces, a los distintos compuestos queherónicos. Estos, a su vez, siempre se orientarán hacia la degradación energética.

A medida que se desarrolla la evolución de la naturaleza, desde el punto de vista energético, asistimos al inexorable aumento de la entropía que preside las diferentes etapas de su historia. Cuando encontramos, excepcionalmente, ciertas formas de acumulación energética, asumimos que alguna fuente proporcionó el trabajo necesario para ello. Y luego, una vez más, veremos el 2do. Principio de la Termodinámica que controla el evento. Incluso en la formación de moléculas orgánicas que se manifiestan en una estructura con una alta acumulación de energía, se presupone la existencia de cualquier fuente de energía capaz de construirlas, como pueden ser los rayos ultravioleta, altas presiones combinadas con temperaturas, etc.

En medio de este caos a un ritmo progresivo, aparece inesperadamente una corriente que avanza en dirección opuesta al gigantesco flujo canalizado por el azar. Aquí ella avanza en dirección contraria a la desorganización total. ¡Y a la vida!

Los intentos del materialismo dialéctico de explicar el origen de grandes moléculas orgánicas como proteínas, ya chocan con la tremenda y casi infranqueable barrera de la Ley de Carnot-Clausius (segundo principio), ya que, como lo demuestra Boltzmann, la evolución inorgánica irreversible, impuesta por este principio, resulta de una tendencia hacia procesos cada vez más probables, por un simetría creciente, para una total nivelación energética.

Una dificultad aun mayor surge cuando notamos la existencia de una organización altamente inteligente en el protoplasma de los seres vivos. Ya no es posible evocar un feliz accidente para explicar el fenómeno en esta etapa. Es difícil considerarlo simplemente como el resultado de una evolución dialéctica de la materia o el producto de una selección natural de coacervados, como sugieren Oparin y otros. En esta última hipótesis, esencialmente habría que considerar, una vez más, la intervención del feliz azar para construir una organización ideal capaz de sobrevivir y proporcionar réplicas indefinidas de sí misma, además de establecer una interdependencia armoniosa entre sus componentes.

Sin embargo, la vida está ahí. Y apareció tan pronto como se dieron las condiciones adecuadas, poco menos de la mitad del tiempo que ha pasado desde la formación de la Tierra hasta hoy. Cómo apareció, cómo se organizó y superó todas las dificultades y obstáculos encontrados en su marcha evolutiva, en tan poco tiempo, sigue siendo un gran enigma, sobre todo si intentamos una explicación únicamente materialista.

El problema se aclara un poco cuando admitimos el principio espiritual en nuestro razonamiento. Sin embargo, lo repetimos una vez más, no se trata del espíritu omnipotente que se dedica a crear milagros. Este es el espíritu como compañero de la materia en el desarrollo del drama de la vida, estrechamente asociado a ella, influyéndose mutuamente y evolucionando sistemáticamente hacia formas cada vez más perfectas y más subrayadas.

No es, en sí misma, la constitución del alto nivel de energía y la asombrosa disimetría observada en la materia viva, que causa más admiración. Y, sobre todo, la perfecta organización allí observada, en la que inmediatamente queda claro el impresionante propósito de cada función, de cada disposición, de cada órgano auxiliar. Y la increíble capacidad de aprovechar cada recurso, cada ley natural, cada cualidad sustancial, en la realización de un plan de consecuencias muy vastas y, aparentemente, algo nuevo, que normalmente se nos escapa en su totalidad, mostrándonos solo fases escasas y muy limitadas.

Mientras los fenómenos inorgánicos se precipitan en el abismo del desorden progresivo, siguiendo un fatalismo ciego de nivelación energética, la vida emerge del caos, como el amanecer de un orden creciente, desafiando al 2º. Principio de la Termodinámica.

Esta es una manifestación evidente de algo que piensa, que quiere, que siente, que reacciona inteligentemente, en esta guirnalda de fenómenos biológicos.

Sin duda, es muy difícil explicarlos solo materialmente. El valor de una teoría está en explicar sin forzar. No hay deshonra, no hay ridículo en admitir incluso lo inadmisible, siempre que esto facilite la solución del problema, pero forzará los hechos a distorsiones absurdas. El problema de la vida está en este caso. Pide la intervención de un principio que sea capaz de poner orden en el caos, que sepa aprovechar las fuerzas ciegas de la materia y conducirla a las formas más elevadas de organización biológica.

Sin embargo, siempre sería una teoría, una hipótesis.

Pero en el presente caso interfiere otro elemento de considerable importancia, otro contribuyente registrable y tangible, comprobable en el laboratorio: la existencia del espíritu, científica e indiscutiblemente probada.

Nos referimos, por tanto, a formaciones espirituales con posiciones, cuya realidad es un hecho verificado experimentalmente. Tratar de "dejar de lado" el testimonio de grandes investigadores metapsiquistas es defraudar o asumir una actitud faccional y anticientífica.

Aquí está la ecuación. Para solucionarlo se requiere la introducción de otros parámetros, y estos son reales. Se observa que, al ignorarlas, caemos en una indeterminación que resultará en un número inconmensurable de soluciones o en ninguna. ¿Por qué no adoptar todos los elementos auxiliares? ¿Habría riesgo de ridículo? ¿Sería esto algo mayor que una solución equivocada al problema? No lo creemos.

La Estructura de la Materia Viva

La gran mayoría de los fenómenos biológicos desconocidos surgen de las propiedades específicas de una sustancia fundamental de los seres vivos organizados: el protoplasma.[49]

El protoplasma es una sustancia compleja, dotada de motilidad, capaz de crecer a expensas de asimilar el material necesario obtenido del ambiente externo y, en consecuencia, de reproducirse. Esta sustancia, considerada viva, además de básica y fundamental de los seres vivos, no es

homogéneo, al estar formado por una fase líquida o semilíquida, dentro de la cual se disponen corpúsculos sólidos, vacuolas, etc.

La constitución del protoplasma aun no está perfectamente definida y ha sido objeto de mucha controversia. Existen innumerables teorías sobre su verdadera estructura.

A continuación se muestran algunas opiniones de varios biólogos sobre este tema.

Dujardin (1841) creía que el protoplasma estaba formado por una sustancia esencialmente homogénea, con ciertas inclusiones o partículas características diseminadas en su interior.

Flemming (1882) consideró la existencia de una estructura fibrilar compuesta por dos fases distintas, una filamentaria (mitoma) y otra líquida situada entre los filamentos (paramitoma).

Altmann (1886) adoptó y desarrolló la teoría granular del protoplasma. Este estaría integrado por una masa homogénea fundamental, bañando y rodeando pequeños gránulos. Estos gránulos (bioblastos), partículas vivas autónomas, diferirían según el tipo de célula en la que se encontraran.

Posteriormente, la teoría granular recibió un cierto impulso a la vista de los trabajos sobre simbiosis intracelulares fisiológicas, realizados por Pierantoni y otros.

---

49 Del griego Protas = primero; Plasma = molde.

Btitschli admitió una estructura alveolar. Para él, el protoplasma sería como la espuma de un líquido viscoso. Hoy en día, el intento parece estar abandonado.

Es necesario definir una estructura morfológica para el protoplasma. La tendencia es establecer una estructura funcional para esta sustancia, especialmente cuando allí se evidencia la presencia de corpúsculos cultivables. Esto es lo que Pierantoni explica al respecto:

> "La existencia de gránulos en el protoplasma es innegable, pero es difícil establecer si realmente son parte integral del mismo o si deben considerarse inclusiones.
>
> El aparato mitocondrial (condrioma), formado por un conjunto de corpúsculos o bastones granulares, que pueden demostrarse mediante métodos de tinción especiales, parece ser una parte integral del protoplasma de las células. Sin embargo, estudios recientes han demostrado que todos los tejidos pueden tener el protoplasma de sus células lleno de corpúsculos idénticos, que se encuentran en todos los individuos de la especie y se heredan a través del óvulo. Estos corpúsculos no pueden ser considerados parásitos, ya que, como fue demostrado, desempeñan una función necesaria a la vida animal, inherente a la actividad específica de la célula que contiene. Como estos corpúsculos son cultivables, se les llamó simbiontes intracelulares. Pero muchos hechos ya nos permiten concluir que existe una amplia variedad de simbiontes intracelulares fisiológicos de este tipo y aquellos que son difíciles de cultivar y con dificultad observados por los aumentos que actualmente se nos presentan estará disponible. Ahora bien, no es posible decir en qué medida tales inclusiones, inherentes a la estructura de la sustancia viva, pueden considerarse extraños a los organismos en los que se encuentran y, por tanto, es legítimo preguntarse si ya no pueden confundirse con los gránulos que Altmann y otros consideraban partículas de vida autónoma, pero que también forman

parte de la estructura y de los factores de la actividad protoplásmica."[50]

Desde hace mucho tiempo, la idea que la célula es la unidad fundamental de las organizaciones biológicas ha ido perdiendo consistencia. Estudiosos como Darwin, Spencer, De Vries, Weismann, Naegeli, Haacke, Hertwig, Maggi y otros ya defendieron el punto de vista que la célula viva es también un organismo formado por la asociación de corpúsculos más pequeños con una constitución más simple.

Según el punto de vista de Giglio-Tos, las biomoléculas (moléculas vivas) forman asociaciones basadas en una verdadera simbiosis molecular. Cada componente del grupo depende estrechamente de los demás y estos, a su vez, están interconectados con el primero por las mismas razones. Esta interdependencia inicial dará como resultado sistemas simbióticos de primer orden o biomoros. Una célula viva correspondería a otro sistema simbiótico de orden superior formado por biomoros. Giglio-Tos dio a estas asociaciones el nombre de biomonadas. Las células vivas serían entonces verdaderas células biomédicas.

Al exponer las bases de una "teoría simbiótica de la constitución plasmática", Pierantoni lo expresa una vez más:

"Los recientes avances en simbiontología, estudiados en otra parte del libro, fueron la causa de generalizaciones que llevaron a la organización de una teoría simbiótica de la materia viva. Según esta teoría, una gran parte de los componentes de la materia viva o protoplasma, que están presentes en forma granular y que tienen la propiedad de vivir, asimilarse, segregarse y multiplicarse en el jugo celular, deben ser considerados como seres capaces de vida propia y dotados de actividades particulares, que serían las determinantes de la actividad específica de la célula, en parte visibles con medios de aumento ordinarios, serían en parte ultramicroscópicos; es decir, de una magnitud inferior a los límites de la visibilidad microscópica (Pierantoni).

---

[50] Opus cit. Ídem.

Esta teoría se une a los puntos de vista anteriores de Altmann, Beechamp, Maggi y otros, que, basándose únicamente en simples observaciones morfológicas relacionadas con la forma y las fases multiplicativas de estos gránulos, estudiados utilizando preparaciones microscópicas obtenidas con métodos de coloración especiales, llegaron a conclusiones, se podría decir, de naturaleza puramente teórica, ya que se basan en datos de observación frágiles. Luego de las investigaciones de Pierantoni (1909 - 1910), que resaltaron la presencia y herencia de gérmenes simbióticos en plasmas de células de insectos, y, luego de las publicaciones de los aspectos teóricos que el mismo autor fundó sobre la constitución simbiótica de los plasmas celulares, su extensión y las configuraciones no tardaron en llegar, principalmente gracias al trabajo de Sulc, Buchner, Brest y otros. Partier, dirigiendo sus observaciones sobre los simbiontes intestinales de larvas de Nonagria y refiriéndose al gran desarrollo que habían alcanzado los estudios simbiontológicos en los últimos años, publicó un libro en el que extendió la teoría simbiótica a todas las formaciones celulares endógenas, interpretando a los microorganismos simbióticos (simbiontes) como así como plastidios y mitocondrias, interpretación a la que recientemente se ha sumado una serie de trabajos de Wallin."[51]

La limitación de espacio de este trabajo no nos permite extendernos demasiado en la cuestión, sobre todo porque lo que acabamos de explicar brevemente es suficiente para nuestras consideraciones.

***

La conclusión a la que se llega, estudiando las teorías modernas de organización plasmática, es que todo organismo vivo representa un colectivo de seres portadores de los tres caracteres fundamentales: vida, percepción e inteligencia, que les permiten convivir donde predominan intereses mutuos, en virtud de los cuales se asocian permanentemente. La colonia así establecida se

[51] Pierantoni - Opus Cit. Pag. 51.

regirá por leyes simples, nacidas del intercambio entre sus componentes y de las relaciones entre la propia colonia y el medio circundante, encaminadas a su subsistencia, defensa y multiplicación. Sin la introducción de la hipótesis de las tres características planteadas, la constante manifestación de una organización evidentemente inteligente se observa desde los protistas, hasta los metazoos y metafitos, así como en las propias sociedades formadas por ellos.

¿Cómo podemos explicar, únicamente mediante la intervención del azar y la selección natural, el perfecto ordenamiento de las biomoléculas dentro del protoplasma, donde podemos ver una división del trabajo con funciones bien definidas, encaminadas no solo a la supervivencia de los individuos sino también a la supervivencia de los individuos de toda la colonia?

¿Cómo dar a la materia, simplemente, la capacidad, después de alcanzar un estadio superior de complejidad molecular, de iniciar un movimiento de organización creciente, contradiciendo sistemáticamente el 2°. Principio de la Termodinámica y otras leyes que la venían gobernando implacablemente?

Ya no hablaremos de la gigantesca dificultad de atribuir la aparición de proteínas y otros compuestos orgánicos, esenciales para la manifestación de la vida, a un azar fortuito o a condiciones mesológicas favorables, marcadas en un momento determinado de la evolución de nuestro planeta. Admitamos que leyes o acontecimientos naturales hubieran conducido a la formación de nucleoproteínas, biomoléculas, simbiontes, etc. Pero ¿cómo explicar el comportamiento de estas sustancias que revelan rudimentos indiscutibles de inteligencia, de sentido social, de sentido de colectivismo, de un discernimiento muy elemental entre lo que les es útil o nocivo? Podemos explicar químicamente la asimilación de sustancias por parte de una molécula orgánica grande, lo que da como resultado su autorreproducción y, por tanto, la reproducción de una colonia de moléculas. Sin embargo, no podremos resolver el enigma de cómo estas moléculas alcanzaron ciegamente, después de un cierto número de intentos cuya magnitud contradice todas las leyes que conocemos, una etapa de asociación que es la envidia de las organizaciones sociales humanas, constituidas a costa de mucho razonamiento y experimentación que requiere mucho tiempo.

Sin atribuir a los componentes de la sustancia viva la intervención de un principio extramaterial, capaz, en determinadas circunstancias, de influir en la materia, y dotado de las propiedades antes mencionadas que este mismo factor refleja en la conducta de los seres vivos, no podremos llevar a buen término la comprensión del enigma de la vida.

No pretendemos sugerir que este principio inteligente intervenga ostensiblemente en el campo de operación de las leyes de la materia, reemplazándolas o contradiciéndolas. Solo consideramos que este principio utiliza las leyes de la materia, imponiendo, en determinadas circunstancias, un determinismo, una orientación, donde las leyes del azar dejan espacio a la acción de una agencia inteligente. Y su manifestación es en el sentido de poner orden en el caos, determinando un plan de acción con propósitos bien definidos.

Podemos ir más allá, diciendo que podemos percibir, en el desarrollo del drama de la vida en la Tierra, un programa de largo alcance, cuya implementación en sus partes está perfectamente orientada a lograr el objetivo final, la integración total.

Es superfluo agregar que identificamos tal principio inteligente con el espíritu. Espíritu, no como manifestación inteligente de la materia viva, sino como causa de su organización plástica y guía de esta materia, para, dentro de las leyes naturales, alcanzar niveles de perfección orgánica, cuando consideramos a los seres vivos superiores y, entre ellos, los supremos, realización del espíritu, que es el hombre.

CAPÍTULO VI EL ORIGEN DE LA VIDA

"Lo que es nacido de carne, de carne es, y lo que es nacido del espíritu y del espíritu es."

Juan, 3:6

Proteínas y ácidos nucleicos

Los principales componentes del cuerpo humano pueden distribuirse aproximadamente en las siguientes proporciones:

Agua	65%
Proteínas	15%
Grasas	15%
Substancias Inorgánicas	Menos de 5%
Carbohidratos	Menos de 1%

Aunque todas ellas son muy importantes, de las sustancias anteriores destacan las proteínas, por su extraordinaria variedad y complejidad, así como por sus potenciales cualidades como constituyentes de la sustancia viva.

Ya hemos tenido oportunidad de referirnos, en el capítulo anterior, a estos notables compuestos orgánicos, y llega el momento de dar una breve idea de qué son. No bajaremos de los mimos, para no desviarnos del programa del presente trabajo.

Consideremos, como término de referencia, una simple molécula de agua. Este está formado por apenas tres átomos: uno de oxígeno combinado con otros dos de hidrógeno. Comparada con el agua, una molécula de proteína, una de las más simples, parece un gigante. La conforman miles de átomos, en gran parte compuestos casi exclusivamente de carbono, nitrógeno, oxígeno e hidrógeno. La proporción de nitrógeno en las proteínas varía del 12% al 19%, siendo la presencia de este elemento su característica típica. El azufre, el fósforo y varios otros elementos también entran, en pequeñas fracciones, en la composición de ciertas especies de esta notable molécula orgánica.

Se sabe, hoy en día, que la molécula proteica está integrada por cadenas de otras moléculas orgánicas cuya composición y estructura están actualmente bien estudiadas. Se trata de aminoácidos, de los cuales la Química ya ha catalogado alrededor de 25 (veinticinco) tipos.

La naturaleza de una proteína depende no solo del número y calidad de los aminoácidos que la componen, sino también de la posición que ocupan en la cadena que forma la molécula proteica. Considerando la gran variedad de estos aminoácidos y el elevado número de los que, concomitantemente, participan en la constitución de una determinada proteína, podemos evaluar la asombrosa cantidad de tipos de moléculas proteicas que deben existir.

La determinación de la fórmula estructural de una proteína representa uno de los problemas más fascinantes de la química orgánica, así como de la biología, ya que, sin duda, el enigma de la vida tiene sus profundas raíces en las leyes que gobiernan estos extraordinarios compuestos.

Algunas de estas cadenas de aminoácidos, comúnmente llamadas polipéptidos, forman intrincadas estructuras de hélice. Los aminoácidos están concatenados por un átomo de carbono, que, a su vez, está unido a un átomo de hidrógeno y a otro grupo molecular lateral. De allí se originan más fuentes de gran variación entre proteínas, lo que permite evaluar el trabajo titánico que representa el estudio y la perfecta determinación de estas estructuras moleculares tan complicadas.

Otras cadenas polipeptídicas se forman en espirales, obedeciendo, en este estado, a una perfecta interacción entre los átomos de sus componentes. La proteína adquiere la apariencia de una admirable arquitectura molecular, que desafía el ingenio y la imaginación de los genios más audaces en el campo de la construcción de estructuras.

* * *

Compuestos no menos notables e importantes que las proteínas son los ácidos nucleicos. Ambos tienen muchos aspectos en común, siendo los ácidos nucleicos también moléculas gigantescas, formadas, así, por una cadena principal unida a grupos laterales. Sin embargo, difieren fundamentalmente en cuanto a la composición de los elementos que forman las cadenas principales y sus compañeros moleculares laterales.

En las células se encuentran dos especies de ácidos nucleicos: el ácido desoxirribonucleico y el ácido ribonucleico. De estos dos ácidos, el primero, el ácido desoxirribonucleico, se encuentra casi exclusivamente en el núcleo celular, formando en gran medida parte de los cromosomas. Este ácido está estrechamente relacionado con el mecanismo de herencia celular, donde parece desempeñar un papel preponderante.

El segundo, el ácido ribonucleico, es diferente. Ubicado en la célula, donde se encuentra principalmente en su citoplasma, su actividad parece más ligada a otras funciones

Aspectos biológicos relacionados con la síntesis de proteínas a de la propia célula.

Mientras que en las proteínas la cadena principal está formada por varias especies de aminoácidos, en los ácidos nucleicos los eslabones de la cadena están formados exclusivamente por un determinado tipo de azúcar. Así, en el ácido desoxirribonucleico tenemos enlaces de moléculas de azúcar llamadas desoxirribosa, interconectadas por fosfatos, y que repiten uniformemente siempre el mismo azúcar y el mismo fosfato. La variación proviene únicamente de los grupos laterales.

Grupos similares se denominan bases, de las cuales se encuentran comúnmente los siguientes cuatro tipos: adenina y guanina (purinas), timina y citosina (pirimidinas). Se cree, hoy en día, que varias especies de ácido desoxirribonucleico provienen de diferentes modalidades siguiendo la disposición de estas bases.

El ácido ribonucleico se diferencia de su compañero, el ácido desoxirribonucleico, especialmente por la naturaleza del azúcar (ribosa) que forma la cadena principal.

* * *

Actualmente, físicos, químicos y biólogos buscan explicar el mecanismo de reproducción y herencia, a través del comportamiento químico de estas complicadas moléculas orgánicas. Los modelos presentados son muy ingeniosos y, debido al aporte que hace la técnica de Rayos X en la determinación de estructuras moleculares, y se espera una solución definitiva al problema.

Sin duda, el ácido desoxirribonucleico juega un papel importante en el proceso de reproducción celular y en la propagación de caracteres hereditarios. Y creemos que los bioquímicos pronto podrán descifrar el profundo enigma que encierran tales procesos biológicos, incluida la formación de proteínas en las células vivas.

La Molécula Viva – La Biomolécula

En el capítulo anterior (capítulo V), hicimos un estudio resumido del fenómeno de la vida. Concluimos que sería difícil explicar la vivificación de la materia sin admitir un principio extramaterial, dotado de una determinada actividad energética, percepción e inteligencia y capaz de unir íntimamente la materia misma para constituir lo que llamamos seres vivos. Vimos, además, que la principal característica de la sustancia viva era el gran tamaño de las moléculas que la componen, así como la presencia constante de un alto porcentaje de elementos ligeros, como carbono, oxígeno, nitrógeno, etc., en su composición..

Sin duda, la molécula forma algo así como un todo homogéneo, en el que los diferentes niveles energéticos de los átomos que la componen se combinan armoniosamente para presentarse en un nuevo aspecto. Si sus cualidades fundamentales se combinan, dando como resultado otras propiedades peculiares de sustancias complejas. Los esquemas moleculares, como suele ser habitual, son formas cómodas de representar una realidad imperceptible a nuestros sentidos. Hablamos de cadenas de átomos y otros tipos estructurales, sino de la realidad misma, solo percibimos los atributos sensibles.

La molécula debe considerarse como algo perfectamente individual, aunque esté compuesta de átomos. Su tamaño; es decir, el número de elementos que lo componen, debe responder también a varias características más, una de las cuales la encontramos dentro del plan de organización de las sustancias vivas. Es perfectamente visible la correlación entre el tamaño de la molécula y la vida, así como la constancia de la participación de ciertos tipos de átomos en la constitución de dichas moléculas; el peso atómico de estos componentes es preferiblemente bajo.

En la formación de la molécula interviene la afinidad medida por valencias. En la constitución de los seres vivos opera la organización, encaminada a la perfecta colaboración funcional entre los componentes moleculares. Incluso la molécula, las leyes vigentes no definían nada más que fuerzas ciegas. A partir de entonces surge un nuevo unificador: la inteligencia, con libre albedrío y capacidad de organización, al contrariando al milenario 2do. Principio de la Termodinámica y guía de la materia hacia los estadios biológicos más elevados, donde el ser vivo es capaz de manifestar la razón y el conocimiento del Cosmos.

La molécula viva debe ser el punto de partida de la vida. Una vez "en capas", el rudimentísimo átomo espiritual comienza la serie de pruebas que llevarán a esa elementalísima unión, materia y espíritu, de caída en caída, de éxito en éxito, a adquirir una experiencia creciente, hasta aprender a asociarse con otras moléculas vivas para sobrevivir a los impactos del medio ambiente. Una molécula así, vivificada por el espíritu compatible con su estructura sumaria, ya no sería solo materia, sino que se convertiría en un ser vivo, comienzo, el comienzo, tal vez, de un futuro esplendor.

En las grandes moléculas básicas de la estructura celular se observan actividades y comportamientos que las sitúan como seres vivos.

Son los primeros amaneceres de una vida que emerge de forma vaga e imprecisa, pero activa y decidida, como presagiando su futuro de luchas y conquistas. Al describir el comportamiento de la heterocromatina y la eucromatina, sustancias ricas en ácidos nucleicos y directamente interesadas, respectivamente, en el metabolismo y la herencia celular, Maurice Rose lo explica en su obra *Les Caracteres des Organismes Vivants*:

> "Estas nucleoproteínas son la sede de reacciones continuas y rápidas, como lo demuestra la circulación de átomos radiactivos (retorno) incorporados en su molécula. Liberan fragmentos más o menos grandes, rápidamente renovados, que entran en la composición de compuestos muy activos, catalizadores de levaduras respiratorias, coenzimas, vitaminas, etc. y se convierten en agentes fisiológicos muy polivalentes y muy potentes.
>
> Interviene en reacciones en cadena, ya sean sintéticas o de demolición. Son, en cualquier caso, moléculas vivas fundamentales."

Sí, existen verdaderas moléculas vivas, o mejor dicho, colonias de biomoléculas, que desarrollan sus actividades típicas en mayor grado que otras moléculas menos complejas o, para usar un término más apropiado, menos espiritualizadas.

En esta fase preliminar, las acciones son descaradamente mixtas. En cada comportamiento de la materia puede encontrarse el embrión de una futura función biológica. En cada reacción de la inteligencia infinitesimal que allí se alojaba, se podía vislumbrar el comportamiento estructural del futuro ser organizado. La autocatálisis de la sustancia molecular proporcionará los primeros rudimentos de la lección que enseñará la vida, las reglas de reproducción, las leyes de la herencia y los misterios del amor sexual. Y la vida, después, dominó la materia, utilizándola en formas superiores, para sublimarse en la estética del arte, en el éxtasis religioso o en el divino desinterés del amor maternal.

A la molécula viva (biomolécula), esta piedra angular de la vida, es a lo que debemos dirigir nuestra atención, si queremos entender qué es la vida. Necesitamos estudiar allí, no exclusivamente su composición química sino sobre todo su probable influencia en el hiperespacio, deformándolo y creando allí un campo capaz de polarizar y fijar los elementos espirituales.

Acción Mutua entre el Espíritu y la Materia

La vivificación de la materia depende de la posibilidad de interacción entre dos campos. Uno de ellos es biomagnético, generado por el movimiento del bion. La otra sería la química electromagnética, gravitacional, causada por una gran concentración de masa en una determinada región limitada del espacio físico.

Para explicar el fenómeno es necesario superar algunas barreras conceptuales de la propia Física, admitiendo que el movimiento de los electrones, al recorrer una superficie cerrada alrededor del núcleo, puede desarrollar un momento magnético perpendicular, al mismo tiempo, a los tres ejes cartesianos que definir un espacio; lo físico. En este momento, el campo magnético originaría un campo que actúa en el hiperespacio. La presencia de cualquier sustancia material daría lugar, como consecuencia, a la manifestación de este tipo de campos orientados hacia una de las direcciones del hiperespacio.

¿Podemos relacionar este fenómeno con el de la gravitación?

No nos corresponde a nosotros determinar aquí si existe o no tal correspondencia. Sin embargo, podemos optar por la primera hipótesis que corresponda a una conclusión razonable, una vez aceptada, la existencia del hiperespacio. Admitamos entonces, como punto de partida, la existencia de un campo que se manifiesta en el hiperespacio cada vez que, en una determinada región del espacio físico correspondiente, se constata la presencia de materia.[52]

Ahora necesitamos dilucidar algunos puntos más sobre el comportamiento de las partículas en juego en este fenómeno. Cuando hablamos de electrones o biones, siempre debemos recordar que nos referimos a corpúsculos cuya naturaleza aun no puede definirse con precisión. Por supuesto, utilizamos modelos y esquemas, pero no debemos confundir una cosa con otra; es decir, el retrato con el original. El bion sería una contraparte tetradimensional del electrón. Sus propiedades son similares y homólogas, sin embargo uno tiene cuatro y el otro tres dimensiones. Quizás en esto solo resida toda la diferencia entre ellos. Pero sean lo que sean, nos resulta imposible entenderlos porque carecemos de la experiencia sensorial de este tipo de fenómenos. Nos limitamos a registrar únicamente el comportamiento, relaciones y variaciones de este comportamiento; nada más.

Dicho esto, solo nos queda decir que tanto el electrón como el bion son cargas capaces de generar un campo magnético cada vez que se mueven. Asimismo, son susceptibles de cambiar su estado cinético cuando están en presencia de un campo magnético variable.

Los campos así generados son de naturaleza similar, solo varían los espacios dentro de los cuales se manifiestan. Y su influencia se convierte en una consecuencia inmediata de este hecho. Esta interacción de campos también resulta en una acción recíproca entre átomos físicos y átomos hiperfísicos (en el sentido de ocupantes del hiperespacio y con una configuración cuatridimensional).

---

[52] Véase el capítulo III La Cuarta Dimensión y el Hiperespacio. Consideramos aconsejable que el lector también relea el capítulo II de esta obra, lo que le será de gran ayuda para comprender este capítulo.

Admitiendo que el espíritu está formado por átomos hiperfísicos - elementos-espíritu-, concluimos que puede actuar sobre la materia y, viceversa, sobre el espíritu.[53]

Para distinguir el campo magnético producido por los electrones del producido por los biones, los denominamos, respectivamente, electromagnético y biomagnético.

Una vez establecidos estos puntos, podemos comenzar a describir, con base en la *Teoría Corpuscular del Espíritu,* el mecanismo de vivificación de la materia.

Recordamos; sin embargo, que se trata de un intento de explicación. No pretendemos, de ninguna manera, reclamar para nosotros el descubrimiento definitivo de la naturaleza del verdadero "processus" que preside la vivificación de la materia. Solo la experiencia, el tiempo y los resultados de la aplicación de esta teoría determinarán la exactitud o inocuidad de sus postulados.

Vivificación de la Materia por la Polarización y Captura de los Elemento-Espíritu

Para facilitar la comprensión del fenómeno de la vivificación de la materia, intentaremos explicarlo a través de figuras esquemáticas. Por lo tanto, haremos una concesión para claridad, aunque sacrificando la precisión científica que requiere el problema. Nos sentimos plenamente justificados, ya que este libro pretende llegar al mayor número posible de lectores que lo comprendan.

Preliminarmente recordaremos que el átomo espiritual tiene una configuración cuatridimensional. Por eso no podemos imaginarlo tal como es. Podemos; sin embargo, hacer uso de un modelo que lo represente, dando al menos una idea aproximada del mismo. Usaremos un modelo con tres dimensiones, cuyas propiedades son homólogas a las del objeto representado.

---

[53] Ver Capítulo II - Las bases de la teoría.

Reduzcamos el átomo espiritual en una dimensión. Debemos hacer lo mismo con respecto al átomo físico. Esto estará representado por un modelo bidimensional.

El átomo espiritual, o el elemento espiritual, tendrá entonces un aspecto similar al que utilizamos para representar un átomo material. (Fig. 11)

Modelo tridimensional de un objeto espiritual. Los tres ejes cartesianos X, Y y Z definen un espacio. En realidad, el elemento espíritu comprende un sistema cartesiano formado por cuatro ejes perpendiculares entre sí.

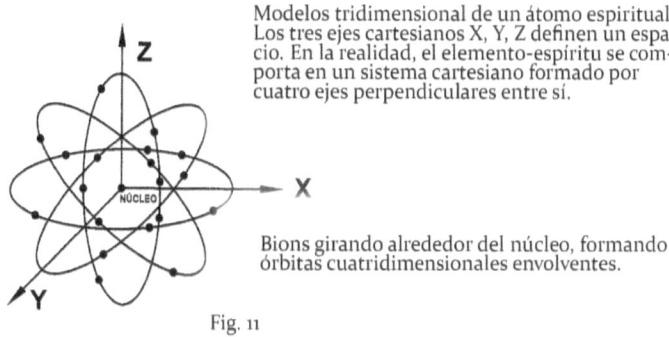

Modelos tridimensional de un átomo espiritual. Los tres ejes cartesianos X, Y, Z definen un espacio. En la realidad, el elemento-espíritu se comporta en un sistema cartesiano formado por cuatro ejes perpendiculares entre sí.

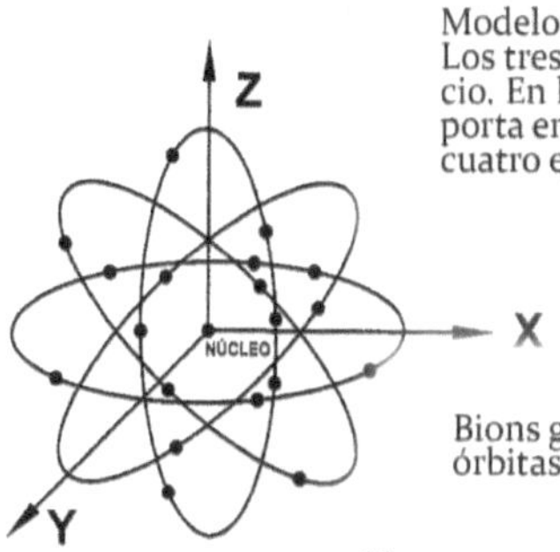

Bions girando alrededor del núcleo, formando órbitas cuatridimensionales envolventes.

Fig. 11

El átomo físico estará representado por un sistema plano. (Fig. 12)

Electrones girando alrededor del núcleo formando órbitas envolventes tridimensionales.

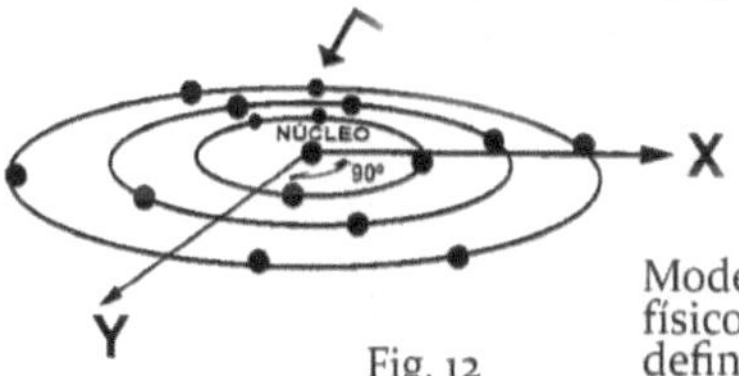

Fig. 12

Modelo bidimensional de un átomo físico. Los dos ejes cartesianos X, Y definen una superficie. En la realidad, el átomo se comporta en un sistema espacial formado por tres ejes normales entre sí.

Sabemos por la Física que cada vez que se mueve una carga eléctrica aparece un campo magnético. Este campo aparece como si fuera una reacción para impedir el desplazamiento de la carga inductora. Lo llamamos inductivo, precisamente por este fenómeno; existe la inducción de un campo magnético. (Fig. 13)

Fig. 13

Si la carga inductora "e" realiza un movimiento plano, circular y cerrado, dentro del círculo aparecerá un campo magnético M, cuya resultante seguirá una dirección perpendicular al plano de trayectoria de la carga. (Fig. 14)

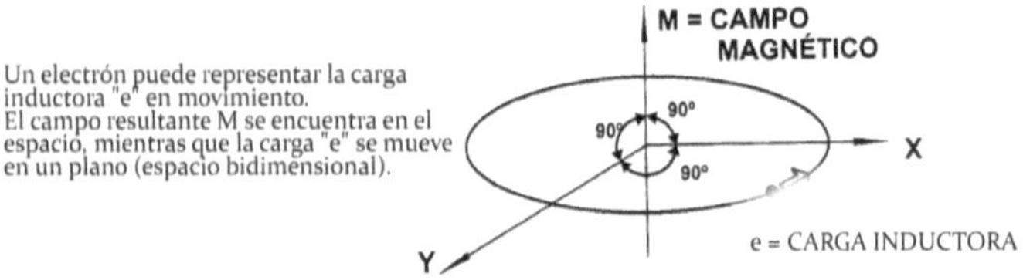

Fig. 14

Una carga que realiza un movimiento envolvente tridimensional, como es el caso de los electrones en los átomos físicos, provocaría la aparición de un campo magnético dirigido en dirección perpendicular, al mismo tiempo, a los tres ejes cartesianos que definen un espacio. Esto sería posible, una vez que se admita la existencia del hiperespacio.

La Figura 14 nos brinda un modelo bidimensional del átomo físico, de una manera más completa, ya que también resalta el campo magnético producido por los movimientos de los electrones. Este campo debe existir constantemente ligado a los átomos de la materia. Cuando, por cualquier proceso, perturbamos los movimientos de los electrones en las órbitas electrónicas de un átomo, vemos este campo magnético. Así se consiguen los imanes. Algunos metales como el hierro, el níquel y el cobalto permiten comprobar experimentalmente este fenómeno.

En presencia de un campo magnético, los electrones cambian inmediatamente la posición de sus ejes de rotación (*spin*) y sus trayectorias, comenzando a girar y circular según planos y órbitas prácticamente perpendiculares a la dirección del campo perturbador. El átomo se polariza y todo el conjunto, así orientado, produce un campo magnético.[54]

Un fenómeno similar ocurre con los elementos- espíritu.

En las proximidades de la materia, los biones sufren la influencia del campo causado por los electrones de los átomos físicos en movimiento hasta los núcleos atómicos. Este campo dirigido hacia el hiperespacio cambia el "spin" (rotación) y las órbitas de los bions en los átomos espirituales, desplazando su plano para hacerlos cubrir, en parte, un espacio tridimensional.

Entonces aparece un campo biomagnético y el elemento espiritual se polarizará.

Debido a las grandes dimensiones del átomo espiritual, a las que ya nos hemos referido en el cap. IV- Formaciones Espirituales, y además, debido a su alta energía, la influencia de un solo átomo físico es insuficiente para lograr la perfecta polarización de un elemento espiritual. Las moléculas, y especialmente las moléculas orgánicas grandes, tienen la posibilidad de polarizarse y capturar una sencilla formación espiritual.

Un conjunto de átomos combinados entre sí, formando una molécula, se puede representar mediante una figura plana. Aquí también mantenemos la convención acordada de reducir siempre los objetos considerados en una dimensión. La suma vectorial de los campos de los átomos dará una resultante que será el campo de la molécula. (Fig. 15)

La molécula está formada por ocho átomos. Sus campos se suman y dará un resultado que es el campo de las moléculas.

---

[54] No pudimos señalar específicamente, en las figuras, el efecto del "spin" de los electrones y los bions, para no introducir mayores complicaciones en el modelo. Sin embargo, el "espín" contribuye al forma del campo magnético resultante, produciendo la mayor parte del mismo.

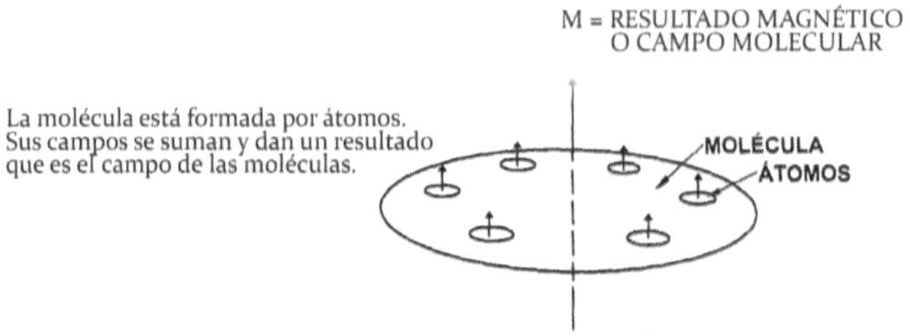

Fig. 15

El campo así formado, además de ser mucho más potente, se distribuirá en un volumen suficientemente grande.

El elemento espiritual que se encuentre en las proximidades de esta molécula sufrirá la influencia del fuerte campo magnético existente allí.

Los cerebritos del átomo espiritual tendrán los planos de sus *"spins"* y sus órbitas desplazados según un espacio tridimensional, dando origen a un campo biomagnético.

El elemento espíritu se polariza y, por tanto, queda sujeto a la atracción ejercida entre los dos polos opuestos. (Fig. 16)

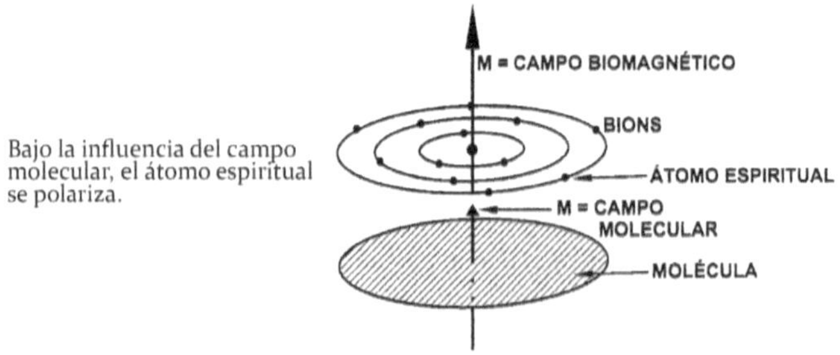

Fig. 16

El espíritu- elemento solicitado por la molécula se acerca a ella, terminando uniéndose mediante una superposición espacial. La molécula se convierte en un ser animado; es decir, adquiere alma (anima) y así se produce una encarnación en su expresión más simple y fundamental. (Fig. 17)

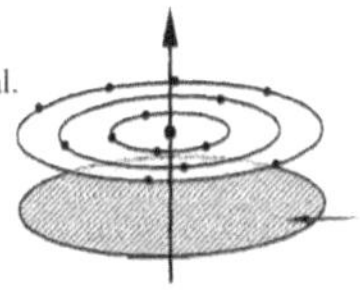

Fig. 17

La unión espíritu- materia se realiza, como se muestra en el diagrama de la figura 17, mediante una superposición espacial. No hay interpenetración del espíritu con la materia, como al principio muchos podrían suponer. Sería absurdo intentar encontrar el espíritu "dentro" de la materia. La acción espiritual se realiza mediante la influencia mutua entre los dos campos, única manera, de hecho, de conciliar la autonomía del espíritu encarnado, con sus manifestaciones de orden biológico.

El elemento espiritual polarizado ocupa un espacio tridimensional contiguo al espacio físico. En este estado también puede ejercer influencia sobre la materia, pero siempre mediante la interacción de los respectivos campos y no mediante un impacto directo. Veremos esta cuestión con más detalle cuando estudiemos la encarnación de formaciones espirituales compuestas.

* * *

Queremos resaltar una vez más la imprecisión con la que se expone esta teoría, especialmente en este extracto. Presentamos como principal justificación la necesidad de hacerlo accesible a un gran número de lectores. El público, en general poco acostumbrado a las disciplinas.

Científicamente, no sería posible penetrar en el mecanismo del fenómeno, si se describiera mediante ecuaciones matemáticas, aunque éstas resultarían mucho más exactas. De esta forma también suprimimos la precisión del ejemplo del magnetismo antes mencionado, aunque teniendo en cuenta el "giro" de las partículas, cuando podríamos haberlo expuesto a la similitud de la teoría de Zeeman y Larmor, por ejemplo, sobre la influencia de un campo magnético constante en el movimiento de los electrones en el átomo. Nuestro objetivo no es satisfacer a las mentes ya iluminadas por la luz de la ciencia positiva, sino más bien hacer que este trabajo preparatorio sea accesible a los menos favorecidos. Esperamos que nuestros sucesores completen la obra, dándole una forma definitiva, enmarcándola dentro de los límites exactos de la Ciencia, o bien, demostrando que la teoría es errónea. En cualquiera de las dos hipótesis habrá un resultado apreciable, pues también se elimina un sistema de investigación científica.

Los Cuatro Casos Principales de Polarización de los Elementos-Espíritu

Analicemos las diferentes formas posibles de polarizar los elementos espirituales.

Distinguiremos varios tipos de influencia de esta naturaleza, de los cuales describiremos los cuatro más importantes.

1° Caso - *La molécula tiene un volumen mucho menor que el del átomo espiritual, manifestando, además, un campo de intensidad reducida.*

En este caso, la influencia de la molécula sobre el elemento espiritual es casi imperceptible, y prácticamente no ocurre nada destacable en términos de animación de la sustancia así caracterizada. Sin embargo, la leve acción provocada por el campo de la materia concentra un cierto número de átomos espirituales a su alrededor. Por esta razón se forma una capa espiritual que se superpone espacialmente a la materia inanimada. Podemos, hasta cierto punto, atribuir la presencia de esta capa espiritual es el aura que algunos médiums psíquicos declaran ver como un halo que rodea sustancias sin vida.

Advertimos al lector sobre este tema, ya que existe un otro fenómeno que podría confundirse con el descrito anteriormente. Nuestra opinión, cuando se somete a una exposición prolongada en un objeto determinado, se puede tener la impresión de un aura luminosa que rodea la imagen vista. Esto se llama "fatiga retónica." Muchas personas confunden este fenómeno con la clarividencia y creen estar viendo el aura de los seres. Tenga cuidado, ya que el aura se ve inmediatamente y sin requerir grandes esfuerzos ni maniobras especiales por parte del verdadero médium vidente, incluso en la oscuridad.

2º Caso - La molécula tiene un volumen pequeño, pero manifiesta un campo muy intenso.

En estas condiciones debe notarse una influencia apreciable de la molécula sobre el átomo espiritual. Sin embargo, estos últimos reaccionarán mal ante los primeros, impidiendo que exista una influencia mutua específica entre ambos agentes. Además, otras moléculas pueden interferir con el átomo espiritual, haciendo inestable su fijación. (Fig. 18)

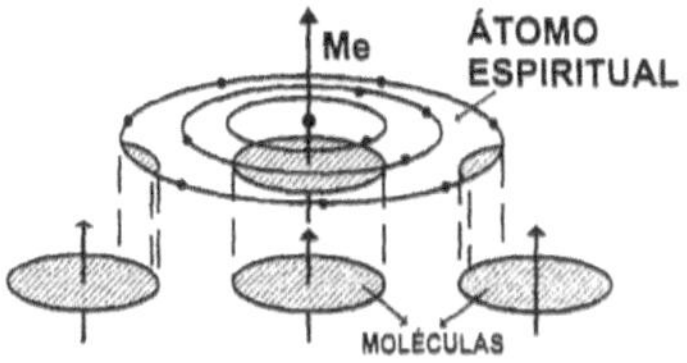

Los campos moleculares son intensos, pero no cubren el espacio del átomo espiritual polarizado. Otras moléculas interfieren con el mismo elemento-espíritu y perjudican la estabilidad de la unión.

Fig. 18

Ejemplos de tales casos son el resultado de la influencia causada por moléculas de compuestos químicos inorgánicos comunes. Estas moléculas, normalmente formadas por átomos pesados, son de pequeño tamaño; sin embargo, tienen un gran peso molecular. Se produce entonces una fuerte concentración de masa material en un volumen muy pequeño de espacio, provocando allí un campo muy intenso.

La formación espiritual es simple y polarizada, atrapada e incluso capturada, pero la fijación es imperfecta e inestable. No podemos decir que la sustancia en estas condiciones esté animada, ya que el intercambio de influencias mutuas es muy precario o, prácticamente, inexistente. Por tanto, no podemos hablar de vivificación, en casos similares a este.

Pasemos a un hecho casi opuesto, que será la tercera modalidad de influencia entre materia y espíritu.

3er Caso - La molécula tiene un volumen grande, mayor que el del átomo espiritual polarizado.

Debemos admitir, ante todo, que el campo molecular es suficiente para polarizar el elemento espiritual. Tendremos entonces un caso en el que la molécula actúa sobre el átomo espiritual, sin embargo este último no podrá responder con igual intensidad a la influencia de la materia. Su reacción cae sobre un volumen fraccionario de la molécula. (Fig. 19)

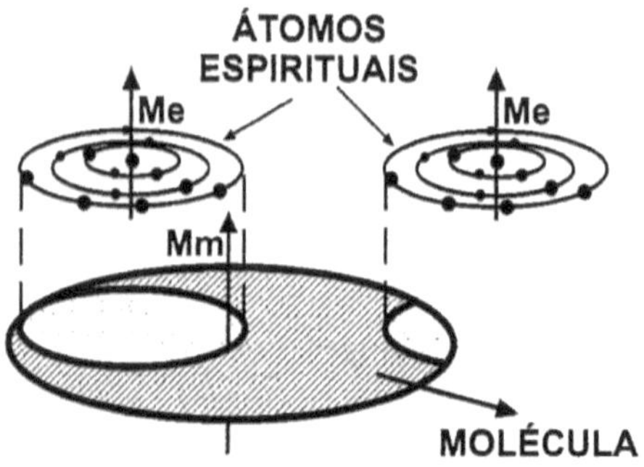

El volumen de la molécula sobrepasa en mucho al del elemento-espíritu. Otros átomos espirituales pueden ser influenciados y capturados total o parcialmente por la misma molécula.

Fig. 19

Solo consideramos el caso en el que la molécula tiene una forma aproximadamente globular o equivalente a ésta. Pero hay casos - y son muy numerosos - en los que las moléculas adoptan la apariencia de filamentos, hélices y otras disposiciones globulares diversas. En este grupo, por ejemplo, tenemos moléculas de proteínas y ácidos nucleicos. En realidad, no son clasificables en este tercer caso más que las que en realidad tienen forma globular o aproximadamente de este tipo. Muchas de ellas son el resultado del enrollamiento, como si fueran bolas, de cadenas moleculares. Estudiaremos más adelante, en detalle, esos tipos especiales de moléculas filamentosas, enrolladas, etc. y veremos que, en cierta medida, pueden considerarse como verdaderas colonias moleculares, donde se nota el predominio casi total de las leyes de la Química.

Quizás podríamos incluir en este tercer caso moléculas como la hemoglobina y la hemocianina.

Para todos los efectos, tendríamos moléculas animadas, en el sentido de tener un alma (del latín: anima), pero su contraparte espiritual estaría privada del poder de acción sobre ellas. Carecerían de la flexibilidad necesaria que caracteriza a algunos tipos de moléculas.

Cuando la molécula es mucho más grande, presenta un volumen exactamente múltiplo del del átomo espiritual polarizado o comprende en su organización varias otras moléculas muy distintas y grandes, puede polarizar y capturar simultáneamente varios elementos espirituales. De aquí surgen los primeros rudimentos de las formaciones espirituales compuestas. Este fenómeno se estudiará con más detalle más adelante. Por ahora, solo queremos analizar los casos simples.

Veamos ahora el caso número cuatro.

4º Caso - La molécula y el átomo espiritual polarizado tienen volúmenes prácticamente iguales.

En la situación actual, existe una interacción máxima entre los dos campos. La conexión con la acción se vuelve, por tanto, mucho más íntima y la acción del espíritu sobre la materia es completamente eficaz. Tenemos un ser animado que posee una gran estabilidad y autonomía.

Es en este tipo de unión espíritu-materia que se fundan los cimientos de la vida, en el sentido en que entendemos este fenómeno. No podemos considerar; sin embargo, que tenemos un ser vivo molecular como un animal o una planta, ya que el concepto de vida, en estas etapas biológicas, debe ser más extenso e implicar otras funciones. Sin embargo, lo consideramos el ser animado básico, la unidad biológica fundamental, la biomolécula. (Fig. 20)

Evidentemente, tales conexiones no están condicionadas exclusivamente por dimensiones geométricas. El mecanismo es más complejo. Hay muchos más factores que entran en juego.

Hay, por ejemplo, una característica a considerar: es la inercia de los bions, que hay que superar. Esta fuerza tiende a mantener los planos de las órbitas y los "*spins*" de los bions en su posición natural; es decir, involucrando un hiperespacio de cuatro dimensiones. Para superarlo se necesita un campo con cierta intensidad. Este factor influirá en la naturaleza del elemento espiritual capturado.

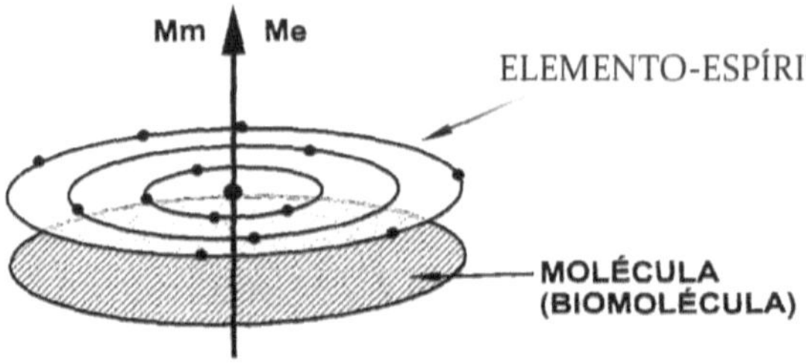

El ser animado es una biomolécula.
Resulta de la más perfecta unión entre la molécula y el elemento-espíritu.
Sus volúmenes son aproximadamente iguales.

Fig. 20

La mayor estabilidad de la unión es, por tanto, una función adicional de esta condición.

Cuando consideramos este 4to caso admitimos que, habiendo cumplido todos los requisitos indispensables, se produjo la unión perfecta dando lugar a la biomolécula. Un ser animado así representa, como ya hemos dicho, la unidad viva fundamental capaz de participar activamente en la construcción de un ser vivo.

Los cuatro casos analizados comprenden prácticamente todos los tipos posibles de influencia mutua entre la molécula y el elemento espiritual. El resto serían variantes de lo mismo; casos particulares o equivalentes.

* * *

Finalmente, recordemos que, hasta ahora, solo hemos estudiado el mecanismo de acción mutua entre el espíritu y la materia, en su infraestructura atómica y molecular. Estamos analizando las profundidades abismales del misterioso fenómeno de la vida. Todavía no podemos hablar de fenómenos típicamente biológicos, con las características que los hacen clasificables de esta manera.

Nos encontramos en la situación de quien estudia los ladrillos, con la intención de formular posteriormente las ideas básicas para la construcción de un edificio.

La Génesis Biológica de las Formaciones Espirituales Compuestas y el Origen de la Vida

Hasta ahora solo habíamos considerado la encarnación de formas espirituales simples, estudiándolas en sus diversas modalidades y destacando como las más estables y perfectas aquellas para las cuales existían, al mismo tiempo, una serie de condiciones favorables capaces de proporcionar una unión íntima entre ellas. la molécula material y el elemento espiritual.

El 4° caso define aproximadamente la ocurrencia de estas condiciones. Es natural, por tanto, que el estallido del fenómeno biológico sea un acontecimiento excepcional, si lo miramos en perspectiva desde su punto de partida: la biogénesis. Resulta que la aparición de la biomolécula, que coincide con el origen de la vida, es un acontecimiento poco común.

La aparición de una biomolécula aislada, a su vez, representaría poco o nada como contribución al desencadenamiento del fenómeno de la vida, ya que éste no se limita al resultado puro y simple de una combinación entre espíritu y materia. La llama de la vida tenía fe en su génesis, pero necesitaba un apoyo, un intercambio, una asociación donde pudieran tener lugar los intercambios energéticos necesarios en esa fase primordial de máxima fragilidad.

Fue en el aprendizaje de la materia que el espíritu encontró su primer apoyo y recibió las lecciones iniciales de fraternidad y sociabilidad capaces de hacerle ascender, más tarde, a las cimas de la organización biológica. Magnetizados a la molécula orgánica, hasta entonces inexpertos, los elementos espirituales se sometieron a las consecuencias de las leyes de la materia, similar a lo que todavía ocurre hoy, a mayor escala, con los espíritus encarnados, que están sujetos a las contingencias materiales del cuerpo, que animan.

Les cupo a los ácidos nucleicos y las proteínas enseñar a los elementos espirituales las primeras lecciones de asociación y convivencia. Largas cadenas de aquellos compuestos orgánicos, cada una de las cuales estaba formada por innumerables eslabones de verdaderas biomoléculas, sirvieron de fraguas donde se modelaron los primeros esbozos de una sociedad biológica. Inicialmente, el predominio de las leyes de la materia fue flagrante y prácticamente absoluto. Aquellas inteligencias extremadamente elementales, desprovistas de toda experiencia, solo registraban acontecimientos puntuales, a través de sensaciones vagas, infinitesimales. Todo lo demás, relativo a la estructura orgánica, la supervivencia y la multiplicación, estaba sujeto a la protección de leyes naturales ciegas y rígidas que gobiernan los fenómenos físicos y químicos. La autorreproducción del ácido desoxirribonucleico o la síntesis de proteínas a expensas de un catalizador fueron los inicios de la multiplicación celular, que luego evolucionó hacia la función sexual, debido al poder creativo del espíritu guiado por el aprendizaje en la materia. Debido a esta misma escuela, la inteligencia espiritual llevó a los organismos a construir y perfeccionar los instrumentos indispensables para la digestión y asimilación de los alimentos, los órganos de los sentidos, etc.

Solo el espíritu, portador de la percepción y la memoria combinada con la inteligencia, podía registrar y posteriormente utilizar las experiencias adquiridas en su unión con la materia. Éste continuaría desempeñando las funciones rígidamente preestablecidas y reguladas por sus leyes inmutables, reproduciendo indefinidamente las mismas operaciones, mientras que el primero ascendería de conquista en conquista, pasando gradualmente de discípulo a maestro y, finalmente, a maestro absoluto.

Al principio, largas cadenas polipeptídicas, salpicadas de biomoléculas, flotaban y serpenteaban dentro del cuerpo de las aguas. Algunas se enredaron entre sí. Algunas giraban en espiral o se curvaban formando bolas, formando glóbulos ultramicroscópicos. Reunidos en un pequeño volumen, sumaron sus campos biomagnéticos a los de los elementos espirituales, dando una resultante mayor capaz de polarizar y capturar un átomo espiritual con un gran núcleo, que ahora comenzaba a estabilizar ese pequeño grupo de almas moleculares. Un accidente fortuito que destruyera esa molécula compleja y globular no desintegraría inmediatamente el respectivo microespíritu consolidado por el elemento mayor. Fue así como se formaron las primeras formas espirituales; logrando sobrevivir a la desencarnación durante algún tiempo, y el espíritu comenzó a alcanzar cierta estabilidad.

A medida que millones y millones de seres animados comenzaron a formarse en el escenario de la vida terrenal, sufriendo constante destrucción y recomposición, expandiendo su complejidad química y combinándose entre sí, en el otro lado, dentro del hiperespacio, los elementos espirituales se polarizaron y las formaciones compuestas aun rudimentarias se multiplicaron, sufriendo variaciones casi hasta el infinito.

La selección natural, en la lucha por la supervivencia, fue la responsable de llevar a estos seres ultramicroscópicos a las siguientes etapas de la evolución de sus formas de asociación, que posteriormente dieron lugar a organizaciones biológicas; es decir, a verdaderos seres vivos.

Inicialmente, las organizaciones debieron haber sido creadas por combinaciones de proteínas con ácidos nucleicos, originando nucleoproteínas similares a virus y bacterífagos. Posteriormente aprenderían a asociarse, segregando un medio ligante y, utilizando las leyes que rigen los coloides y coacervados, lograrían la organización plasmática de la materia viva.

Cada etapa de la organización biológica correspondía a una adecuada organización espiritual. Poco a poco se fueron creando formaciones espirituales cada vez más complejas y, por eso mismo, más características y estables. Los organismos espirituales se expandieron, se moldearon en las matrices de la sustancia viva y conquistaron, poco a poco, los estadios superiores capaces de animar las formas de vida más perfectas, que hoy contemplamos llenos de admiración.

Seguirán indefinidamente en su progreso, en su evolución, liberándose cada vez más de la tutela material y, un día, como mariposas multicolores, abandonarán el capullo de la materia donde, como crisálidas inconformes, soñaron, vivieron, amaron y sufrieron.

He aquí, en términos generales, en pinceladas rápidas, el cuadro del origen biológico de las formaciones espirituales compuestas y, en consecuencia, del origen de la vida.

Pasamos muy ligeramente sobre el vasto panorama. Solo destacamos el conjunto, sin centrarnos en los detalles. Creemos; sin embargo, que es imprescindible una justificación, al menos una mejor apreciación, del mecanismo de esta ascensión dinámica del espíritu y de su notable repercusión en la evolución de la materia orgánica.

La Dinámica Ascensional del Espíritu y su Repercusión Ideoplástica en la Evolución de la Materia Orgánica

Ante un estímulo, el ser inanimado responde invariablemente con una reacción basada en la inercia; es decir, en el sentido de impedir la libre acción de la fuerza actuante. En idéntica situación, el ser vivo reacciona inteligentemente ya sea eludiendo, controlando o neutralizando la agresión sufrida. Va más allá, ya que se prepara adecuadamente para afrontar contingencias futuras similares. El comportamiento de un ser vivo es inconfundible. Y cuando vemos a un ser inanimado proceder de manera similar, presuponemos inmediatamente la existencia, presente o remota, del razonamiento de un ser inteligente que coordina sus acciones mecánicas, con una estructura adecuada al fin colimado; tenemos un autómata.

La presencia de elementos espirituosos, polarizados y captados por las moléculas orgánicas que constituyen la macromolécula proteica, introduce un factor de comportamiento inteligente que se suma vectorialmente e incluso se superpone a la reacción inerte de la propia molécula. Un estímulo mecánico aplicado a la biomolécula tendrá su reflejo inmediato en el elemento-espíritu conjugado a ella, y este último, poseyendo percepción-memoria e inteligencia, sentirá, registrará y reaccionará inteligentemente ante el estímulo sufrido. La acción de este se traducirá en una actuación dinámica que alterará la marcha de los bions en su trayectoria alrededor del núcleo. Este, a su vez, reaccionará a la excitación, modificando el momento magnético de rotación que lo relaciona con el movimiento de los bions.

Estos pequeños cambios, sumados, darán como resultado corrientes biónicas rudimentarias que se revelarán a través de reacciones contráctiles casi imperceptibles, observables en la sustancia viva. Ahí tenemos los fundamentos de la irritabilidad y motilidad peculiar del protoplasma.

Inicialmente rodeadas por un medio líquido, formando coloides y coacervados, subordinadas a un número inconmensurable de vaivén y a estímulos de toda naturaleza, las biomoléculas, gracias a las inteligencias infinitesimales que las animan, ya no seguirán la guía de las leyes del azar. Intentarán conquistar una situación que les resulte más cómoda y capaz de llevarlos a un mayor nivel de supervivencia. Se organizará por sí misma, yendo en contra de la tendencia natural de la materia inanimada.

Aprenderá, acumulando experiencias en su percepción-memoria, y aplicará sus conocimientos rudimentarios en la lucha contra las agresiones del medio ambiente. Se asociará por intereses mutuos y, progresivamente, obligará a que las características del ser vivo organizado queden impresas en el material que constituyen.

Detrás de la máscara de la materia se encuentra el espíritu, excitado y conmovido por los problemas creados con la encarnación. Su compañero, inerte y pasivo, seguiría eternamente las alternativas indefinidas de las formas elaboradas y destruidas por el capricho del azar ciego. Insensible a las agresiones del medio ambiente, el material jamás acumularía la experiencia absorbida en sus múltiples transformaciones químicas y físicas. Pero la chispa espiritual, que lleva en sí el atavismo de su origen divino, no se detiene, no se estanca. Más bien, busca su fuente original, arrastrando consigo las formas materiales vinculadas a ella, superando la indeterminación del azar mismo y creando una organización cada vez mayor para desafiar nuestro ya conocido 2do. Principio de la Termodinámica. La tendencia inexorable a la desorganización, a la sinergia final, a la nivelación total, a la entropía máxima, da paso entonces al poder organizador del espíritu, a su irresistible dinámica ascendente. La materia orgánica, en lugar de retroceder a los estados más probables determinados por el fatalismo del principio de Carnot-Clausio, hasta la afluencia del espíritu, marcha hacia la conquista de la organización plasmática de la sustancia viva.

Y así, el espíritu, combinado con la materia orgánica, logró crear el protoplasma, esta gelatina primordial, sustancia fundamental e imprescindible para la construcción de seres vivos.

No fue un salto, ni por casualidad, ni por virtudes absurdamente atribuidas a la materia, de por sí inerte e insensible, incapaz de acumular experiencias y razonamientos, que ha alcanzado los estadios más elevados de la organización biológica. Este logro proviene del principio inteligente que lo unió para, a través de formas de complejidad creciente, creadas y templadas en el crisol de la vida, reintegrarse al seno de la conciencia cósmica de donde surgió.

El espíritu ahora no solo anima y coordina los movimientos de la sustancia material, sino que va más allá. Su poder ideoplástico comienza a emerger con la fijación de las características típicas de las formaciones espirituales compuestas, generadas en una infinidad de formaciones sucesivas. A partir de entonces jugará un papel preponderante en la morfología de los seres vivos.

Naturalmente, no debemos perder de vista las reglas que imponen las leyes de la Genética, en la determinación de los tipos biológicos. No se trata de los resultados de estas leyes, sino de las causas que las dieron origen armoniosamente, sin contradecir las demás leyes de la materia. Para el espíritu que aprendió a jugar con los dados de la Naturaleza, aprovechando todas las reglas para conquistar la vida, utilizando su poder ideoplástico para guiar la propia materia en su evolución hasta la etapa de organización biológica.

La ideoplastía es, por tanto, resultado de la acción dinámica del espíritu, con el objetivo de guiar la materia, organizarla y servir de modelo para la construcción de diferentes formas biológicas. Tiene dos modos de acción: el primero se manifiesta en la evolución de las especies, y el segundo en la evolución individual de un ser vivo.

En el primer caso, actúa introduciendo una tendencia sistemática al progreso de los seres vivos considerados en su conjunto. La causa fundamental de la manifestación aparentemente telefinalista se observa, en general, en la evolución de las especies. Sin duda se puede sentir, en el marco general de la evolución, una predicción y una notable anticipación morfológica en el equipamiento de los seres vivos. La selección natural, enseñada por Darwin, en sí misma no justifica la aparición de todos los órganos y otras funciones de los organismos vivos.

La segunda modalidad de acción ideológica desempeña el papel de guiar a las células en su desarrollo desde el óvulo hasta el adulto.

No queremos prescindir de la Genética, ya bien establecida y consagrada por la experimentación.

La acción de los genes sobre los cromosomas es un hecho pacífico. Solo faltaba añadir a esto la estructuración biomagnética del espíritu, que sirve de modelo organizador a seguir por las células diferenciadas según las características inducidas por los genes.

Además de la herencia biológica, a medida que las especies mejoran, se revelan signos del poder ideoplástico del espíritu.

Es a la dinámica ascendente del espíritu y su repercusión ideoplástica en la materia orgánica a lo que debemos el espectacular progreso de los seres vivos, desde las formas biomoleculares más elementales, primordiales e indefinidas, hasta la obra maestra del cuerpo humano dotado de la maravilla de las maravillas. Ese es su cerebro, pensando.

CAPÍTULO VII LA REENCARNACIÓN Y LA GENÉTICA

"¿Qué juzgáis, discípulos, que es mayor: las alturas del vasto océano o las lágrimas que derramasteis cuando, en vuestro largo viaje, vagabais al azar, de renacimiento en renacimiento unidos a lo que odiabais, separados de lo que amasteis?"

Buda

La Teoría de la Reencarnación

Aunque mal interpretada y poco aceptada en el mundo occidental, la teoría de la reencarnación - mejor llamada ley de la reencarnación- fue enseñada y adoptada con bastante naturalidad por los pueblos antiguos y, todavía hoy, por los orientales. Su difusión en Oriente debe mucho al brahmanismo y al budismo.

Correspondió a Allan Kardec darlo a conocer mejor en Occidente, a través de la Codificación Espírita, donde comenzó a tomar forma y difundirse apreciablemente, tanto en los círculos populares como entre las elites intelectuales. Lanzada de esta manera hace apenas ciento cincuenta años, esta idea ha avanzado extraordinariamente y pocos lo ignoran aun, aunque no todos lo aceptan.

Introducida como una concepción filosófica, la ley de la reencarnación es, en realidad, un hecho de observación científico, una verdad irrefutable, contra la cual teologías vacías y anacrónicas o argumentos estructurados en torno a especulaciones teóricas, vagas y sin fundamento experimental.

La ley de la reencarnación viene impuesta por los propios hechos, haciendo imposible dar una explicación completa de los fenómenos sociales, de la evolución biológica en general y de la evolución del hombre en particular, sin considerar los efectos de esta ley tan importante. *La Teoría Corpuscular del Espíritu*, al interpretar los fenómenos biológicos, encuentra en la ley de la reencarnación una piedra angular sobre la que puede sustentar gran parte de su edificio lógico.

Como ya hemos destacado en capítulos anteriores, el espíritu se forma y perfecciona a través de sus experiencias en la materia.

En el flujo y reflujo de encarnaciones sucesivas, el espíritu continúa conquistando gradualmente los escalones de la escala evolutiva, en un ascenso perenne, sometiéndose a la selección natural y afinando facultades ganadas con tanto esfuerzo. Arrastra consigo a su fiel compañera: la materia orgánica, en sucesivos estados de perfección, adaptándola constantemente a sus necesidades y previendo contingencias futuras que serán compensadas por órganos y sentidos especiales. Sin embargo, el mecanismo de la reencarnación no ocurre indiscriminadamente, sin guía, sin ley.

Está rígidamente gobernado por las leyes de la genética. Y quien quiera dominar el conocimiento sobre cómo opera el renacimiento, debe, ante todo, penetrar en los arcanos de la ciencia de la herencia.

Con el fin de equipar al lector, aunque sea de forma rudimentaria, para abordar el problema de la reencarnación, expondremos algunas nociones resumidas sobre la Genética. Sin embargo, recomendamos una consulta más profunda de textos especializados, que facilitarán aun más la comprensión de este capítulo.

La Multiplicación de las Células por División Simple o Amitosis

En la célula viva se distinguen tres propiedades fundamentales:

- capacidad de obtener del ambiente externo las sustancias necesarias para su formación;

- facultad de transformar estas sustancias en otras, adecuadas a su constitución y necesarias a su desarrollo;

- facultad de dividirse en dos o más células similares y, por tanto, de multiplicarse.

Esta última propiedad da cuenta de la proliferación de los seres vivos y la conservación de la vida en el planeta.

La célula viva se compone de dos partes principales: el núcleo y el citoplasma.

El segundo, el citoplasma, rodea al primero, teniendo esta parte importantes funciones en relación con la nutrición y multiplicación de la célula.

Para demostrar la íntima relación entre el núcleo y la capacidad de reproducción de la célula viva se realiza un experimento llamado merotomía.

La merotomía consiste en fragmentar la célula de un protozoo de diferentes formas. Solo las partes del citoplasma que contienen trozos del núcleo son capaces de sobrevivir y regenerar el resto que fue cortado, el núcleo y, por tanto, la supervivencia y recuperación de fracciones del ser vivo unicelular sometido a merotomía es fundamental.

Por tanto, la forma más simple de multiplicación consiste en la fragmentación. Esto ocurre de forma espontánea en cuanto la célula alcanza un determinado tamaño, comenzando en el núcleo y propagándose por el citoplasma. (Fig. 21)

Este tipo de multiplicación se llama división simple, o amitosis.

La multiplicación amítica también puede ocurrir en forma de división múltiple. En este caso, la célula se fragmenta en más de dos al mismo tiempo.

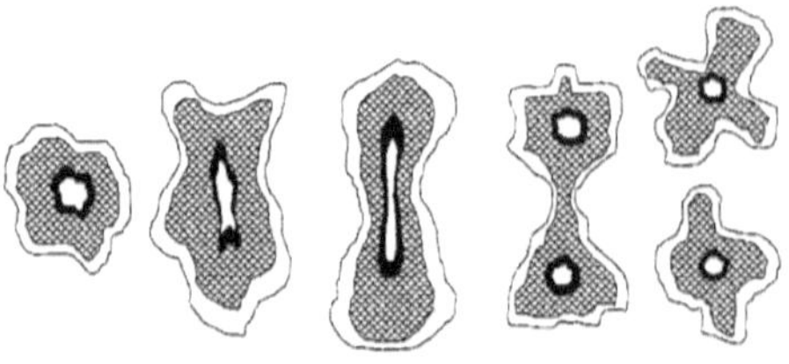

Fig. 21 - AMITOSIS O DIVISIÓN SIMPLE

1. En reposo.

2. la división comienza en el micelio.

3. La división se extiende al citoplasma.

4. El núcleo se divide por completo, lo que provoca la estrangulación del citoplasma.

5. Se completa la división, surgen dos nuevos seres.

Cariocinesis o División Celular por Mitosis

Este tipo de división celular normalmente se produce en cuatro fases.

Inicialmente, cuando la célula está en reposo se pueden distinguir tres órganos principales:

- el citoplasma, que forma la parte o cuerpo externo de la célula;

- el núcleo, que ocupa aproximadamente la parte interior central; este órgano tan importante está formado principalmente por gránulos de una sustancia llamada cromatina;

- el centrosoma, que está incrustado en el citoplasma y cerca de los núcleos; lo rodea una parte más clara del citoplasma, del que se originan estrías dispuestas como si fueran rayos; y el aster.

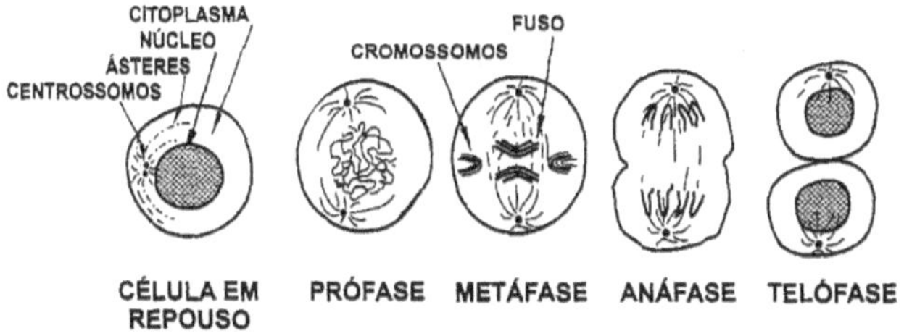

La mitosis se caracteriza por la formación de filamentos (del griego - mitos) en la región del núcleo, que se convierten en cromosomas.

1a. La Profase

Es la fase preparatoria durante la cual se forma el aparato mitótico. El centrosoma inicial se divide en otros dos, y cada uno de ellos busca un polo opuesto en la célula. Los ásteres, que ahora emergen de cada centrosoma, conectarán sus extremos opuestos, originando el huso. Mientras tanto, los gránulos de cromatina forman finos filamentos que se convierten en cromosomas, desapareciendo en este momento el núcleo. Los cromosomas son cuerpos más o menos alargados, adoptando formas que recuerdan a bastones, U, V, J, etc.

2a. La metafase

En esta etapa, los cromosomas ya formados toman posición en el plano ecuatorial de la célula, con sus extremos hacia afuera y sus vértices en contacto con los filamentos del huso. Éste ya estará listo, conectando los centros de cada localidad. Comienza entonces la duplicación de los cromosomas, que se dividen en dos en el sentido longitudinal de cada uno. La célula ya está lista para comenzar su tercera etapa.

3a. Anafase

Aquí comienza la operación más dinámica de la mitosis. Un conjunto completo de cromosomas se mueve a lo largo del huso, hacia cada polo. Al mismo tiempo, comienza la división del cuerpo celular en la zona ecuatorial.

4a. Telofase.

Se completa la división del citoplasma, mientras los cromosomas jóvenes vuelven a formar los núcleos de cada célula hija.

Normalmente, las células de los tejidos animales y vegetales se multiplican mediante este proceso. Sin embargo, existen ciertas células especiales de las que se originan las células sexuales o gametos, que experimentan un tipo de multiplicación algo diferente. En este nuevo proceso de reproducción, los cromosomas, en lugar de multiplicarse, se juntan de dos en dos, reduciendo a la mitad su número inicial. Por este hecho, a este tipo de multiplicación celular se le denominó meiosis.

Meiosis o Cariocinesis Reduccional

La cariocinesis reduccional casi siempre va precedida de varias multiplicaciones por mitosis de las células que originarán los gametos. En una determinada ocasión, los cromosomas, en lugar de dividirse en dos mitades, se juntan de dos en dos.

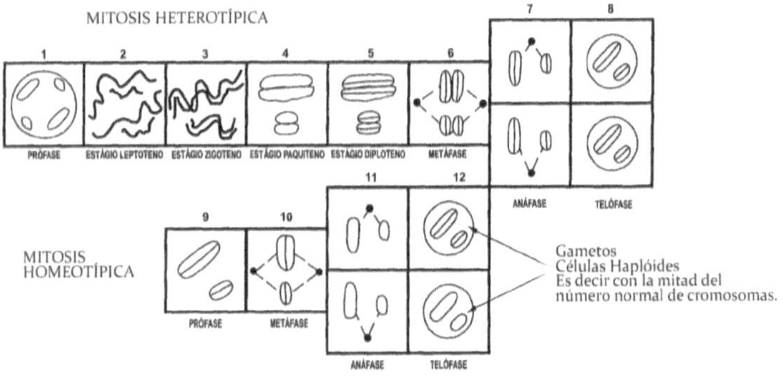

Fig. 23

Cuando se produce el fenómeno de anafase, los cromosomas se separan mediante escisión longitudinal, quedando cada polo con un conjunto de la mitad de su número normal (mitosis heterotípica).

Cada célula hija, a su vez, sufre una nueva multiplicación (mitosis homeotípica). Resultarán un total de cuatro células, originadas a partir de la primera que sufrió cariocinesis reduccional, que se denominan gametos. (Fig. 23)

La cariocinesis reduccional se puede dividir en dos fases distintas:

a) MITOSIS HETEROTÍPICA (1 a 8);

b) MITOSIS HOMEOTÍPICA (9 a 12)

Solo en el segundo se forman los Gametos.

Este último también contendrá la mitad del número de cromosomas normales. Por eso se les llama células haploides. Las células comunes son células diploides.

Estas células haploides están destinadas a la reproducción sexual.

En la reproducción sexual, el nuevo ser resulta de la unión de dos gametos: uno femenino, comúnmente llamado óvulo, y el otro masculino, o espermatozoide. (Fig.24)

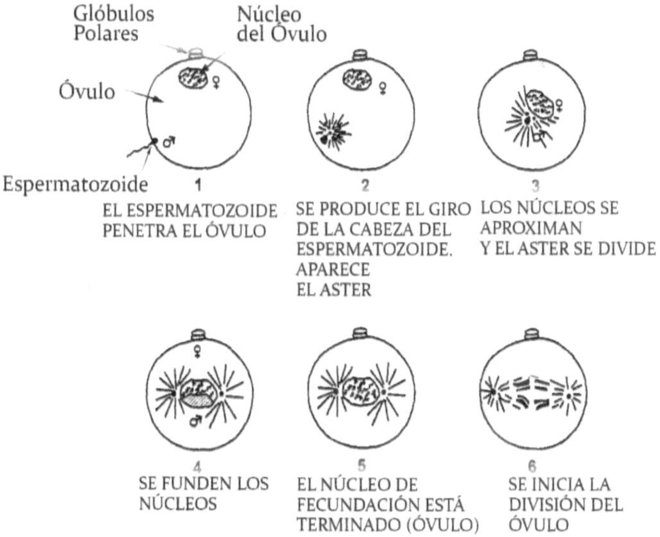

Fig. 24

LA FERTILACIÓN DEL ÓVULO, SEGUIDA DE LA FORMACIÓN DEL ÓVULO.

De la unión de dos gametos, uno masculino (espermatozoide) y otro femenino (óvulo), surge el óvulo. Éste, a través de divisiones cariocinéticas, formará el embrión que luego se transformará en adulto.

De la unión de estas dos células haploides resultará el óvulo. Esta será una célula diploide, ya que contendrá el número total de cromosomas correspondientes a las células normales.

Una vez formado el óvulo, este comenzará a desarrollarse mediante sucesivas divisiones cariocinéticas, hasta producir otro ser similar a los padres que proporcionaron los gametos iniciales.

Los hermafroditas tienen ambos tipos de gametos al mismo tiempo.

La reproducción sexual proporciona una mejor selección de cualidades, así como variaciones mediante cruces entre seres de una misma especie.

Los Cromosomas y los Genes

Vimos que en los últimos tipos de multiplicación celular, el número de cromosomas permanece constante. En la cariocinesis reduccional este total se divide por dos: pero, en la unión del óvulo con el espermatozoide, las dos mitades se vuelven a sumar, restableciendo la porción original. Prácticamente, los padres aportan partes iguales del número completo de cromosomas en las células del nuevo ser.

Hay un par de cromosomas que son idénticos en el cuerpo femenino y diferentes en el masculino. Son los del sexo. Se llaman cromosomas X y cromosomas Y. Las células de la hembra tienen dos X y las del macho tienen una X y una Y. Esto es cuando se trata de mamíferos en general. En las aves casi siempre ocurre al revés, apareciendo dos idénticos en el macho y dos diferentes en la hembra.

Cuando se juntan dos gametos, uno masculino y otro femenino, la probabilidad de dar como resultado un óvulo con las características sexuales del primero o del segundo es del cincuenta por ciento.

Una vez que se produce la unión de los dos gametos, del óvulo con el espermatozoide, emerge un óvulo, o cigoto, que se desarrolla a través de sucesivas divisiones cariocinéticas. Se forma entonces un nuevo ser, cuyo origen es el huevo y cuyo fin es el animal adulto. Cada órgano, cada función y cada característica parece ya predeterminada desde que se formó el óvulo. Ningún fenómeno nos llena de tanto asombro como éste. Verdadera magia y mecanismo incomparable, donde se revela la más asombrosa sabiduría, ante la cual la mente humana se perturba y se siente pequeña.

La ciencia ha ido profundizando, día a día, el conocimiento de estos fenómenos cuya complejidad es inmensa. Hoy sabemos mucho sobre ellos. Así es como ya hemos conseguido desvelar algunos secretos del mecanismo de transmisión de determinados caracteres hereditarios en los seres vivos. Nos ha ayudado mucho en este campo la *Drosophila melanogaster*, más conocida como mosca del vinagre, cuyos cromosomas son lo suficientemente grandes como para permitirnos distinguir, bajo el microscopio electrónico, algunos detalles de su estructura.

Actualmente se acepta que los caracteres que presenta un ser vivo se heredan de sus padres, a través de las células reproductoras. Los elementos que portan factores hereditarios son los cromosomas. Estos factores están formados por genes.

Varios citólogos admiten que la mayoría de los cromosomas están formados por numerosos filamentos casi transparentes, o cromonemas, sobre los que se deposita la cromatina en forma de gránulos llamados cromómeros. Sin embargo, no debemos confundir estos cromómeros con genes. Los genes serían mucho más pequeños. Quizás, en el futuro, al gen se le dé solo una existencia virtual.

Los resultados de los experimentos más recientes nos llevan a concluir que el cromonema está formado por filamentos en espiral, muy numerosos, entrelazados entre sí. Su composición física revelaría un orden decreciente de espesor: microscópico, submicroscópico y, finalmente, molecular. Normalmente tenemos una estructura en espiral, en todas las escalas anteriores.

Las moléculas iniciales en la escala mencionada serían las nucleoproteínas. Estos, a su vez, conformarían una doble espiral de ácidos nucleicos, unidos a los lados de una cadena polipeptídica de histonas o protaminas.

Los filamentos espirales están incrustados en una "solución base" que los baña y donde se encuentran las sustancias esenciales para su formación, como los ácidos aminoácidos, bases purínicas y pirimidínicas, ácidos, fosfatos, etc. Sirviendo de molde, los filamentos moleculares son capaces de organizar este licor, como cristales dentro de una solución- materia, orientando sus moléculas y ensamblándolas según su propia estructura molecular.

Se produce una verdadera autoduplicación, en la que las estructuras moleculares fundamentales funcionan como matrices capaces de producir réplicas exactas de sí mismas. La perpetuidad de las características estructurales e incluso de la composición química obtenidas mediante este proceso aseguraría la transmisión de caracteres hereditarios.

La palabra "gen" significa, por tanto, la molécula o conjunto de moléculas que potencialmente tienen la capacidad de transmitir, mediante el mecanismo descrito anteriormente, los diferentes caracteres morfológicos y constitucionales de un ser vivo. El número de cromosomas en las células de un organismo vivo es prácticamente constante para cada especie. Sin embargo, se pueden señalar algunas excepciones. *Drosophila melanogaster* tiene cuatro pares; es decir, ocho cromosomas en total. Un hombre debe tener 48 (cuarenta y ocho) cromosomas. El primer recuento lo realizó Winewater (1912) quien registró 48 (cuarenta y ocho). En el primer Congreso Internacional de Genética Humana, celebrado en Copenhague (1956), Tjio y Levan, Ford y Hamerton comunicaron los resultados de sus investigaciones y declararon que 46 (cuarenta y seis) era el número real de cromosomas en las células humanas. Es posible que un número varía entre un ser humano y otro.

La Estructura Espacio-Tiempo del Espíritu y la Textura Histórica del Soma Psíquico

Partiendo de las biomoléculas que componen las cadenas polipeptídicas y las de ácidos nucleicos, podemos seguir los sucesivos reagrupamientos hasta el soma físico total, donde los caracteres se manifiestan plenamente con la diferenciación comandada por los corpúsculos fundamentales del núcleo celular.

El mecanismo de diferenciación de los celulares es una maravilla; un auténtico enigma cuyo desciframiento los científicos se esfuerzan por conseguir. ¿Cómo explicar el hecho que el óvulo inicial alcance, al cabo de un tiempo, el complejísimo tejido estructural del ser adulto? El fenómeno consiste en sucesivas duplicaciones por ritmo. Sin embargo, cada órgano, cada sistema, está siendo esbozado, como modelado por manos misteriosas y muy hábiles. Todo sucede como si trabajadores invisibles estuvieran colocando ladrillos, molduras y marcos, pintando y terminando exquisitamente un edificio.

La Teoría Corpuscular del Espíritu, combinada con la ley de la reencarnación, sugiere un esquema explicativo del mecanismo de diferenciación celular, en perfecta armonía con las leyes de la genética.

Según los principios ya expuestos, el espíritu debe tener una estructura espacio-tiempo acorde con la red de acontecimientos que se desarrolla desde el embrión hasta el adulto. En este continuo cuatridimensional se encierran todas las texturas moleculares, así como las más intrincadas asociaciones celulares correspondientes a las sucesivas etapas del soma físico, comprendidas en las diferentes fases de su evolución ontogenética.

La regularidad y especificidad de los componentes, tanto del espíritu desde su extremo inicial, como de las sustancias que componen el tejido del óvulo, crean zonas típicas salpicadas de puntos de apoyo biomagnéticos. Éstos actúan selectivamente sobre las formaciones espirituales compuestas, permitiendo solo la adaptación de aquellas formaciones cuya estructura fundamental se adapta estrictamente a la disposición molecular de la especie viviente a la que pertenece. Así, el número exacto de cromosomas con sus respectivos genes y estos con sus cadenas de proteínas y ácidos nucleicos solo permitirá el perfecto encaje de la forma espiritual compuesta que, desde su extremo inicial, posee los elementos espirituales con características y disposición biomagnéticas según la estructura del óvulo en desarrollo.

La reencarnación se desarrolla como un fenómeno de absoluta precisión. Solo la forma de acción espiritual que haya logrado una morfología adecuada de acuerdo con el tejido fundamental de las células del ser vivo de una determinada especie y que sea capaz de animar perfectamente todas sus partes, desde las biomoléculas hasta los órganos reunidos en un solo todo.

La reencarnación es un proceso profundo de interconexión de las partes fundamentales de la forma espiritual, como son las moléculas del soma físico que nacen y crecen. En este fenómeno intervienen las leyes de la Genética y del espíritu, en la más perfecta armonía, complementándose unas a otras.

La Diferenciación Celular

Llamamos diferenciación celular al proceso de modificación de las células en desarrollo durante el desarrollo del embrión, que comienza en el óvulo y finaliza en el adulto. A partir de una única célula, el embrión crece mediante sucesivas duplicaciones míticas de la misma. Durante esta multiplicación se producen modificaciones en las células así creadas, que se diferenciarán según un plan bien definido que las llevará posteriormente a constituir un nuevo ser adulto.

Dos hipótesis antiguas y básicas intentaron explicar el mecanismo de diferenciación celular. Fueron citados por primera vez por Aristóteles: preformismo y epigénesis.

El preformismo admite que el huevo contiene los órganos en miniatura, dependiendo su realización únicamente del desarrollo de las partes preformadas.

La epigénesis, defendida por Aristóteles, supone que los seres se forman a través de generaciones paulatinas, mediante la interacción de las partes o constituyentes del óvulo y, posteriormente, del embrión. Las investigaciones modernas han mostrado resultados que hasta cierto punto apoyan ambas hipótesis. Así, hoy en día se distinguen dos tipos de huevos: los huevos en mosaico, en el que ciertas partes ya están predestinadas a convertirse en ciertos órganos, independientemente de otras condiciones, y los huevos de regulación, cuya diferenciación está precedida por una fase durante la cual se procesa la predestinación de cada parte. Una vez completada esta fase, el huevo regulador estará en la misma situación que un huevo mosaico al inicio de su desarrollo; es decir, cada región seguirá, en adelante, su destino de convertirse en un órgano definido, según un modelo bien definido. Los huevos reguladores pueden ver alterado su desarrollo durante la fase preparatoria. En ambos tipos, el factor fundamental del desarrollo inicial resulta de la ordenación de las distintas regiones en un modelo definido.

El embriólogo alemán Hans Speman, operando embriones de tritón, descubrió la existencia de determinadas regiones del embrión capaces de provocar la formación de otras partes del nuevo ser. Speman los llamó organizadores. Más tarde, Johannes Holtfreter, C. H. Waddington y sus colaboradores descubrieron que un organizador, aunque muerto, todavía era capaz de ejercer influencia sobre las células que lo rodeaban haciendo que se diferencien normalmente. De ahí concluyeron que el organizador ejercería su influencia a costa de alguna sustancia química producida por él. Posteriormente se descubrió que varias sustancias tienen la propiedad de provocar organización. Joseph

Needham, Jean Brachet y C. H. Waddington (1932) demostraron que el azul de metileno es capaz de provocar la formación de tejido nervioso cuando se inyecta en embriones, aunque les resulta completamente ajeno. Estas sustancias se denominaban evocadores, siempre que fueran producidas por los organizadores.

Durante un período de tiempo relativamente corto, ciertas regiones no diferenciadas del embrión adquieren la capacidad de reaccionar con los evocadores. Es el período de competencia. Nos referimos aquí únicamente a embriones de vertebrados. La extensión del tema solo permite una ligera referencia a los casos que más nos interesan.

Por tanto, en el embrión se distinguen tres elementos característicos: el organizador, el evocador y la competencia.

Según C.H. Waddington, el mecanismo de diferencia se asemeja a un sistema químico cibernético. En otras palabras, las acciones y reacciones que vinculan al organizador, al evocador y a la competencia, están condicionadas a un modelo que tiende a alcanzar automáticamente (cibernético) un equilibrio final.

En cuanto a los huevos en mosaico, el conocimiento de la embriología sobre los procesos que provocan la predeterminación es todavía precario.

El desarrollo del embrión, tras su determinación, sigue un proceso epigenético. Esto naturalmente se vuelve cada vez más complejo, especialmente cuando se establece el sistema circulatorio que facilita la acción de los evocadores a mayor distancia.

El inicio del proceso de diferenciación celular se sitúa, sin duda, en los genes. La tendencia es admitir que los genes ejercen su influencia a través de enzimas, aunque existen varios pasos entre el gen y la enzima. La embriología aun no dispone de elementos suficientes para determinar con absoluta certeza el mecanismo de control de este gen sobre la diferenciación celular.

Algunos autores afirman tener pruebas de la existencia de estas sustancias intermedias, a las que se les ha dado varios nombres: plasmas, citógenos, etc. En ocasiones, el plasma ha absorbido muchas partículas extrañas, como por ejemplo virus. Sin embargo, hay ciertos casos claros de existencia de partículas verdaderamente clasificables como tales. Asimismo, la ciencia adolece de la falta de técnicas más perfectas para revelar el mecanismo de acción de los genes en la diferenciación celular.

En este punto intervienen las dos sustancias mencionadas en el capítulo VI: ácido desoxirribonucleico y ácido ribonucleico. Ambos están siempre presentes en las regiones de la célula íntimamente involucradas en la producción de nuevas sustancias. El ácido desoxirribonucleico es un constituyente de los cromosomas; "*ipso facto*", de los propios genes. El ácido ribonucleico normalmente se encuentra en regiones del citoplasma celular donde tiene lugar la rápida síntesis de proteínas. Los microsomas, partículas que se encuentran dentro del citoplasma de las células, están formados por grandes cantidades de ácido ribonucleico y poco o nada de ácido desoxirribonucleico. Actualmente se cree que el ácido desoxirribonucleico de los cromosomas produce ácido ribonucleico. Este pasa del núcleo al citoplasma, se fusiona en microsomas y participa en la síntesis de proteínas celulares.

Aquí nos topamos con las fronteras avanzadas del extenso y aun inexplorado territorio de la diferenciación celular. Aun queda mucho por explicar, por ejemplo: ¿Cómo se produce la constitución de los modelos; es decir, de las formas que alcanzan los órganos tras su desarrollo final?

Sin duda, son dignos de admirar los notables avances ya alcanzados por la Genética y la Embriología en este tan intrincado juego de la paciencia.

Lo conseguido hasta ahora deja prácticamente intacta la parte más importante. Se trata de saber cómo y por qué se produce la diferenciación para completar un organismo con la forma en que comúnmente se observa, dando como resultado un todo perfectamente lógico, con sus diversas partes absolutamente coordinadas y de acuerdo a un plan que resulta muy inteligente. Cómo y por qué, por ejemplo, las magníficas plumas del pavo real están dispuestas en esos colores y formas, con el objetivo de un propósito remoto que es atraer la preferencia de la hembra y por qué la hembra del pavo real las aprecia. La hembra de cuervo ya no es tan exigente y prefiere el plumaje muy modesto y fúnebre de su compañero.

¿Cómo y por qué es así?

¿Cómo se coordinan los impulsos básicos que conducirán epigenéticamente a un embrión al equilibrio morfológico final en esos genes microscópicos y muy misteriosos, cuyas características revelan una sabiduría tan asombrosa y una previsión tan notable, que superan todo lo que la imaginación pueda crear en materia de ficción?

A pesar de su inmenso y admirable avance, la Genética y la Embriología prácticamente solo han establecido correlaciones entre los factores genéticos y sus efectos, y registrado importantes vínculos entre ciertas lesiones producidas en los embriones y sus correspondientes resultados en los seres formados.

Parece que cualquiera, sin ser un técnico de radio, está intentando por primera vez descubrir por qué su receptor de onda larga y media se quedó en silencio.

Causó cortocircuitos aquí, agitó una válvula allí, golpeó el condensador, etc. Poco a poco empezarían a surgir hipótesis y el aparato de radio pasaría de ser un receptor a un laboratorio de investigación electrónica. Una radio es caro, pero un óvulo o un embrión es algo tan común y barato que se podría desmontar a voluntad, hasta que el recién llegado se convierta en técnico. En estas condiciones, descubriría correlaciones, leyes notables y reglas muy importantes. Pero siempre existió un desconocimiento de las leyes causales, de los cálculos matemáticos y de los criterios inteligentes del ingeniero electrónico, que evidentemente antecedió al diseño y montaje del dispositivo. Y, si el curioso es observador, exclamará de vez en cuando:

"¡Hmmm, esto fue planeado por algún cráneo!"

Concluiría, sin duda, que hay algo muy lógico, más allá y sobre todo de su experiencia y capacidad para establecer correlaciones, algo que precedió a la asamblea y que la articuló.

Llegados a este punto, el lector, apresuradamente, puede asumir dos actitudes probables: si es genetista o embriólogo, cerrará el libro y desestimará al autor, descartándolo por ignorante en el tema y por un charlatán pretencioso; si no es experto en el tema, los genetistas y embriólogos recibirán el mismo nombre que predijo el autor, en la hipótesis anterior. En esta última circunstancia, la autoría del huevo con todas sus maravillosas potencialidades será atribuida a la sabia madre Naturaleza - en el caso del ateo - o a un Dios infinitamente poderoso, lo que equivale a lo mismo. Creemos que "la virtud está en el medio." Intentemos, por tanto, una explicación basada en *La Teoría Corpuscular del Espíritu*.

Pero antes queremos dejar claro que para nosotros las leyes ya bien establecidas por la Genética y la Embriología son válidas al cien por ciento. Vale la pena ver la lógica y la sabiduría que intervinieron en el montaje del maravilloso dispositivo que es el huevo.

Estas dos ciencias alcanzarán sin duda, dentro de algunos años, con la ayuda de técnicas y equipos más eficaces, los secretos de la diferenciación celular, que permitirán al hombre planificar y construir estas extraordinarias máquinas sin engranajes que son los huevos y las semillas.

Los sabios algún día conquistarán estos secretos.

Pero la vida ya los ha conquistado y los utiliza sistemáticamente desde hace mucho tiempo. Cómo y por qué sucedió y está sucediendo esto y qué aun necesitamos saber.

El Principio del Arbitrio Lógico y el "Modelo Dinámico– Espiritual"

Como hemos visto, una vez establecida la determinación, el embrión comenzará a desarrollarse epigenéticamente, ya provenga de un óvulo mosaico o de un óvulo regulador. Sigue pues su programa como obedeciendo a un esquema previamente elaborado, finalizando su aventura en un ser plenamente formado, capaz de producir células reproductoras que luego darán lugar a otros seres similares.

La genética ha ido estableciendo importantes correlaciones entre determinados genes y las características morfológicas del ser resultante. Admite que los modelos morfológicos, que se encuentran en los organismos vivos, resultan de un determinado orden seguido por diferentes sustancias o tejidos. El desarrollo normal del modelo resultaría de la tendencia hacia un estado de equilibrio, al que seguiría la masa del tejido en crecimiento. Sin embargo, aunque se pueden establecer ciertas correspondencias entre genes y ciertos aspectos morfológicos del modelo, se desconoce el mecanismo preciso de este fenómeno. Veamos qué dice C.H. Waddington al respecto:

> "Hay pocos datos sobre la naturaleza de las fuerzas que intervienen en dicho equilibrio. Podrían ser fuerzas intermoleculares como las que determinan la formación de cristales en los líquidos; probablemente, también, las fuerzas de difusión representan un papel importante, siendo posibles otras influencias. Sin embargo, cualquiera que sea su naturaleza, solo pueden dar lugar al equilibrio, representado por el modelo morfológico, si proceden de puntos diferentes de la masa tisular. Por mucho que se pueda analizar el desarrollo de un modelo, siempre quedará explicar la heterogeneidad inicial. Las bases de tal heterogeneidad podrían ser:
>
> 1°. diferencias locales en fuerzas químicas en diferentes puntos de las moléculas formadas por genes modeladores;
>
> 2°. diferencias locales en el citoplasma de los óvulos; y
>
> 3°. diferencias locales entre diferentes partes de los cromosomas.

Sin duda existen diferencias entre estos tres tipos, pero es difícil entender cómo las diferencias químicas locales dentro de una molécula pueden dar lugar a modelos suficientemente complicados y de tamaño adecuado, además no hay evidencia que intervenga el ordenamiento lineal de los genes. en los modelos de desarrollo; de hecho, la existencia de translocaciones, inversiones, etc., indican precisamente lo contrario. Solo quedan las diferencias locales del citoplasma, con el origen inmediato de todo el modelo del animal. Durante el desarrollo, nuevas sustancias y tejidos se producen por la interacción entre las diferentes regiones del huevo, y de esta manera el modelo se va complicando progresivamente. Si se cambia la naturaleza de las sustancias que reaccionan, mediante sustitución, por acción genética, estas alcanzarán un equilibrio diferente, dando paso a un nuevo modelo."[55]

El desarrollo del embrión, desde el óvulo, hasta la formación del ser adulto, constituye sin duda uno de los fenómenos más extraordinarios que al hombre le sea posible contemplar. Quizás sea el más intrincado de los problemas cuya solución, como vemos, está lejos de lograrse. Sin embargo, no dejamos de creer en la posibilidad de un perfecto desmoronamiento de esta alucinante red de leyes naturales relacionadas con tal dominio. Como ya hemos dicho, nuevas técnicas de observación, nuevas direcciones de investigación y nuevos descubrimientos en el campo de la cibernética, especialmente los sistemas químicos automáticos, tal vez esclarezcan toda la secuencia de transformaciones fisicoquímicas intercaladas entre los genes y el modelo final.

Una vez alcanzada esta etapa, los científicos podrán satisfacerse plenamente con la explicación natural del fenómeno, como ya lo han hecho ante descubrimientos similares. Prescindiré de una explicación trascendente y de la idea de una inteligencia divina creativa que preside el desarrollo de estos fenómenos

---

[55] C. H. Waddington, S. c. D. *Introducción a la genética moderna,* Capítulo IX - Editor George Allen Eunuvin Ltda - Londres.

extraordinarios. Dirán que la materia, en su evolución histórica, llegó dialécticamente a los estadios biológicos. Como prueba, expondrán la forma lógica en que se concatenan fenómenos fisicoquímicos - perfectamente explicables por leyes naturales - en el sentido de llevar el huevo, de etapa en etapa, hasta la edad adulta. Estamos viendo la solución de un rompecabezas, como el crucigrama. Inicialmente, se descubren las palabras más fáciles. Siguen casi intentos de conjeturas. Finalmente, los espacios en blanco se llenan rápidamente, ya que algunas palabras construyen otras y el juego se resuelve solo. El que resuelve el rompecabezas contempla entonces la pintura y comenta con los socios que le ayudaron "matando" tal o cual palabra:

"¡Funcionó! ¡Echa un vistazo! Todos coinciden y tienen sentido según las claves."

No plantea ningún problema más que el de la concatenación de palabras, en armonía con las leyes contenidas en la disposición geométrica de la figura cubierta por los cuadrados y las claves de las palabras. Y, si le preguntamos al hábil descifrador por qué se localizó esta palabra cruzando a otra, respondió con firmeza:

"¡Bueno! ¿No ves que es así y que se complementan según la disposición de los cuadraditos y las claves?"

Y tendrá razón. Sin embargo, tal seguridad no respaldaría su respuesta si le preguntáramos por qué la escuadra y las claves estaban dispuestas de esa manera y no de otra, también lógica y razonable.

Resulta que, además de las secuencias naturales inequívocas, de las múltiples leyes y fenómenos de la naturaleza que pueden explicarse de manera perfectamente normal, se puede sentir la intervención de otro principio que utiliza un camino u otro para seguir arbitrariamente, en el logro de planes biológicos. Parece existir, además de los dos principios conocidos, el de causalidad y el de indeterminación, un tercer principio que bautizaremos con el nombre lógico arbitrario. En el caso de los crucigramas, este sería el principio que dio origen a la disposición de los cuadraditos y a la elección de las palabras. No fue casualidad, ni siquiera un capricho desordenado, ni una sola concatenación obligatoria y fatal. Fue el resultado de la acción arbitraria de una o más inteligencias trabajando lógicamente. Fue el comienzo de la arbitrariedad lógica.

Pero el experto en crucigramas no necesitará investigar la psicología del creador de ese crucigrama; se sentirá perfectamente satisfecho de haber conseguido la solución del enigma, que es, en otras palabras, su objetivo final.

La psicología del hombre que preparó el rompecabezas ya no es su problema; pierde su objetivo, especialmente si todavía está ocupado descubriendo las primeras palabras de los cuadraditos. Por lo tanto, es natural para él refutar o incluso combatir nuestra intención de convencerlo que probablemente encontraría las leyes causales de ese enigma, si aceptara nuestro principio de arbitrariedad lógica y buscara, a través de la Psicología, conocer las tendencias sistemáticas del autor de tales crucigramas.

Creemos que los genetistas y embriólogos, a pesar de la respetuosa admiración que merecen por sus notables logros, podrían compararse con los que resuelven crucigramas. De ninguna manera pretendemos ridiculizarlos o disminuir su mérito. Por el contrario, consideramos de la mayor importancia el conocimiento racional de la Genética y la Embriología, sin los cuales, por el momento, resultará impracticable cualquier avance sustancial en el campo de la Biología. E incluso recomendamos a quienes nos leen que intenten estudiar y practicar estas dos disciplinas científicas. Necesitamos conocerlas muy bien, en profundidad, e intentar desarrollarlas al máximo, porque quizás en ellas la Humanidad encuentre la clave para resolver algunos de sus antiguos enigmas.

Comparamos a los genetistas y embriólogos con solucionadores de acertijos, porque vemos que solo se preocupan por resolver el problema, sin preocuparse por el creador del problema mismo. Y, en este caso, quizás la búsqueda de conocimiento sobre el autor del enigma facilitaría su desciframiento.

Una vez admitida la intervención del principio de arbitrio lógico, en la concatenación de fenómenos embriológicos, no alteraríamos la secuencia normal establecida para ellos y no modificaríamos las conclusiones ya establecidas experimentalmente. Pero podríamos explicar razonablemente por qué los genes pueden determinar el modelo morfológico del ser terminado. La hipótesis del principio de arbitrariedad lógica - suponiendo la intervención de la inteligencia en el desarrollo del fenómeno -, conducirá a la conclusión de la existencia de un modelo dinámico-espiritual que guía las células en desarrollo, impulsándolas a diferenciarse y ordenarse según el orden general. Características morfológicas del propio modelo.

Ojo; sin embargo, mucho cuidado, ya que no podemos invalidar las leyes que rigen los fenómenos biológicos, por la misma razón que no podemos confundir las letras en un determinado tipo de crucigrama, por el simple hecho que pretendemos llegar a conocer la psicología de su autor. En el caso que nos ocupa, el autor es el espíritu. Estableció ciertas normas de conducta, ciertas leyes, para lograr ciertos objetivos; sin embargo, lo hizo según una discreción lógica, sin derogar las leyes universales a las que estaba y también está obligado. Ésta es la razón por la que la secuencia de procesos que van del huevo al adulto no entra en conflicto con las leyes naturales, aunque a primera vista parezca extraordinariamente inverosímil por el hecho de ser tan lógica.

El azar, como factor en disposiciones tan fabulosamente perfectas, se deja de lado inmediatamente por ser incompatible con el cálculo de probabilidades.

Quedan, pues, las dos explicaciones finales: la materialista y la espiritualista. La primera se basará exclusivamente en las piezas del juego; en descifrar el rompecabezas. La segunda, despojada de su aspecto milagroso, o mejor aun religioso, sería la que proponemos: el modelo dinámico-espiritual.

El modelo dinámico-espiritual no es más que la forma espiritual compuesta en la fase de reencarnación; y el espíritu preparado para la reencarnación, que se adhiere al óvulo y continúa guiando desde entonces el desarrollo del embrión. Depositario de una extensa experiencia filogenética, el espíritu proporciona al embrión una orientación ontogenética que recuerda la evolución de su especie.

Nuestro objetivo es estudiar el mecanismo de acción del modelo dinámico-espiritual que, en definitiva, no es más que el propio espíritu en proceso de reencarnación.

Génesis de la Reproducción

Como ya tuvimos la oportunidad de mencionar en el cap. IV, cuando estudiamos las Formaciones Espirituales Compuestas, y en el cap. VI, cuando analizamos las influencias mutuas entre espíritu y materia, es en el intercambio de acciones y reacciones mutuas que estos dos agentes básicos encontrarán las reglas fundamentales de la construcción de los seres vivos. De un lado, la Naturaleza con sus leyes rígidas; por otro, el espíritu con su memoria combinada con la inteligencia, hicieron posible una conjugación armoniosa cuyo resultado se llama vida.

Si en la determinación del comportamiento de esta asociación el espíritu tuvo un papel destacado, llevándola a alcanzar etapas notables de crecimiento organizacional, ello no significa que pueda prescindir de las lecciones que le enseña su inercia compañera. Sus primeras materias las aprendió, sin duda, en la inflexible escuela de las leyes físicas y químicas.

Creemos que la vida ha dado sus primeros pasos en el camino de la reproducción, a través de las propiedades autocatalíticas de determinadas sustancias, como las que actualmente forman los núcleos de las células vivas.

Inicialmente, debemos considerar las moléculas de compuestos del tipo de las proteínas y del ácido desoxirribonucleico, formados por extensas cadenas de moléculas más pequeñas, flanqueadas por grupos moleculares, en el caso de las primeras, o unidas por pirimidinas y purinas, en el caso de las último. Estos complejos químicos por sí solos constituyen ya verdaderos organismos rudimentarios. Son auténticas colonias de biomoléculas, cuyas características exclusivamente materiales aun superan y eclipsan las expresiones biológicas muy elementales inducidas por los elementos espirituales captados y asociados por las fuentes fisicoquímicas de la sustancia orgánica. Construido y destruido por capricho de factores ciegos, originalmente, las proteínas carecían de agentes catalizadores que las sintetizaran repetidamente dentro de un patrón único. Las efímeras formaciones espirituales que surgen de esto tendrían una existencia transitoria, a menos que otras sustancias de naturaleza más permanente y con capacidad de autocatálisis proporcionaran la síntesis de ciertos tipos constantes de estos compuestos orgánicos tan complejos.

Estas sustancias aparecieron. Y tal vez pueda explicarse cómo surgieron admitiendo, incluso en aquellos primeros días, la influencia organizadora del espíritu. Éste, con su experiencia acumulada y tendencia a lograr la supervivencia, pudo haber introducido el factor constante que sacara a las organizaciones moleculares primitivas del círculo vicioso de las formas construidas y destruidas al capricho del azar y sin resultado alguno.

Una vez alcanzada la molécula con capacidad de autocatálisis, como es el ácido desoxirribonucleico, sus replicaciones se sucedían rápidamente. A partir de entonces, las formaciones espirituales compuestas y bien definidas comenzaron a durar más, ya que siempre encontraban moléculas del mismo tipo que les correspondían dimensional y magnéticamente como un bloque. Este hecho condujo a la mejora de aquellas formaciones espirituales muy rudimentarias, fijando átomos espirituales más en sintonía con las moléculas que componen la sustancia autocatalizadora.

La constante síntesis de proteínas, que lograban combinarse con el ácido nucleico catalítico, comenzó a determinar una mayor complejidad en la asociación, creando seres de la naturaleza de los virus y las rickettsias. La aparición de nucleoproteínas capaces de sobrevivir y alimentarse de su propio entorno supuso la estabilización de las correspondientes formaciones espirituales magnetizadas hacia ellas.

Recientemente, A. D. Hershey y M. W. Chase, del "*Carnegie Institute of Washington*", repitieron la operación de "choque osmótico", descubierta por T. F. Anderson, de la Universidad de Pensilvania, y por RM. Herriot, de la Universidad Johns Hopkins, mejorándola con la técnica de los trazadores radiactivos. Como consecuencia de estos trabajos, quedó claro que el ácido desoxirribonucleico, inyectado por un bacterífago en una bacteria, lleva a cabo múltiples réplicas de sí mismo. Se demostró, en la misma ocasión, que el ácido desoxirribonucleico preside la síntesis de una proteína capaz de entrar en combinación consigo mismo. Esta proteína forma los recubrimientos externos de las réplicas ácidas, dando como resultado que esta combinación genere alrededor de doscientos nuevos bacterífagos en el interior de las bacterias atacadas por el virus.

Aquí tenemos un dato que da una idea de la génesis de las primeras nucleoproteínas. En épocas muy remotas, los lagos y océanos debieron tener abundancia de sustancias orgánicas sintetizadas de forma natural. Tales productos formarían la "solución madre" capaz de alimentar algunos compuestos orgánicos que alcanzan la complejidad y propiedades de los ácidos nucleicos e incluso proporcionarles el material para la síntesis de sus respectivas proteínas relacionadas, serían medios nutricionales equivalentes a los que encuentran los bacterífagos dentro de las bacterias.

La rápida proliferación de estas nucleoproteínas creó condiciones favorables para el establecimiento de las primeras encarnaciones sucesivas dentro de un determinado patrón biológico.

La repetición continua de experiencias - condición esencial para el aprendizaje del espíritu -, proporcionó así aquellas formaciones espirituales tan rudimentarias.

Unidos e integrados por otros elementos espirituales en mayor número, algunos no solo alcanzaron una alta estabilidad, sino que también comenzaron a introducir la tendencia sistemática de asociación, que es una de las características de la manifestación inteligente del espíritu. De ahí a una colonia simbiótica de nucleoproteínas habría sido el paso más probable.

Inicialmente se formaron ciertas aglomeraciones informes de virus, que gradualmente tomaron la apariencia de unidades bien definidas. Cada tipo de ácido nucleico y su respectiva proteína pasaron a formar parte de la colonia, según su particular utilidad para el grupo. Por el contrario, cada componente dependería de las excreciones de los demás para lograr la supervivencia. La interdependencia y el intercambio crearon la unión indisoluble y ésta evolucionó hasta convertirse en la constitución de la célula viva. La célula resultó de la división del trabajo y de las muy rudimentarias leyes sociales adoptadas por las inteligencias componentes infinitesimales, allí organizando la actividad.

Una vez cumplida la tarea de unir las nucleoproteínas, era natural que los ácidos nucleicos se reunieran en un grupo central y las proteínas formaran la envoltura citoplasmática protectora, aglutinadas por un medio líquido adecuado. Así surgieron el núcleo y el citoplasma.

Cada ácido nucleico provocaría una replicación de sí mismo. El núcleo duplicado formaría el campo biomagnético típico de ciertas formaciones espirituales ya estabilizadas y libres, que llegarían a encajar allí. Entonces, dos formaciones comenzarían a competir por una sola célula, provocando, como resultado, el conocido fenómeno de división simple o amitosis. Cada núcleo arrastraría parte del citoplasma, proporcionando en adelante la síntesis de sus respectivas proteínas.

Las experiencias se van añadiendo progresivamente al espíritu. Ya no existen simples colonias de elementos espirituales heterogéneos, comprometidos en la lucha por la supervivencia, a través del tamiz de la selección natural. Son verdaderos organismos que han adquirido una conciencia colectiva, aunque ultra rudimentaria. Sus acciones estarán guiadas por una inteligencia más perfeccionada, síntesis de los elementos que componen el grupo orgánico. Por tanto, cada ácido nucleico presidirá posteriormente, desde su puesto de mando, una o más funciones del citoplasma. En algún momento se unirán formando grupos muy específicos. Los genes evolucionarán y estos formarán los cromosomas, estableciendo así las bases de las leyes de la reproducción sexual.

Como hemos visto, las leyes de reproducción se originan en el arbitrio lógico del espíritu utilizando las rígidas leyes de la materia.

No procede, en el limitado espacio que disponemos, extendernos más en la descripción detallada de los procesos que llevaron a la vida a conquistar lo perfeccionado.

Concluyamos pues este pequeño estudio sobre la génesis de la consecución de la inmortalidad, la selectividad y la perpetuación de las especies.

Nos ocuparemos del mecanismo de la reencarnación, que es el objetivo principal del próximo capítulo y para cuya dilucidación hemos llevado a cabo la extensa preparación que lo ha precedido hasta ahora.

CAPÍTULO VIII El Mecanismo de la Reencarnación

Empezaste a existir, gelatina cruda,
Y crecerás, en tu silencio, tanto,
Que es natural, algún día, el llanto
¡De tus concreciones plásmicas fluirá!

Augusto dos Anjos
"Yo y otros poemas"

La Sustancia de la Hereditariedad

Considerando el grado de complejidad que rodea el problema del mecanismo de la reencarnación, hemos considerado oportuno insertar aquí un estudio preliminar sobre lo que llamamos la sustancia de la herencia. Ya se lo hemos informado muchas veces. Este es el ácido desoxirribonucleico. Para mayor facilidad, como nos referiremos constantemente a este ácido, adoptaremos la simplificación que utilizan los químicos para representarlo: ADN. Por ello, utilizaremos el símbolo ADN, en lugar del nombre ácido desoxirribonucleico.

El ADN es la sustancia predominante en los cromosomas, como lo demuestran los trabajos de André Boivin, R. Vendreley y C. Vendreley, en Estrasburgo, y los de Alfred E. Mirsky y Hans Ris del "Instituto Rockefeller de Investigación Médica."[56]

Se sabe, por la misma razón, que el ADN está intrínsecamente ligado a los factores hereditarios de los cromosomas, siendo el principal material del que se forman los

[56] Alfred E. Mirsky - La química de la herencia - Publ. en Física y Química de la vida - Scientific American Book Ed, 1956.

genes. No nos detendremos en la historia y descripción de los procesos vinculados al descubrimiento del ADN y sus propiedades como factor básico de la herencia. Abordaremos directamente su estructura y otras características relacionadas con el tema en estudio.

El ADN es una molécula enorme cuya estructura, muy complicada, puede contener alrededor de tres mil pequeñas moléculas o núcleos. Se caracteriza por una cadena principal de moléculas iguales de penta-azúcar desoxirribosa, unidas por enlaces fosfato.

Adjunto a la cadena, principalmente, podemos encontrar otras submoléculas llamadas bases. Se trata de cuatro bien conocidos: adenina y guanina (purinas), timina y citosina (pirinidinas). (Fig. 25)

Recientemente se han descubierto otras bases, como por ejemplo: pentametilcitosina[57]. Las diversas modalidades de ADN parecerán resultar de las diferentes secuencias de bases dispuestas a lo largo de la cadena principal. Aun no se ha logrado un método que pueda determinar con precisión estas combinaciones según sus posiciones relativas. Solo se conoce la naturaleza de los constituyentes involucrados en el proceso químico.

Basado en la técnica de difracción de rayos X, y verificando los datos obtenidos por Rosalind Franklin y M.H.F. Wilkins, los científicos F.H.C. Crick y J.D. Watson, de la Unidad del Consejo de Investigación Médica del Laboratorio Cavendish en Cambridge, propusieron una estructura modelo para el ADN. Este modelo contiene un par de cadenas de azúcar y fosfato, interconectadas por bases químicas y enrolladas en una hélice alrededor de un eje longitudinal común. (Fig. 26)

---

[57] Se descubrieron las siguientes nuevas bases de pirimidina: 5-metilcitosina (Overend, Stacey y Webb, 1951, Wyatt, 1951) e hidroxi- 5-metilcitosina (Wyatt y Cohen, 1952).

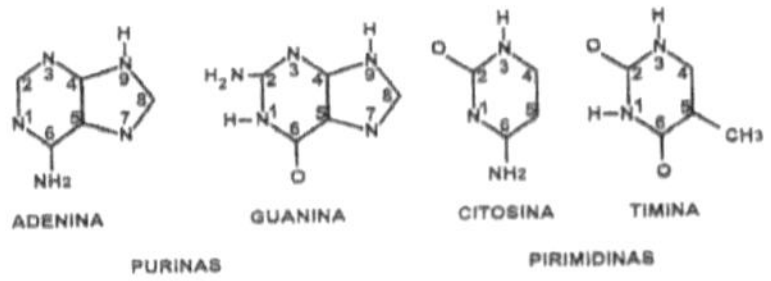

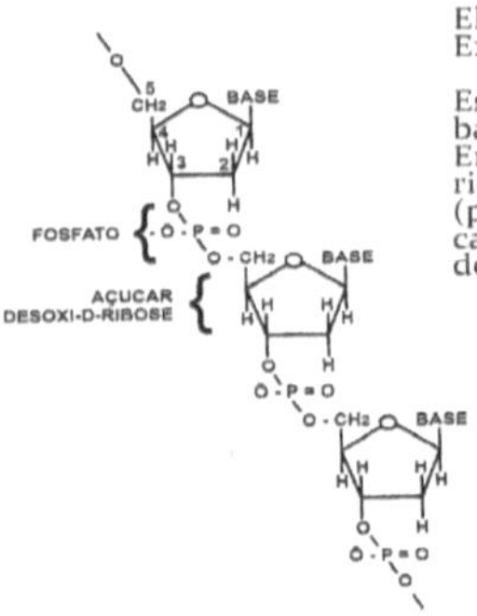

El ácido desoxirribonucléico (ADN)
Extracto de "Endeavour"

Esta importantísima sustancia es la base fundamental de la vida.
En la figura vemos, en la parte superior, las bases: adenina y guanina (purinas); en la parte inferior, la cadena se forma en base al azúcar (2 desoxi-D-ribosa) y fosfato.

Fig. 25

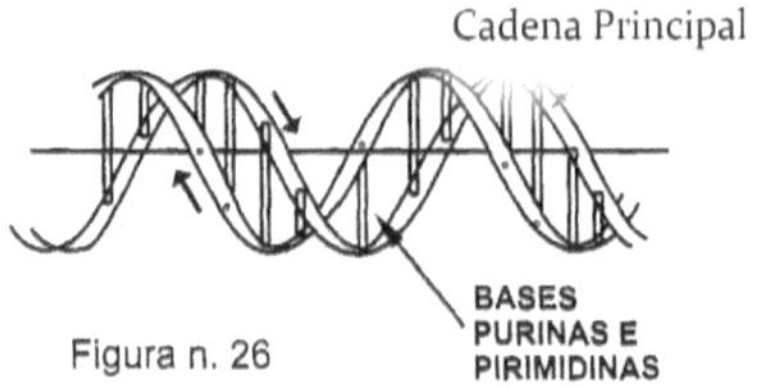

Figura n. 26

LA MOLÉCULA DE ADN

La molécula de ácido desoxirribonucleico (ADN) normalmente aparece como se muestra en el diagrama anterior. Dos cadenas principales de azúcar y fosfato están unidas por pares de bases: adenina timina y guanina citosina. Todo el conjunto está dispuesto alrededor de un eje imaginario, formando una hélice.

Fig. 26

El modelo propuesto tiene otras particularidades: las cuatro bases están unidas dentro de la estructura, solo según ciertos pares: las purinas, cuyas moléculas son grandes, con las pirimidinas, cuyas moléculas son pequeñas. Un par de pirimidinas representarían un puente muy corto para conectar los eslabones de una cadena con los de la otra. Asimismo, un par de purinas sería demasiado largo para caber entre las dos cadenas. Además, debido a condiciones relativas a los enlaces de hidrógeno disponibles, se concluye que los únicos enlaces viables son: adenina x timina y guanina x citosina. (Fig. 27)

No existen restricciones para el modelo presentado, en cuanto a la secuencia de pares a lo largo de la estructura.[58]

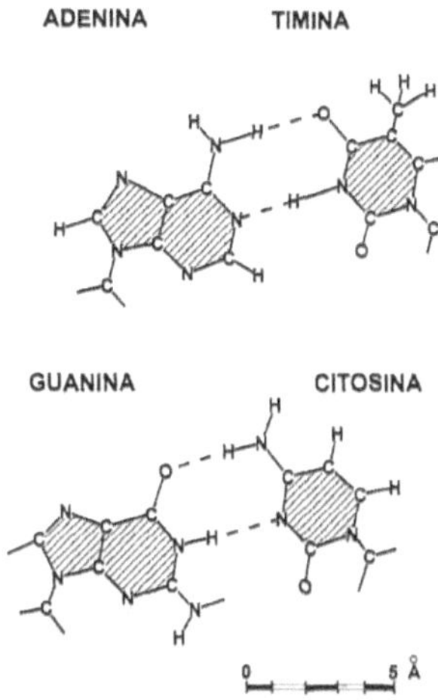

LAS BASES Y SUS COMBINACIONES
(Extraído de "Endeavour")

Las bases sirven como puente de conexión entre las dos cadenas principales de azúcar y fosfato del ADN. Solo parecen posibles las combinaciones indicadas en la figura: adenina + timina, guanina + citosina.

Fig. 27

El modelo sugerido por Crick y Watson nos permite formular una hipótesis sobre cómo se produce la duplicación de las macromoléculas de ADN; solo de la macromolécula, ya que nada explica cómo reproducir sus componentes moleculares: desoxirribosa, fosfato y bases. La hipótesis de Crick y Watson supone que ya existe una cadena de ADN, así como todos los componentes moleculares mencionados anteriormente, diseminados en el entorno en el que se encuentra esa primera molécula y formando subgrupos, o nucleótidos, que comprenden azúcar unido a fosfato y una base.

En estas condiciones, los nucleótidos se adhieren, a través de sus bases, a sus bases correspondientes en la molécula de ADN primitiva. Al mismo tiempo, los fosfatos se unen a los azúcares. Se forma entonces una segunda cadena similar a la primera. Una vez finalizada la operación, se desconectan, dando como resultado la aparición de dos nuevas hebras de ADN. (Fig. 28)

La explicación actual, como declara Crick en su estudio, representa solo una "hipótesis de trabajo", con varias dificultades aun no resueltas por Crick.

---

[58] F. H. C. Crick "*La estructura del material hereditario.*" (Opus Cit).

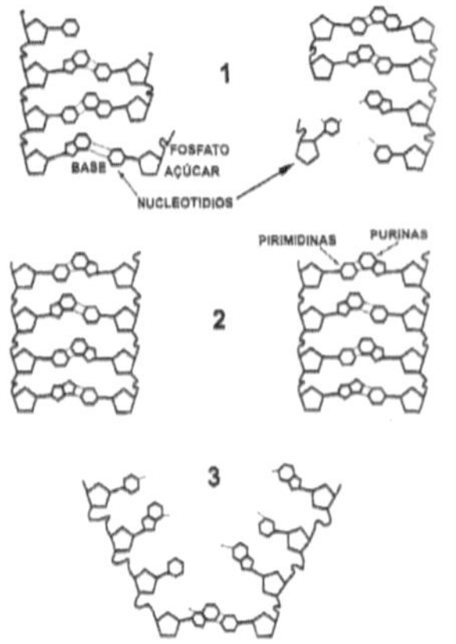

LA MULTIPLICACIÓN DEL ADN
(Según FHC Crick)

Una vez colocadas en un medio adecuado que contiene los elementos necesarios (1), las hebras simples de ADN provocan la aparición de otras hebras dobles (2). Los nucleótidos están unidos en las bases a las cadenas principales (1). Una vez completa (2), cada cadena doble se vuelve a dividir en dos simples (3). El proceso se repite indefinidamente, siempre que el entorno lo permita.

Fig. 28

En cualquier caso, la operación se lleva a cabo, como se ve en la multiplicación del núcleo celular, donde el fenómeno de la duplicación cromosómica es resultado de este hecho fundamental, esta autocatálisis del ADN.

Además de su autoduplicación, el ADN juega un papel importante en el mecanismo de transmisión de caracteres genéticos.

Se sospecha que la secuencia de las bases da cuenta de las cualidades futuras del ser. Tales disposiciones formarían un código, según Crick, del tipo Morse, donde los trazos y los puntos estarían representados por pares de bases dispuestas a lo largo de la cadena principal de azúcar alternándose con fosfato:

> "Los tres componentes de la sustancia viva: proteínas, ácido ribonucleico y ADN, probablemente se basan en el mismo plan general. Sus cadenas son regulares y la variedad resulta de la secuencia de los grupos tardíos.
>
> Y, sin duda, es natural sugerir que la secuenciade las bases del ADN y, de alguna manera, un código para la secuencia de aminoácidos en las cadenas polipeptídicas de las proteínas que la célula debe producir."[59]

De esta manera se proporciona una ligera explicación sobre el ADN (ácido desoxirribonucleico), sustancia sumamente

---

[59] F. H. C. Crick. Opus cit.

importante en los seres vivos, donde quizás resida la clave del mecanismo de la reencarnación, como intentaremos demostrar.

En cuanto al mecanismo de duplicación de la molécula de ADN, es un problema cuya solución surgirá tarde o temprano. Solo sabemos que ocurre.

Sin duda, esta fue la escuela donde la vida aprendió los rudimentos del maravilloso arte de la reproducción. Aprovechó sus leyes y sus posibilidades para, sobre ellas, construir su monumento más admirable, la obra maestra de las funciones fisiológicas, la sublimación de las expresiones estéticas de la vida misma: el sexo.

* * *

Hoy en día, el ADN se estudia intensamente en todo el mundo. Prácticamente ya no hay duda que en esta extraordinaria sustancia se encuentra la clave del secreto de la vida.

Para quienes se dedican a investigaciones relacionadas con problemas espirituales y religiosos, el conocimiento de los logros avanzados de la Ciencia debe ser objeto de una cuidadosa atención. En particular, consideramos de suma importancia los últimos descubrimientos realizados por la Bioquímica sobre el ADN. No seamos más escépticos: los hombres ya se están apoderando de los secretos íntimos de la vida.

Los espiritistas no deben temer este conocimiento, ya que representan la verdad. Y "no hay religión superior a la verdad." Sí, deberían evitar la ridícula estrategia del avestruz. No escondas la cabeza bajo la arena del misticismo ciego y del dogmatismo estúpido. O tienen razón o están equivocados. Si tienes razón, no hay nada que temer. En este caso, tales logros de la Ciencia solo pueden reforzar sus ideas y convicciones.

Los hombres crearán sustancia viva artificial. Este evento había ocurrido brevemente. Los primeros pasos ya se han dado con la memorable hazaña de Fraenckel-Conrat y Robley Williams.

Ciertas corrientes espiritistas pueden sufrir conmociones a consecuencia de ello. Algunas cambiarán profundamente. Otras desaparecerán como trastos inútiles; tristes reliquias de un pasado oscuro de ignorancia y brutalidad. Pero la Ciencia Espírita no tendrá nada que temer; por el contrario, siempre ha acogido con alegría y entusiasmo los logros de otras Ciencias hermanas. Solo la Ciencia, solo la Cultura, solo el conocimiento racional de las leyes de la Naturaleza, solo la verdad deben interesar a quienes se llaman estudiosos del Espiritismo Científico.

La Reencarnación en las Biomoléculas

Nos resulta útil recordar el mecanismo de la encarnación, expuesto por nosotros en el capítulo VI, centrándonos particularmente en el 4°. caso de polarización y captura de elementos espirituales. Allí definimos lo que llamamos biomolécula, considerándola la unidad biológica fundamental; es decir, la unidad básica más elemental capaz de participar en la producción de un fenómeno biológico.

El caso más simple de reencarnación sería, por tanto, el regreso de un elemento espiritual que ya había animado una biomolécula al menos una vez. Si tal unidad viviente fuera destruida, el átomo espiritual quedaría libre y podría ser recapturado por un compuesto orgánico equivalente. En esta etapa tan rudimentaria, el fenómeno parece ser lo más simple posible; casi físico, podríamos decir. Solo entran en juego las fuerzas magnéticas que permiten la captura de elementos espirituales polarizados. Sin embargo, en esta etapa primordial ya se pone en acción la selección natural que favorece las uniones más perfectas entre espíritu y materia, rechazando aquellas con menor probabilidad de supervivencia. Solo el átomo espiritual más adaptable a la molécula orgánica y que logrará permanecer encarnada permanentemente. Las demás uniones, por su inestabilidad, acabarán deshaciéndose por el desplazamiento del átomo espiritual inadecuado en favor de uno más adaptable. Esta selección no afecta solo al plano espiritual.

Se propaga de manera más acentuada en el plano material, donde las sustancias en condiciones ideales de vivificación evolucionan hacia la conquista de los niveles superiores de manifestación biológica.

Vemos, por tanto, que la propia acción selectiva, factor básico en la evolución de los seres vivos, tiene sus raíces primordiales inmersas en las profundidades del origen de la vida. Surge, como todas las leyes biológicas, de reglas simples y fundamentales; de propiedades esenciales de la materia, combinadas con las facultades del espíritu en su fase más rudimentaria.

También es interesante observar que en la biogénesis misma, la selección natural, cuando se define como corolario de la lucha por la supervivencia, tiene el mismo carácter de competencia que elige a los más capaces y elimina a los menos capaces.

Ya en el momento mismo de la vivificación de la molécula descubrimos la manifestación de la lucha por la conquista de la perfección. No vemos, en estos comienzos de la vida, ni la estética del amor ni los refinamientos del instinto como fuerzas determinantes de la perfección; La inteligencia todavía se encuentra en el nivel infinitesimal de las magnitudes iniciales. La iniciativa recae en las fuerzas ciegas de la naturaleza; causalidad e indeterminación. Esta es la cuna donde se acuna la selección natural, aun infantil e indefensa. Sin embargo, el impulso hacia la perfección aparece tan pronto como se logra la combinación de materia y espíritu.

Aunque frágil, el fenómeno en cuestión tiene un factor de multiplicación extraordinariamente grande, que fue suficiente para introducir la tendencia sistemática, en el curso de los acontecimientos biológicos, que dio lugar a formas de vida espectaculares, de las que también somos una especie.

La Naturaleza tiende a repetir, sin ceremonia alguna, aquellos procesos que dan buenos resultados. Así veremos más adelante este mismo sistema aplicado decenas de veces, el de seleccionar al más apto, en el transcurso de la evolución biológica.

Estará presente en las luchas por la supervivencia, desde los protistas hasta el "homo sapiens- sapiens", en la competencia entre espermatozoides, en las guerras entre naciones y en todos los acontecimientos similares.

* * *

Las moléculas orgánicas, como vimos en el cap. VI, no todas son perfectamente ajustables a diferentes tipos de átomos espirituales. Aquellos que, aunque apoyen a la asociación, no tienen los requisitos indispensables para obtener el ajuste necesario, no pueden permanecer "animados" de forma permanente. Esto les da una posibilidad infinita de supervivencia y progreso. Estas sustancias, cuando son apropiadas, casi siempre desempeñan el papel de auxiliares en la constitución del soma físico. No están muertos en el sentido de inanimados, pero tampoco están vivos, en el sentido que le damos a este término.

La Reencarnación en las Macromoléculas

Vimos al principio de este capítulo, cuando estudiamos el ADN, que la macromolécula de este ácido nucleico, una vez situada en un medio adecuado que contenga los nucleótidos indispensables, inicia inmediatamente el proceso de su autoduplicación. Durante el fenómeno de despliegue del ADN, los nucleótidos son capturados y ordenados según la misma secuencia observada por las bases: purinas y pirimidinas. Una vez que se completa la duplicación, aparece una nueva molécula de ADN. Solo describimos el proceso en términos generales, que ciertamente debe desarrollarse de una manera más complicada.

Para dar una idea del grado de complejidad de este fenómeno, visto desde un punto de vista fisicoquímico, recordemos que el ADN manifiesta una curiosa estructura en hélice, compuesta por dos cadenas idénticas unidas lateralmente por sus respectivas bases químicas. Bueno, todavía no se sabe cómo se produce el desenrollado de las dos cadenas después de la duplicación. Se han intentado varias explicaciones ingeniosas, pero todas ellas han dejado innumerables puntos sin aclarar. El hecho es que el ADN se duplica. Por otro lado, los rayos X revelan una estructura helicoidal de este ácido nucleico.

En nuestro caso, basta con la prueba de la duplicación de esa sustancia.

Cuando se forma la segunda cadena de ADN, las moléculas de desoxirribosa (azúcar) se agrupan con las de fosfato y las de purinas y pirimidinas (bases). Cada una de estas submoléculas participará en adelante en la macromolécula; del organismo molecular que es el ADN. Los elementos espirituales, magnetizados a esos componentes del ácido nucleico, comenzarán a constituir una formación espiritual compuesta cuya unión fue proporcionada por las fuerzas químicas de los elementos materiales. Surge así un prototipo de espíritu encarnado; se da el primer paso en el camino de la evolución espiritual. Tenemos ahí la génesis de una estructura espiritual, con las características fundamentales y potenciales de lo que realmente llamamos espíritu.

Al destruir abruptamente la macromolécula, para que los elementos químicos vuelvan a un estado de libertad, esa formación espiritual tan rudimentaria podrá permanecer cohesiva por unos momentos, para luego desintegrarse también. En el caso que la macromolécula se descompusiera lentamente en sus submoléculas primitivas, la formación espiritual la acompañaría en su proceso progresivo de disociación químico.

Nos centramos en este momento en los fenómenos primordiales, en la etapa en la que la inmortalidad del espíritu está aun lejos de ser alcanzada. Pero cada vez que esas pequeñas unidades moleculares se reagrupen para formar ADN, surgirá una formación espiritual cuyas facultades y cualidades serán la manifestación, en mayor grado, de las cualidades combinadas de los átomos espirituales simples que lo componen.

Una vez reunidos, los elementos espirituales representan algo diferente y con propiedades específicas, tal como ocurre con las combinaciones químicas conocidas en el plano físico. No serán simples aglomeraciones inexpresivas, sino colonias de elementos espirituales, que manifestarán una inteligencia sumada de todos los componentes de la aglomeración. En este caso, la macromolécula tendría un alma auténtica representada por los campos biomagnéticos combinados de ese psicosoma tan rudimentario y perecedero, que duraría tanto como la propia molécula.

¿En qué consistiría la reencarnación en macromoléculas?

En realidad, todavía no podemos hablar de reencarnación, en el sentido en que se entiende clásicamente este fenómeno. Visto desde un ángulo tan restringido, solo los elementos espirituales de las biomoléculas reencarnarían tan pronto como se formaran. Este sería el caso de la forma de acción de la desoxirribosa (azúcar), o de las purinas y pirimidinas. Mas, considerado desde un punto de vista más amplio, podemos ver que en el psicosoma universal comienzan a aparecer los primeros signos de inteligencias conjugadas, con aquellos racimos que animan la macromolécula, alcanzando un nivel espiritual superior al de cada uno de los asociados del grupo. Si introducimos en nuestro razonamiento la influencia de las facultades del espíritu: percepción-memoria combinada con inteligencia, habremos completado el cuadro de la importancia de estas manifestaciones intermitentes de psicosomas moleculares, equivalentes a las reencarnaciones de auténticos espíritus.

Lo que reencarna no es específicamente un espíritu, en el sentido de sustancia y forma, sino más bien una forma psicosomática que se vuelve real, solo como resultado del conjunto mientras dura.

Llegados a este punto, encontramos que otras fuentes proporcionaron medios de evolución para estas efímeras formaciones espirituales. Remitimos al lector al capítulo IV, en el subcapítulo titulado "Formas Espirituales Compuestas", donde recordamos cómo se produjo el establecimiento paulatino de los grupos espirituales. Allí mencionamos el importantísimo fenómeno de la creación de campos biomagnéticos resultantes, capaces de deformar las órbitas biónicas de átomos espirituales de gran núcleo, fijando así esas formaciones espirituales. En aquel momento describíamos el fenómeno de forma muy generalizada. En los subcapítulos que siguen, el lector encontrará un estudio más detallado sobre este asunto, teniendo en cuenta la necesidad de explicar mejor el intrincado mecanismo de la reencarnación.

La Reencarnación en las Nucleoproteínas-Virus

En el capítulo V, subcapítulo titulado "Las fronteras de la vida", tuvimos la oportunidad de estudiar brevemente los virus. Inicialmente describiremos cómo se produce la reproducción de estas nucleoproteínas, basándonos en el trabajo de los investigadores A.D. Hershey, M.W. Chase, Seymour S. Cohen, Frank W. Putnam, Lloyd M. Kosloff, Oloe Maaloe, Gunther S. Stent, A.H. Doermann y otros.[60]

Mencionaremos únicamente el caso de los bacterífagos, ya que otros virus deberían proceder aproximadamente de la misma manera. Ilustraremos el fenómeno a través de figuras esquemáticas. (Fig. 29)

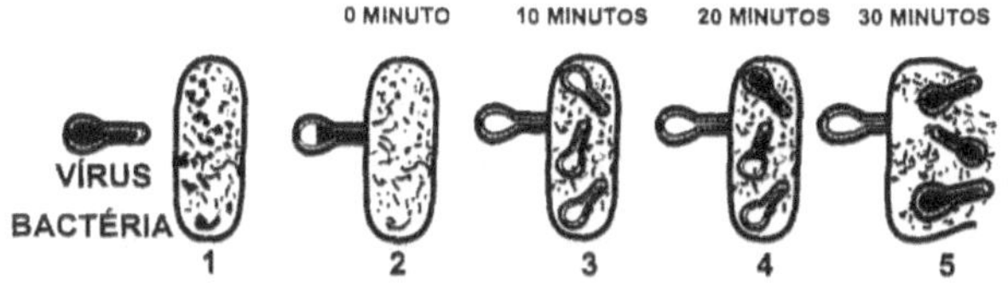

MULTIPLICACIÓN DE VIRUS
(Según Gunther S. Stent)

1. El virus ataca a las bacterias.
2. Toca el extremo del apéndice y comienza a inyectar el ADN en la bacteria, donde se multiplica rápidamente. La capa proteica exterior del virus sale al exterior.
3. El ADN provoca la síntesis de envolturas proteicas.
4. El ADN en las cápsulas proteicas.
5. Las bacterias estallan y se liberan unos doscientos nuevos bacterífagos (virus).

Fig. 29

En vista de lo que ya hemos deducido aplicando los principios de la *Teoría Corpuscular del Espíritu,* intentaremos describir el mecanismo de reencarnación en los virus.

---

[60] *La reproducción de los virus,* por Gunther S. Stent. La Física y la Química de la Vida. Ed. Libro *Scientific American* - 1955.

Sigamos las diferentes fases descritas por Gunther S. Stent, esquematizadas en la figura 29. En la fase inicial del fenómeno, el virus inyecta su contenido de ADN en el de las bacterias. Comienza la multiplicación del ácido nucleico, que se realiza a expensas de parte de la sustancia de la bacteria atacada y parte de los materiales que ella misma, aunque enferma, toma del entorno donde se encuentra. Una vez completada la multiplicación del ADN, comienza la síntesis de la proteína que le sirve de envoltura; fase 3. Luego vienen las fases 4 y 5, respectivamente, de combinar la proteína con el ADN y liberar los virus.

La sustancia de partida es el ADN. Es a él quien los virus descendientes deben sus cualidades hereditarias. La proteína, elaborada posteriormente, tiene características derivadas del tipo de ADN que lo sintetizó, que es peculiar del virus original.

El replegamiento en nucleoproteínas, como se puede observar, se produce en tres fases distintas: la primera, representada por la multiplicación del ADN, ocurre cuando las biomoléculas (nucleótidos) se unen para formar ácido nucleico; el segundo ocurre cuando se produce la síntesis de proteínas; el tercero cuando el ADN y la proteína se combinan para formar el virus completo.

Se puede observar inmediatamente que existe una cierta diferencia en relación con el replegamiento de las macromoléculas. Aparece, más allá además, una organización más completa donde las dos partes distintas combinan sus funciones peculiares. El ADN por sí solo no puede atacar a las bacterias. La envoltura proteica puede atacar a las bacterias, pero no puede multiplicarse como lo hace el ADN. Ambos, en conjunto, suman sus propiedades y dan como resultado una nucleoproteína capaz de atacar a una célula, matarla y reproducirse en su interior. Una vez que se conjugan la proteína y el ADN, surge un todo cuyas actividades revelan una perfecta coordinación de las propiedades particulares de cada componente. Esta coordinación da a la nucleoproteína-virus los rudimentos del comportamiento propio de los seres vivos comunes; es decir, se sitúa de este lado de la frontera actualmente establecida, siendo como el divisor entre la materia viva y la inanimada. ¿Cuál sería la causa de esta coordinación, que lleva al bacteriófago a elegir y atacar a un determinado género de bacterias, inyectándole su ADN y así reproducirse?

Si admitimos que allí está presente una formación espiritual, no será difícil comprender el porqué del comportamiento de esa nucleoproteína. Seres similares, durante millones y millones de años, han buscado medios de supervivencia en batallas contra la hostilidad del medio ambiente. La capacidad de coordinación del espíritu y su defensa natural contra la desintegración del yo, incluso ultra rudimentaria, lo llevarían a buscar otros medios y a manifestar nuevas capacidades en este sentido. Así es como un día las nucleoproteínas incluso formaron asociaciones, donde unos dependerían de otros, mediante especializaciones encaminadas al mantenimiento de la integridad de la propia colonia.

La supervivencia de las formaciones espirituales después de la destrucción de los organismos vivos comienza a perfilarse con la captura de elementos espirituales de micronúcleos mayores. Estos garantizaban la estabilización de los grupos de átomos espirituales una vez encarnados en nucleoproteínas. Tales unidades, que custodiaban una estructura espiritual completa, lograron superar los elementos espirituales aislados, con la posibilidad de animar las nucleoproteínas. De esta manera, algunos de ellos tuvieron la oportunidad de reencarnar, parcial o totalmente, un número determinado de veces. La acumulación de experiencia comenzó así su acción efectiva.

* * *

Desde la estructura molecular, el espíritu que anima un virus debe estar compuesto por una parte un tanto inestable correspondiente al ADN combinado con la proteína, como si fuera un doble espiritual de la nucleoproteína, seguido de otros elementos espirituales de mayor núcleo, constituyendo el cierre o cúpula espiritual. Este último grupo resulta de la tendencia de los campos biomagnéticos a compensar, con polarización de elementos espirituales con un núcleo mayor. Cuando la compensación se realiza perfectamente, el conjunto adquiere la suficiente estabilidad. El fenómeno es similar a lo que ocurre en el 4to. caso de la vivificación de la materia. (Ver capítulo VI).

Solo que aquí el campo biomagnético proviene de una estructura hiperpiramidal. Esta estructura se encarga de coordinar las funciones de las distintas partes del núcleo proteico del virus, haciendo que éste actúe como un todo. De ahí el comportamiento de las nucleoproteínas de los virus, que les permite situarse en el reino de los seres vivos.

***

Para aclarar mejor este subcapítulo, cuya importancia es fundamental para comprender el mecanismo de reencarnación en protozoos y metazoos, presentaremos dos dibujos esquemáticos explicativos. Es importante recordar; sin embargo, que no son más que figuras esquemáticas. La realidad sería completamente diferente en términos de su apariencia real. Para facilitar la exposición eliminaremos una de las dimensiones del modelo real; Así, un cuerpo en el espacio quedará reducido a una figura bidimensional en el plano, a una figura de cuatro dimensiones le corresponderá una figura de tres.

Empezaremos, dicho esto, con la representación esquemática de un virus nucleoprotéico. (Fig. 30)

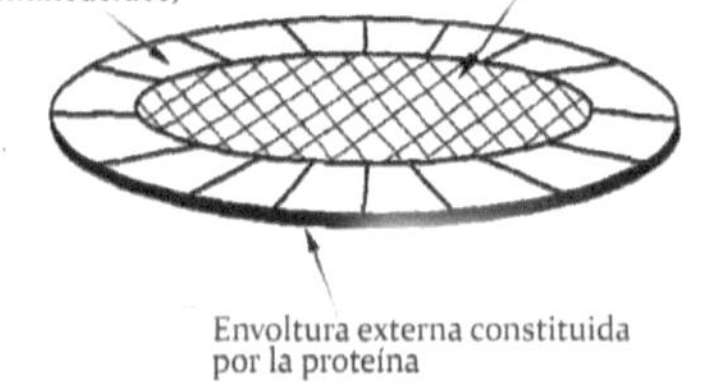

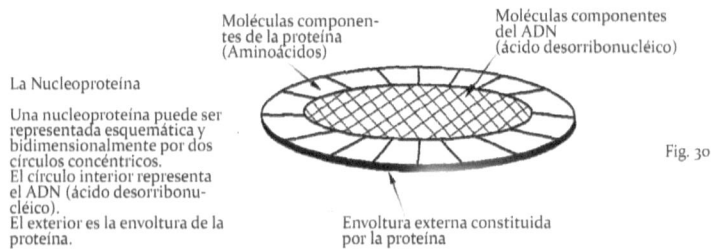

La Nucleoproteína

Una nucleoproteína puede ser representada esquemática y bidimensionalmente por dos círculos concéntricos. El círculo interior representa el ADN (ácido desorribonucléico). El exterior es la envoltura de la proteína.

Fig. 30

Polarizados y capturados por las biomoléculas, se encuentran los correspondientes elementos-espíritu, correspondientes, dispuestos en el mismo orden de aminoácidos en las proteínas y nucleótidos en el ADN, formando el doble espiritual de la nucleoproteína. Estos átomos espirituales, a su vez, generan sucesivos campos biomagnéticos que abarcan volúmenes decrecientes. Los campos se van decreciendo debido a la degradación magnética causada por la resistencia del medio ambiente. Otros átomos espirituales con un núcleo más grande ocuparán esta hiperpirámide biomagnética, culminando en un vértice donde se equilibran los elementos-espíritu finales más adaptables. (Fig. 31)

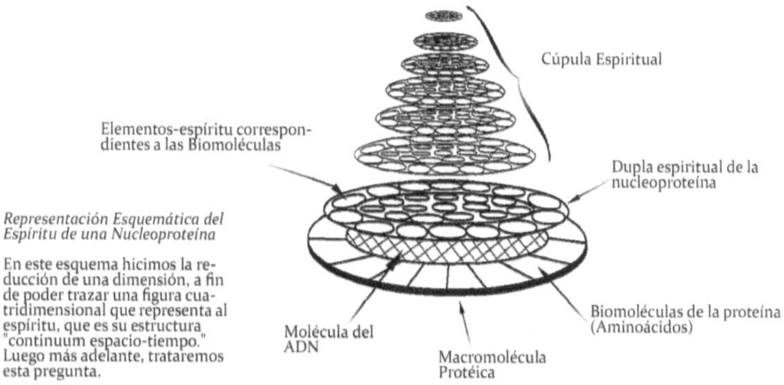

Fig. 31

En la figura 31, mostramos esquemáticamente la disposición de los diferentes átomos espirituales que componen el espíritu de una nucleoproteína-virus. El grado de complejidad de la formación espiritual compuesta, con su cúpula espiritual, en los seres vivientes superiores puede evaluarse considerando la pequeñez y simplicidad biológica de un virus. Todavía no tenemos ni los medios ni los elementos para la determinación experimental de la estructura hiperpiramidal de un espíritu del virus más insignificante. Solo podemos evaluar su disposición en el hiperespacio, ya que la figura esquemática presentada corresponde, en realidad, a una configuración cuatridimensional.

Examinando el esquema dado en la figura 31, vale la pena señalar ciertas particularidades importantes en la parte espiritual. En primer plano hay una estructura directamente relacionada con las biomoléculas de nucleoproteínas: y el doble espiritual de este último. Allí se distinguen dos partes: la exterior correspondiente a la proteína y la interior correspondiente al ADN. Luego viene la cúpula espiritual. Este estará compuesta por una o varias estructuras sucesivas. Aunque se puede distinguir una cierta relación entre los átomos que componen las capas superiores y los de la primera capa espiritual, la correspondencia exacta desaparece rápidamente a medida que uno avanza hacia la cúspide.

Durante la destrucción de la nucleoproteína, el conjunto se desprende a medida que se desmonta. La dupla espiritual podría desmoronarse, total o parcialmente, pero la cúpula difícilmente sufriría daños importantes. Sin embargo, podría darse el caso en que la formación espiritual salga ilesa y completa o, por el contrario, con una falta total de la primera parte y con daños en las estructuras de la cúpula. En cualquiera de estos casos, la reparación de las fallas se puede realizar en nuevas encarnaciones.

Los Cuatro Casos de Reencarnación en Nucleoproteínas- Virus

Para el acto de la reencarnación puede presentarse la formación espiritual correspondiente al nucleoproteína- virus dentro de las siguientes condiciones:

1. Cúpula perfecta y doble espiritual.
2. Cúpula espiritual perfecta y doble incompleta.
3. Cúpula perfecta y doble ausencia.
4. Cúpula imperfecta y doble ausente.

***

1. Cúpula perfecta y doble espiritualidad

En este caso decimos que la formación espiritual es completa. Con toda probabilidad, reencarnará en una nucleoproteína- virus idéntica al que ella animó anteriormente y que corresponde, biomolécula por biomolécula, a los elementos espirituales de su doble espiritual.

A medida que las biomoléculas se unen para formar ADN y luego proteína, el doble espiritual actúa a través de sus campos biomagnéticos como guía de nucleótidos y aminoácidos, favoreciendo así la reproducción del virus. Se combinan las dos fuerzas convergentes: la de la materia, debida a propiedades autocatalíticas, y la del espíritu, debida a campos biomagnéticos.

Este caso es de suma importancia, pues contiene los principios de la reencarnación en los animales superiores; es decir, el secreto del desarrollo orientado del embrión, desde el huevo hasta el ser adulto.

2. *Cúpula espiritual perfecta y doble incompleto*

Incluso en este caso, existe la posibilidad que se anime un virus idéntico al de la encarnación anterior. Esta probabilidad será mayor cuanto más completo sea el doble espiritual.

Durante la operación de reencarnación, el doble espiritual se reparará automáticamente a expensas de las propiedades catalíticas del ADN.

Es posible, en casos como este, cuando el doble está muy dañado, que la formación espiritual anime otras razas de virus. El doble sufrirá entonces las modificaciones correspondientes a las biomoléculas de la nueva variedad de nucleoproteína en la que reencarnará. Las vacantes existentes serán cubiertas por los elementos espirituales transportados con las biomoléculas y los restantes serán utilizados o reemplazados.

Debido a las pequeñas variaciones en los campos biomagnéticos y los volúmenes de las diferentes biomoléculas, representadas por nucleótidos, aminoácidos, bases, etc., estas adaptaciones son más fáciles de lo que parece. Este hecho resulta en un mayor o menor grado de intercambiabilidad entre los virus raros y los tipos de formaciones espirituales compuestas que pueden animarlos. Esta intercambiabilidad se vuelve aun más viable debido a la ocurrencia de daño o destrucción total del doble espiritual de estos espíritus tan rudimentarios.

3. Cúpula perfecta y doble ausencia

La ausencia del doble espiritual hace que la formación compuesta pueda unirse indistintamente a tal o cual variedad de nucleoproteína en preparación, recuperando así la parte perdida. Quizás sea este el estado más común en el que se encuentran los espíritus más elementales de esta categoría.

Creemos que el doble tiende a abandonar la cúpula cuando el espíritu tarda demasiado en reencarnar. Debe haber una tendencia a la lenta desintegración de estas formaciones espirituales, cuando ya no se reconstituyen en la participación del fenómeno biológico. Hay un factor de consolidación y conservación: son las etapas de asociación alcanzadas en las luchas por la supervivencia durante la fase de encarnación.

Cuando no están asociados, estos espíritus, fuera de los ambientes biológicos, deben tener una duración limitada.

4. Cúpula imperfecta y doble ausente

Estamos ante un proceso de desintegración o daño accidental. En cualquier caso, la reparación siempre es posible a expensas de las propiedades autocatalizadoras del ADN.

Es importante recordar que las formaciones espirituales de esta naturaleza están constituidas por la acción de las fuerzas fisicoquímicas de la materia, como hemos explicado anteriormente en otros capítulos.

Por tanto, presentamos los cuatro casos que comprenden prácticamente todo el mecanismo de reencarnación en las nucleoproteínas del virus. Todavía estamos estudiando los inicios del fenómeno. Cualquier generalización o extrapolación se volverá riesgoso. Pasemos; sin embargo, a la fase inmediata, mediante un gran salto: la reencarnación mediante amitosis.

La Reencarnación por Amitosis

La amitosis, o división simple, se caracteriza por la fragmentación del ser monocelular, sin cambios muy profundos en el núcleo. Este último inicia la división, formando una estrangulación que pronto se extiende por todo el citoplasma. Después de algún tiempo, la célula primitiva se divide en otras dos. Cada mitad lleva una parte de los núcleos y otra del citoplasma. La operación se repite sucesivamente por células descendentes, en cuanto alcanzan un determinado tamaño. No es posible describir aquí en detalle todos los pormenores y variedades de amitosis. Solo daremos una descripción general del fenómeno de la encarnación durante este tipo de multiplicación celular. En el cap. VII, revisamos brevemente todos los tipos principales de división celular y recomendamos que el lector los recuerde para una mejor comprensión del presente estudio.

En la división simple, o amitosis, el fenómeno del despliegue comienza en el núcleo, donde el ADN provoca replicaciones de sí mismo. Una vez que la multiplicación nuclear haya tenido lugar, automáticamente se organizará un segundo doble de ADN espiritual. Esto, combinado con la parte proteica, adquirirá una cúpula, y las dos formaciones espirituales se arrastrarán consigo las respectivas partes nucleares acompañadas del citoplasma dividido entre ellas. El fenómeno recuerda en cierta medida a la reencarnación en virus. En términos generales, podemos aplicar el mismo razonamiento y considerar los mismos casos en los que nos centramos para los virus.

Sin embargo, es importante señalar que en algún lugar estaremos identificando estos dos fenómenos biológicos. Sin embargo, vistos espiritualmente; es decir, desde la perspectiva de la *Teoría Corpuscular del Espíritu*, los procesos se parecen mucho entre sí, hasta el punto de admitir que uno es la repetición del otro a mayor escala y, por esta razón,, mucho más complejo, por la cantidad de elementos que participan en la operación.

Incluso en el caso más complicado de amitosis, podremos identificar las cuatro posibilidades destacadas para la reencarnación en virus. Contamos con una cúpula doble y otra espiritual. El doble estaría representado por los elementos- espíritu inmediatamente magnetizados a las moléculas orgánicas de la célula. La cúpula resultaría de las capas de formaciones espirituales superpuestas al doble, como en el caso del núcleo proteico. De esta forma se reproducirían los cuatro casos identificados de virus, como decíamos antes.

La destrucción parcial o total del doble espiritual debe ser un evento probable. Sin embargo, la cúpula es la que queda más intacta tras la exfoliación de una célula o ser unicelular. La cúpula, al ser menos específica, podría formar parte de las formaciones espirituales de distintas células. Esto permitiría a los espíritus muy rudimentarios tener experiencias variadas a través de reencarnaciones en células, protozoos y protófitos. Sin embargo, la cúpula conservaría el registro permanente esencial para su progreso.

La estabilidad de las formaciones espirituales de esta categoría ya es significativamente mayor. Asimismo, su especificidad, como doble espiritual de una célula o un ser unicelular sería el resultado de la composición de una gran cantidad de dobles parciales, correspondientes a las diferentes unidades vivas que componen el organismo celular.

Como ya hemos señalado en el cap. V, cuando abordamos el problema de la constitución del protoplasma, en el subcapítulo titulado "La organización de la materia viva", la célula viva sería comparable a un organismo formado por la asociación de corpúsculos más pequeños y de constitución más simple. Cada una de estas unidades participaría en el grupo, desempeñando funciones especializadas de modo que algunas serían estrechamente dependientes de otras para su mantenimiento, supervivencia y multiplicación. De esta manera, se resaltaría la respectiva asociación de formaciones espirituales correspondientes a las diversas unidades, componentes del ser unicelular. El elevado número de elementos-espíritu que participan en la suma del doble espiritual explica su mayor estabilidad.

Veremos, al analizar el fenómeno de la reencarnación, que la estabilidad del doble sufre un aumento en proporción directa a su creciente complejidad. Esto significa que, a medida que ascendemos en la escala zoológica, encontramos una especificidad cada vez mayor respecto de las variedades o razas que el espíritu puede animar.

Cuando consideramos los niveles elevados de formas biológicas superiores, notamos que la simplicidad original observada en la constitución del doble de virus y células desaparece, dando paso a estructuras complicadas y bien definidas. Esta organización típica también se refleja en las primeras capas de la cúpula, haciéndolas específicas para cada reino, filo, clase, orden, familia, género, especie e incluso para determinadas variedades o razas.

La intercambiabilidad del espíritu disminuye a medida que se perfecciona su constitución. Por lo tanto resulta imposible la reencarnación de espíritus de animales pertenecientes a una especie, en embriones pertenecientes a otra. La transformación evolutiva se lleva a cabo de forma gradual y, en determinadas transiciones importantes, es necesaria la preparación. De la misma manera, la regresión a escala biológica se vuelve prácticamente imposible; del espíritu en el proceso de reencarnación.

Estudiemos el siguiente caso que es el de la reencarnación mediante cariocinesis.

Reencarnación por Cariocinesis (Mitosis)

La cariocinesis se caracteriza por una pequeña modificación en el núcleo celular. La sustancia allí contenida, la cromatina, sufre una serie de importantes operaciones preparatorias. (Ver capítulo VII - Cariocinesis o división celular por mitosis). La mitosis se desarrolla a través de cuatro fases distintas y sucesivas: prefase, metafase, anafase y telofase. Por tanto, la reencarnación sigue estas cuatro etapas. Durante la prefase, o fase preparatoria, el centrosoma se duplica, mientras que en el núcleo comienza la indispensable multiplicación de los cromosomas. Sigue la metafase, cuando estos están disponibles en el plano ecuatorial de la célula. En este momento, los centrosomas ya estarán ubicados en los polos de la célula y competirán entre sí por los cromosomas. Luego se produce la anafase, caracterizada por el avance de los cromosomas hacia los centrosomas. Finalmente, se completa la división celular y los cromosomas se fusionan formando una masa nuclear; y telofase. El ciclo de reproducción se completó, apareciendo dos nuevas células listas que repetirán las mismas fases sucesivas ya descritas.

El centrosoma representa un punto de referencia para el apego del espíritu. Es un centro de intenso campo biomagnético, que actúa como si fuera una guía para los primeros contactos de formación espiritual. Su desarrollo se produce, al igual que el de los cromosomas, debido a las propiedades fisicoquímicas de las sustancias activas en el núcleo y el citoplasma.

Los espíritus que reencarnan mediante cariocinesis ya se encuentran en una etapa de organización más estable y más característica. Comienzan a surgir las primeras manifestaciones de una mayor especificidad entre el tipo de espíritu y el de la célula o ser monocelular, que se unirán para constituir el ser vivo.

Tuvimos que introducir aquí una pequeña complicación más: es la presencia de cromosomas, que, a su vez, son portadores de los genes. Los genes están prácticamente formados por ADN. Este ácido nucleico y la proteína unida a él tienen determinadas configuraciones químicas, como ya hemos tenido oportunidad de demostrar. Vemos, de esta manera, que se superponen tres estructuras, una involucrando a la otra, comenzando por el ADN y las proteínas y terminando en los cromosomas.

Los espíritus que deben reencarnar mediante el proceso de cariocinesis sufren una selección sucesiva que comienza en los cromosomas, pasa por los genes y termina en las secuencias de bases químicas del ADN. El doble, en estos espíritus, tiene una estructura mejor ordenada, siguiendo las configuraciones cromosómicas, siguiendo las de los genes y finalmente las de los diferentes tipos de ADN y proteínas que los componen. Esta mencionada especificidad de los espíritus se acentúa en relación con el ser monocelular o la célula que animarán.

Este hecho aclara por qué los espíritus no animan indistintamente a tal o cual organismo vivo.

El centrosoma, como ya hemos explicado anteriormente, tiene la finalidad de establecer un punto de atraque inicial para la orientación de la formación espiritual en el proceso de reencarnación. Una vez conectadas las biomoléculas en desarrollo, el espíritu que se reencarna debe ayudar en el proceso de mitosis. Los centrosomas también sirven para este propósito; es decir, establecer dos centros alrededor de los cuales tiene lugar una división equilibrada tanto de los cromosomas como del citoplasma.

Este último tiene una cierta estructura típica que corresponde a las cadenas laterales que componen las proteínas. Como la naturaleza de estas proteínas surge de la acción de los genes en los cromosomas, se concluye que el doble espiritual, en la zona correspondiente al citoplasma, manifiesta una organización espiritual específica, en estricta conformidad con la región ligada al núcleo celular.

Una vez incrustada la formación espiritual en la encarnación, los campos biomagnéticos típicos de su estructura guiarán a la sustancia material, llevándola a ejecutar una serie de operaciones sucesivas, llamadas fases: prefase, metafase, fase y telofase.

Ésta es la razón por la que estas diferentes operaciones que componen la cariocinesis y que parecen revelar una cierta inteligencia en acción han quedado sin una explicación plausible. En realidad, se trata de inteligencias asociadas, que integran un verdadero organismo, que tienen la experiencia de un largo pasado de pruebas y errores, estereotipadas en la estructura espacio-tiempo del espíritu.

Hasta ahora hemos omitido intencionadamente este importante detalle del espíritu. Sin embargo, tuvimos la oportunidad de escribir sobre ello, en el cap. IV, "De las

Formaciones Espirituales", cuando nos acercamos a la morfología espacio-tiempo del espíritu.

Esta es una parte extremadamente importante para dilucidar el extraño comportamiento de la sustancia que forma los núcleos de las células vivas durante la cariocinesis. Precisamente en la estructura espacio-tiempo se registran las experiencias del tiempo pasado de la forma de acción espiritual compuesta. Y el espíritu, en el proceso de reencarnación por mitosis, refleja rápidamente en la materia las fases que atravesó en su pasado de pruebas y errores.

Las distintas fases de la mitosis, o cariocinesis simple, son, en realidad, la reproducción ontogenética de la experiencia filogenética de los espíritus muy rudimentarios que animan estas especies de seres unicelulares.

El logro de la inmortalidad dependía de la obtención de unas pocas características permanentes. La fijación de estos personajes fue resultado de una lenta evolución del espíritu, que acabó venciendo el proceso de mitosis. Las diferentes etapas de este proceso quedaron registradas en la estructura espacio-tiempo de estas formas espirituales compuestas, como si fueran la secuencia de una película.

El centrosoma corresponde a una columna vertebral de la estructura espacio-tiempo, en relación con los eventos, en el tiempo y el espacio, de esa estructura cuatridimensional.

La reencarnación se lleva a cabo por la "penetración" del espíritu a través del espacio físico representado por la célula en proceso de multiplicación. Durante este avance de una estructura espiritual cuatridimensional, interpenetrando la otra materia tridimensional, las diferentes fases históricas que componen la morfología de la primera estructura se revelan en tres dimensiones, a lo largo de la dimensión temporal. La sustancia celular en multiplicación, bajo la influencia de los campos biomagnéticos de la estructura espacio-tiempo del espíritu, acompaña los movimientos generados por la "inmersión" del espíritu en la materia.

Las diferentes fases de la cariocinesis se revelan como los campos biomagnéticos de la materia celular intercepta los del espíritu.

* * *

Partiendo de la célula en reposo, indicamos inicialmente la incorporación de sustancias alimenticias al organismo.

El metabolismo de los elementos nutricionales acaba provocando la duplicación del ADN de los cromosomas en los núcleos. Sigue la multiplicación de otros componentes celulares. La célula aumenta de volumen.

El centrosoma también está duplicado, permitiendo el acoplamiento del extremo inicial de la estructura espacio-tiempo, otra formación espiritual compuesta. Esto, naturalmente, debería ser adecuado para la célula que sufre mitosis.

Con la multiplicación de los componentes nucleares y citoplasmáticos, se produce un desequilibrio en la estabilidad de las conexiones primitivas del espíritu que aun anima la célula. Como consecuencia, sufre un desplazamiento en sentido contrario, habiéndose elegido previamente como referencia el centrosoma que lo tocó tras la duplicación. Al mismo tiempo, el segundo espíritu magnetizado al otro centrosoma comienza su penetración, atraído por los campos biomagnéticos de la célula en desarrollo. Esta es la fase llamada: profase. Los cromosomas comienzan a delinearse por influencia de configuraciones biomagnéticas, que están siendo interceptadas cuando las dos formaciones espirituales tomando posición. Los dos centrosomas huyen hacia polos opuestos, mientras un espíritu penetra y el otro emerge.

Hay un instante en que los dos espíritus llegan a la misma posición. En este punto, los cromosomas están dispuestos en la placa ecuatorial de la célula. Luego, se dividen longitudinalmente y se distribuyen equitativamente entre las dos formaciones espirituales. Es la metafase.

A partir de entonces, ambos espíritus vuelven a penetrar, juntos y en la misma dirección, la sustancia celular; el primero y el segundo, como si ambos estuvieran en proceso de regresar a la nación normal. Arrastrados por los campos biomagnéticos interceptados en este movimiento de penetración de las dos estructuras espirituales, los cromosomas se mueven hacia los dos centrosomas situados en los extremos de la célula. Se lleva a cabo la anafase.

Las dos formaciones completan la reencarnación. Los cromosomas se rompen y se vuelve a formar cromatina. Las dos celdas están separadas, cada una con su respectivo espíritu. Por fin hemos llegado a telofase, la última fase de la cariocinesis. Cada célula, a partir de entonces, podrá volver a repetir todo el ciclo ya descrito.

* * *

Los seres unicelulares se multiplican indefinidamente en cuanto encuentran el entorno adecuado. Las células de un organismo ya no pueden hacer esto, ya que están controladas por la estructura del psicosoma que lo anima. Su desarrollo depende estrictamente de las formaciones espirituales compuestas, disponibles en el doble espiritual.

Cuando se produce una lesión del soma físico, con discreta destrucción de las células, el psicosoma, al presentar formaciones espirituales libres, facilitará la cariocinesis de las células adyacentes a la zona afectada. El tejido vuelve a crecer y la herida cicatriza. La restauración se desarrolla incluso agotando las formaciones espirituales disponibles en el doble. Por tanto, el proceso se detiene tan pronto como se alcanza el tamaño necesario para la reparación completa de la parte lesionada.

Reencarnación por Unión Sexual y la Formación del Embrión (Meiosis)

En la meiosis, o división reduccional, hay formación previa de gametos masculinos y femeninos. Se trata de células haploides que posteriormente se unirán para dar lugar a una nueva célula diploide u óvulo. Éste, a través de sucesivos desarrollos mediante cariocinesis, constituirá el embrión que evolucionará hasta completar el ser integral similar a sus padres. Describimos las líneas generales del fenómeno, pues solo mostramos algunos ejemplos de la aplicación de la Teoría Corpuscular del Espíritu a los hechos de la Biología. Solo nos interesa comprobar su valor en la interpretación de estos fenómenos naturales, introduciendo, en el desmantelamiento de los mismos, otro elemento variable: el espíritu. Por ello, presentamos, de forma simplificada, la descripción del fenómeno de la cariocinesis reduccional. Nos centraremos más en su sucesor; es decir, la formación del embrión, resultante de la fase preparatoria compuesta por la meiosis.

Para una perfecta aclaración del mecanismo de la reencarnación a través de la unión sexual, debemos referirnos nuevamente al cap. IV, en el subcapítulo titulado: "Morfología Espacio-Tiempo del Espíritu." Allí, buscamos dar una idea de la morfología tetradimensional del espíritu, considerándolo un continuo espacio-tiempo, habiéndose incorporado a su hiperforma todos los acontecimientos ocurridos desde su génesis hasta el último momento de su evolución.

Para ello, lo reducimos a un modelo de cuatro dimensiones, correspondiente a una hiperforma cónica referida a un sistema cartesiano de cuatro ejes. Tres de estos ejes conformarían un espacio tridimensional, como nuestro espacio físico. El cuarto eje se desarrollaría hacia una de las direcciones de un hiperespacio, en el sentido de contar el tiempo.

También utilizaremos esquemas tridimensionales, correspondientes a modelos cuatridimensionales. Una formación espiritual; es decir, un espíritu como el de los animales, estaría representada esquemáticamente por una figura formada por dos iconos superpuestos en las bases. (Fig. 32)

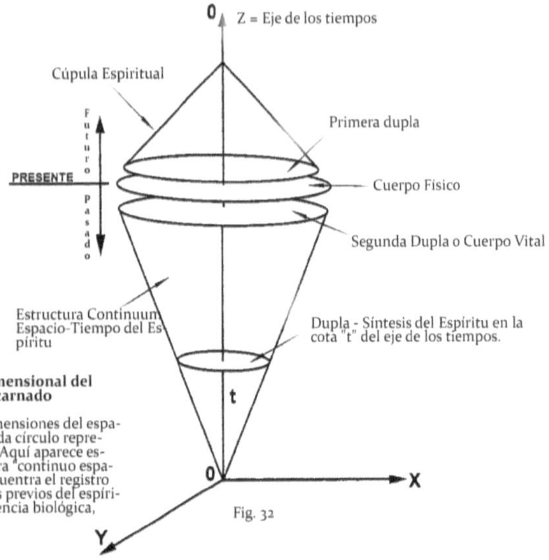

Figura Esquemática Tridimensional del Modelo de un Espíritu Encarnado

En esta figura, una de las dimensiones del espacio se ha reducido a cero. Cada círculo representa un ser tridimensional. Aquí aparece esquemáticamente la estructura "continuo espacio- temporal", donde se encuentra el registro de todos los acontecimientos previos del espíritu. Ahí tienes toda tu experiencia biológica, recogida en tiempo pasado.

Fig. 32

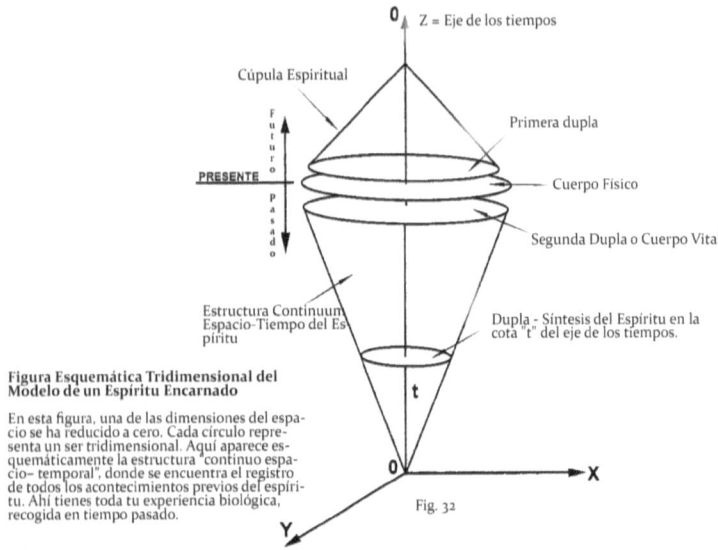

La parte cónica superior correspondería a la cúpula espiritual resultante de la degradación de los campos biomagnéticos, como ocurre normalmente siempre que tenemos una agrupación de átomos espirituales combinados. La parte cónica inferior correspondería a la estructura espacio–tiempo descrita en el capítulo IV.

En la unión de estos dos iconos se marcaría una zona intermedia entre las dos bases, ocupada por el cuerpo físico y representada, en la figura, por un disco plano.

Dos dobles espirituales habitan el espacio tridimensional adyacente a aquel donde se encuentra el cuerpo físico. Los tres espacios son distintos; el del primer doble se convierte en astral y el del segundo corresponde a un "post-espacio" con relación al nuestro, considerado el sentido de contar los tiempos. Lo llamaremos espacio astral inferior, para distinguirlo del primero.

El primer doble espiritual se identifica con el cuerpo astral en terminología ocultista, de la misma manera identificamos el segundo doble espiritual con el llamado cuerpo vital. El cuerpo físico se conecta con la cúpula espiritual a través del primer cuerpo doble o astral. El segundo doble, el cuerpo vital, une el soma físico a la estructura espacio- temporal, que contiene todos los acontecimientos ocurridos en el pasado del espíritu. Hay toda una experiencia biológica hábilmente archivada, cuyos efectos se sienten en todo el cuerpo vital.

Cuando el espíritu se desencarna; es decir, cuando el cuerpo físico queda completamente destruido, los dos dobles, debido a los campos biomagnéticos de sus estructuras, acaban uniéndose mediante superposición espacial.

El cuerpo astral se reúne así con el cuerpo vital y los dos juntos forman un cuerpo de síntesis espiritual, que se convierte en el periespíritu de la terminología kardeciana.

Con la destrucción del cuerpo físico, desaparece la barrera que separaba la parte consciente del espíritu, de su estructura espacio-tiempo. El espíritu recupera así el contacto entre su pasado y su presente.

En este estado, libre de las perturbaciones causadas por los choques y las ilusiones generadas en el inmenso escenario de la vida, cuando el espíritu ya haya adquirido un cierto grado evolutivo, tendrá acceso a los archivos del pasado, cuidadosamente registrados en su estructura espacio-tiempo. Recordará sus aventuras pasadas, viviéndolas con la misma intensidad que el presente. Haría uso de la vasta experiencia acumulada en el pasado, dando como resultado una amplia sabiduría, o conocimiento-síntesis, que rara vez logramos probar cuando estamos bajo el yugo de la carne.

La estructura espacio-tiempo del espíritu presenta una organización definida y característica para cada especie viviente. Tal organización comprende texturas espirituales equivalentes a organizaciones moleculares, cromosómicas y citoplasmáticas, así como las formas celulares de tejidos, órganos, etc. Todo este tejido se teje a lo largo del eje del tiempo, formando una sucesión continua de formas evolutivas tridimensionales.

Cada tramo perpendicular al eje del tiempo revelará una forma tridimensional y su respectiva estructura biológica, correspondiente a una época específica en la evolución del espíritu. En el dibujo esquemático contenido en la figura 32, la sección está representada por una figura plana, debido a que reducimos una dimensión el modelo real para hacer posible su visualización.

Examinemos, por ejemplo, la sección correspondiente a un momento determinado en el desarrollo de la historia de un espíritu. En la figura 32 indicamos una coordenada en el eje del tiempo: t. Supongamos que, en esta ocasión, el citado espíritu animara una forma viva parecida a un pez. La sección real, en la configuración cuatridimensional, mostrará la forma tridimensional que tenía en su momento la doble síntesis, o periespíritu. Allí también se encontrarán dobles correspondientes a organizaciones cromosómicas, genes y sus componentes moleculares, además de dobles de clase superior, como los de células de tejidos, órganos y sus grupos formando centros autónomos. En definitiva, habrá una copia de cómo era el pez en aquella época, con ciertos mimetismos de su organización biológica. No encontraremos un pez en sí, pero la sección, en el nivel indicado, tendrá suficiente potencial espiritual para animar al ser vivo similar al pez.

De esta manera, una secuencia de secciones que se suceden en el sentido de contar los tiempos mostraría el desarrollo de la historia vivida por el espíritu, en el intervalo comprendido por esa sucesión de acontecimientos. Sin embargo, el espíritu no deviene conocimiento más que en el momento presente, que se manifiesta en el tramo correspondiente a la doble síntesis final, o periespíritu. Allí se proyecta su conciencia y normalmente vive con su atención encerrada en esa zona de manifestación, dentro de la cual sus elementos espirituales están polarizados y forman claramente una configuración tridimensional.

Considerando la estructura espacio- tiempo del espíritu, vemos que contiene toda una experiencia filogenética. El espíritu representa, por tanto, la historia viva de su propio pasado de luchas, en la conquista de la perfección y la supervivencia.

El vértice inferior de la estructura espacio-tiempo tendrá la doble constitución más simple. Su textura espiritual mínima debe cubrir al menos una parte de la configuración cromosómica de un óvulo. A continuación se presentan dobles sucesivos correspondientes a las fases que forman la secuencia natural del desarrollo embrionario. Para cada especie viviente, estos dobles tendrán sus estructuras espirituales típicas. En el momento de la reencarnación, el espíritu debe encontrar al menos el huevo listo. Éste estará animado, inicialmente, por una formación espiritual provisional resultante de la unión de las formaciones espirituales de los gametos que se han unido. Habrá puntos de apoyo biomagnéticos, formando configuraciones características de su estructura cromosómica fundamental. De hecho, como ya hemos tenido oportunidad de aclarar, todas las células de un organismo tienen aproximadamente la misma constitución cromosómica. Naturalmente, las células haploides del sistema reproductivo.

Veamos cómo se produce la primera conexión entre el espíritu y el futuro ser vivo.

La conexión del espíritu debe comenzar en su extremo inferior. Para ello sufrirá un desplazamiento en el sentido del eje del tiempo y en el sentido positivo de su conteo. El extremo inferior alcanzará el nivel del momento presente del óvulo o embrión, que será animado por el espíritu en la obra de la encarnación. En este momento, la textura espiritual inicial del doble se une con la parte correspondiente de la estructura molecular cromosómica.

Ahora se desarrollarán dos fenómenos complementarios: la multiplicación, a través de la cariocinesis, de las células embrionarias y el acoplamiento sucesivo de los dobles del espíritu, a través de los campos biomagnéticos que se formarán a medida que se desarrolle el embrión. El espíritu sufre la acción de una fuerza creciente que lo atrae y lo arrastra hacia la batería en desarrollo. Al mismo tiempo, este último es orientado por los cuerpos biomagnéticos de la estructura del espíritu, disponiéndose de acuerdo con la morfología revelada en cada uno de los tramo interceptados. El espíritu, aparentemente, penetra y atraviesa el espacio físico, pasando por el embrión a medida que crece. (ver Fig. 33)

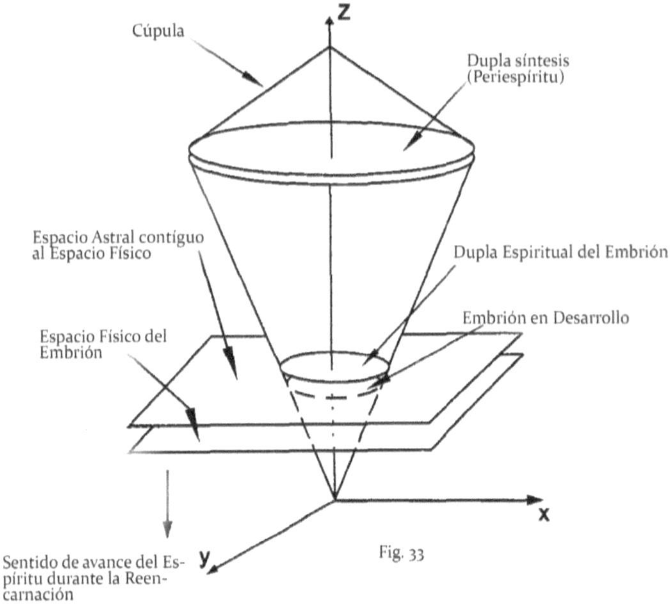

Fig. 33

Diagrama del Proceso de Reencarnación

En esta figura también hubo una reducción dimensional. Se omitió intencionalmente un tercer espacio, ¡el cual! correspondería al del cuerpo vital del embrión. Quedaría representado esquemáticamente por un tercer plano situado justo debajo de lo que representa, en la figura, el espacio físico del embrión.

Mientras se desarrolla la diferenciación celular, liderada por el potencial genético de los cromosomas, se procesa la disposición orgánica de las células en el embrión, guiado por el modelo dinámico espiritual.

En consecuencia, el fenómeno de epigénesis, mencionada y defendida por Aristóteles.[61]

La materia proporciona la sustancia y el espíritu proporciona la forma. El formulario proporciona ciertas funciones. Estos originan los evocadores y la competencia, de cuya interacción resultarán los elementos posteriores. Éstas se convertirán en muchas otras formas bajo la acción de los centros biomagnéticos del

[61] Véase cap. VII - "Ampliación y genética" Subcapítulo: "Diferenciación celular", de este trabajo.

espíritu. De cada forma surgirán nuevas funciones y, epigenéticamente, el embrión evolucionará, hasta completar su programa de convertirse en adulto.

* * *

El espíritu, antes y durante el proceso de reencarnación, pasa por una serie de perturbaciones.

Según informes creíbles, debido a la alta calidad de sus fuentes, como las encontradas en las obras de Francisco Cândido Xavier, la reencarnación de espíritus humanos y precedidos de cuidadosos preparativos y tienen la correspondiente asistencia para darnos al nacer aquí, en el mundo de las formas.

Sugerimos al lector consultar el capítulo XIII de la obra *Misioneros de la Luz*, psicografiada por Francisco Cândido Xavier y publicada por la Federación Espírita Brasileira. Allí encontrará una descripción detallada del desarrollo de una reencarnación, hecha con extraordinaria claridad por el espíritu André Luis. Otro trabajo elaborado por una excelente médium: Yvone A. Pereira, que aporta importantes detalles sobre el proceso de reencarnación, y el libro publicado por la misma Federación Espírita Brasileira: *Memorias de un Suicida*; recomendamos leer atentamente el capítulo. V, parte 2a, de este trabajo. Se puede observar, de la información dada en el trabajo de F.C. Xavier, que el espíritu en la obra de la reencarnación pasa por una serie de importantes transformaciones previas, que lo preparan para su regreso a la vida. Se destacan como los más importantes los siguientes:

1. Pérdida de sustancia asimilada durante la estancia en el mundo de los espíritus.

> La forma tridimensional de la doble síntesis, cuando sale de los campos de acción del cuerpo físico, absorbe sustancia específica del espacio (astral) en el que se encuentra. Readquiere un verdadero cuerpo espiritual, algo similar al cuerpo físico que queda en la Tierra.

Durante la fase preparatoria del regreso, el espíritu se mueve en la dirección de la cuenta positiva del tiempo, para permitir encajar en el vértice inferior de su hiperforma. En esta ocasión, la doble síntesis deberá abandonar el espacio en el que se manifiesta (astral). Para ello necesariamente expulsará la sustancia correspondiente a este espacio.

Libre de la sustancia antes mencionada, el periespíritu (doble síntesis) tendrá sus campos biomagnéticos desenredados y las influencias futuras de los campos correspondientes del nuevo cuerpo que se formará también serán más flexibles.

2. *Reducción de la forma periespiritual a las dimensiones y apariencia de un recién nacido.*

Este hecho, perfectamente de acuerdo con la *Teoría Corpuscular del Espíritu,* es también consecuencia del desplazamiento del espíritu. Los detalles se dan a conocer en la obra de F.C. Xavier, de forma descriptiva.

La forma de un niño marca un punto importante marcado en el eje del tiempo, correspondiente a la forma humana, a partir del cual el ser debe comenzar a desarrollarse a costa de sus propios medios. Es el nacimiento.

En este punto, el espíritu aun no ha atravesado completamente el espacio físico. Su periespíritu, junto con la cúpula espiritual, se encontrará a cierta distancia de los dobles que animan el cuerpo del recién nacido. Por tanto, el niño está semiconsciente.

Durante la niñez y la juventud, el proceso de reencarnación nativa continúa a su propio ritmo, acercando cada vez más las respectivas secciones, hasta que el espíritu logra la fusión total de la base de la cúpula - cuerpo astral más cuerpo vital - con los dobles transitorios del físico en el proceso de crecimiento. Entonces cesa el desarrollo. El ser se vuelve adulto. Sus facultades intelectuales se manifiestan con normal intensidad, pues existe completa conexión entre la cúpula espiritual, los dos dobles y el soma corpóreo.

De ahí en adelante, el espíritu continuará en sus experiencias biológicas, donde, a costa de las leyes que rigen el mundo de la materia, había logrado su emancipación definitiva. Esto tendrá lugar después de un cierto número de referencias. Las luchas y sufrimientos derivados del intercambio con los vehículos físicos serán los instrumentos de su mejora. Un destino glorioso aguardará a quienes superen las duras pruebas de la materia y se liberen de las ilusiones creadas en el contacto con la vida.

Otras formas de manifestación de la inteligencia serán animadas por estos herederos de la Divinidad. Sus conocimientos se ampliarán constantemente, al igual que sus facultades y poderes.

Un día, esa maravillosa formación espiritual, que inició su aprendizaje en expresiones biológicas ultramicroscópicas, será reemplazada por el esplendor espiritual de un arcángel luminoso. Seguramente más tarde se convirtió en un Buda o un Cristo.

Y el camino de la evolución apenas habrá comenzado...

El Alma

Al final de este capítulo nos ha parecido interesante dedicar unas líneas a la debatida cuestión del alma.

No pretendemos analizar tal o cual definición, tal o cual opinión, tal o cual escuela filosófica que pontifica sobre tal problema. Deseamos, exclusivamente, exponer lo que debe entenderse por alma, desde el punto de vista de la *Teoría Corpuscular del Espíritu*. Solo ahora ha sido posible abordar el problema del alma. Esta cuestión requiere el conocimiento de todas las particularidades inherentes al espíritu, que ya hemos tenido oportunidad de comentar.

Según la *Teoría Corpuscular del Espíritu*, el cuerpo físico está espacialmente superpuesto por el doble astral y el doble vital. Los tres cuerpos de arriba están conectados entre sí a expensas de bucles magnéticos. Cada doble ocupa una posición definida en relación con el soma físico. Estas posiciones son espacialmente opuestas.

Por lo tanto, conectar la cúpula espiritual al espacio- tiempo, existe una región que es sede de las manifestaciones de un campo biomagnético. Esta región está, al mismo tiempo, ocupada por el cuerpo físico y el flujo biomagnético. Lo atraviesan las líneas de fuerza de ese campo, que siguen direcciones normales al espacio físico donde se ubica el soma carnal.

Para dilucidar mejor lo que estamos exponiendo, utilizaremos un modelo físico tridimensional.

Supongamos que dos piezas de acero magnetizadas se superponen por sus polos opuestos. Entre estas dos hojas se colocó una hoja de hierro. (Fig. 34)

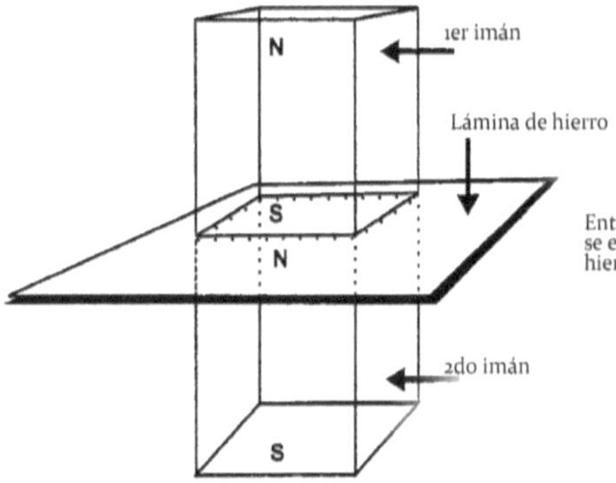

Entre dos polos N y S dos imanes, se encuentra una lámina de hierro.

Fig. 34

La lámina interpuesta entre los dos imanes representa el cuerpo físico. El primer imán desempeña el papel de cúpula espiritual.

El segundo representa la estructura espacio-tiempo del espíritu. Las caras de los imanes, en contacto con la hoja, representan los dos dobles espirituales: el astral y el vital.

Las líneas de fuerza del campo magnético que une el conjunto atraviesan la lámina. La dirección de dichas líneas es normal al plano de las superficies de unión.

Si, acaso, las dos caras de contacto de los imanes presentaran zonas de variaciones en la intensidad del campo magnético, en mutua correspondencia, podríamos señalar en la lámina las mismas variaciones que sufre el flujo que la atraviesa. Si las variaciones en los campos magnéticos de las caras de contacto formaran figuras, éstas estarían estereotipadas en el flujo que atraviesa la lámina metálica intercalada entre las dos formas.

Una vez que se retira la cuchilla y las dos superficies están íntimamente unidas, las dos cuchillas formarán una única unidad magnética. El lugar que ocupaba la lámina, al haber desaparecido, hizo desaparecer los efectos del espectro magnético con sus respectivas figuras delineadas por las líneas de fuerza, a través de la lámina.

El flujo magnético no desapareció *per se*. Solo cesaron sus efectos. Dejó de atravesar la lámina de hierro e influir en los átomos y moléculas de su sustancia constituyente, siguiendo las delineaciones del espectro magnético. Solo existe potencialmente. Su naturaleza no es material, pero su realidad es un hecho. Pero basta con intercalar de nuevo la lámina metálica para revelar, una vez más, la presencia de las líneas de flujo magnético, con todos los detalles de las configuraciones del campo.

En el caso del espíritu encarnado, se puede constatar de la misma manera la presencia de un flujo biomagnético a través del soma físico. Sus líneas de fuerza están dispuestas según variaciones de campo, que presentan las delineaciones características de los tejidos orgánicos. Todos los detalles de las configuraciones moleculares protoplásmicas, celulares, fisiológicas, etc., están impresas en el espectro biomagnético, formando un duplicado biomagnético del cuerpo carnal.

Una vez destruido el equipamiento fisiológico y operada la unión de la cúpula con la estructura espacio-tiempo, cesan las manifestaciones del espectro. El duplicado biomagnético deja de actuar.

La Teoría Corpuscular del Espíritu reconoce cómo alma a dicho duplicado biomagnético descrito anteriormente.

En efecto, el alma debe poseer una serie de características que este duplicado biomagnético cumple perfectamente.

Enumeremos los principales:

1. Ocupa simultáneamente el mismo espacio que el cuerpo físico;
2. Su aparición se produce durante la formación del ser vivo; es decir, aparece junto con el cuerpo;
3. Interpenetra el soma fisiológico, en sus más mínimos detalles, sirviendo de perfecto y lo encuentra con el astral y el vital; es decir, con el espíritu encerrado;
4. Su naturaleza es absolutamente inmaterial - y magnética - sin embargo, puede actuar sobre la materia, animándola;
5. Cuando el equipamiento fisiológico desaparece por la separación del espíritu, se disipa en la medida en que los vehículos somáticos se desintegren;
6. Una vez establecida la conexión entre lo astral y lo vital, formando el periespíritu, éste prácticamente desaparece; pero en realidad permanece en estado latente, a la espera de un nuevo vehículo fisiológico para manifestarse, como en el caso de los ectoplasmas.

La ingravidez del alma y su inmaterialidad también quedan perfectamente caracterizadas en el modelo que proponemos: el duplicado biomagnético.

CAPÍTULO IX FENÓMENOS METAPSÍQUICOS

"Lo que se verifica; sin embargo, es que todos estos fenómenos, psíquicos y metapsíquicos, anímicos o espíritas, subjetivos u objetivos, se complementan y parecen destinados a traer al mundo una gran revelación."

Carlos Imbassahy

"Ciencia metapsíquica."

La Metapsíquica

Adoptamos este término creado por Charles Richet, tal como era reconocido casi universalmente, pero lo tomamos en el sentido espiritual. Los fenómenos metapsíquicos serían, en este caso, equivalentes a los fenómenos espíritas. Solo desde esta perspectiva los observaremos.

La escasez de espacio, así como la naturaleza de esta obra, no permiten un estudio amplio y completo de la fenomenología espiritual. Nos limitaremos a centrarnos solo en uno de los ángulos más importantes de la Metapsíquica Objetiva. En cuanto a los fenómenos subjetivos, preferimos abordarlos en el momento oportuno, a través de otro trabajo más especializado.

Nuestro objetivo es proporcionar una demostración de la aplicabilidad de la *Teoría Corpuscular del Espíritu,* para dilucidar el mecanismo de los fenómenos metapsíquicos objetivos.

En vista de esto, elegimos un fenómeno de carácter general, que comprende en su rango de variación un gran número de hechos estudiados por la Metapsíquica Objetiva.

Generalmente llamaremos a este fenómeno metapsíquico fundamental ectoplasma, cuya definición daremos más adelante.

El Ectoplasma

La palabra ectoplasma, creada por Charles Richet y utilizada en terminología metapsíquica, fue tomada de la Biología, refiriéndose, en esta disciplina, a la parte externa menos densa del protoplasma de las células o protozoos. Algunos autores, como Schrenck-Notzing, lo llaman teleplasma.

El verdadero significado de estas dos palabras, utilizadas por los metapsíquicos, correspondería a las propiedades de una sustancia aun poco conocida, emitida en cantidades apreciables por los popularmente llamados "médiums de materialización", durante ciertos estados especiales en los que tienden a caer. El Dr. Sergio Valle, en su magnífica obra titulada: "*Silva Mello y sus Misterios*", describe el ectoplasma de la siguiente manera:

> "De nuestro cuerpo emana una sustancia dócil, que cede a nuestra voluntad organizadora, ejecuta las ideas formuladas verbal o mentalmente por quienes nos rodean o por el propio médium. Es vaporosa, blanquísima, luminiscente, a la vez viva y suave, sensible, dotada de movimientos prensores como los de los reptiles, se organiza y exterioriza dentro del mayor polimorfismo, apareciendo y desapareciendo como el rayo, tiene instinto de conservación; como los invertebrados. Temerosa de las cantatas, siempre está dispuesta a esconderse y reabsorberse; ofrece cierta resistencia al tacto es comparable a la clara de huevo; su temperatura es más baja que el medio ambiente; tiene una capacidad irresistible para organizarse rápidamente en formas vivas. Y el ectoplasma, de Richet, y la materia prima viva y exteriorizable, capaz de ser moldeada por el poder de la idea y del pensamiento, cuyos secretos están en el corazón de Dios."

En este mismo libro, el autor transcribe de "*Light*", 1921, pp. 809 a 810, el informe de un notable experimento realizado con ectoplasma, por la investigadora Felicia Scatcherd.

He aquí:

"Todavía estábamos hablando, cuando de repente, vimos aparecer una abundante masa de sustancia en el suelo, a unos 18 centímetros de distancia y a la izquierda de la silla mediana.

Esta sustancia era de una blancura luminosa. Para mí pensé: ¿Cómo se puede producir algo así?

¿Quién sabe si esta sustancia está ligada al médium? Y el médium pronto respondió a mi pregunta mental, diciendo:

- No hay ningún tipo de conexión; puede pasar entre la sustancia y el cuerpo del médium.

Así lo hice, sin ningún inconveniente.

Luego, coloqué un pañuelo blanco perfectamente limpio junto a la sustancia, para evaluar su blancura y noté que el pañuelo me parecía más bien gris, en comparación con la sustancia misteriosa.

Era maravilloso poder tocar la sustancia sin ser vista, pero cuando estaba a punto de hacerlo, todo el cuerpo de la médium se retorció en un espasmo convulsivo y exclamó:

- No me toques, no me toques porque me mataría.

Lamentando el intento desconsiderado, traté humildemente de disculparme. Sin embargo, más tarde me autorizaron espontáneamente a tocarlo y me di cuenta que esta sustancia ofrece una cierta resistencia al tacto, comparable a la clara de huevo. Y en cuanto a su temperatura, parecía un poco más baja que el ambiente en el que nos encontrábamos.

Sería interesante pesar esta sustancia, le dije a la señora Brisson, pero comprendo, al mismo tiempo, que nos resulte imposible hacerlo, ya que su manipulación podría dañar al médium.

La señora Brisson sonrió y, dirigiéndose a su hija, le pidió que fuera a la cocina a buscar una balanza. Mientras tanto, la sustancia mágica se alargó, tomó la forma de un reptil, del cual finalmente entendió lo que queríamos decir al respecto. Al llegar la balanza, pude experimentar una de las emociones más fuertes de mi vida. ¡Y qué sustancia! Como una serpiente para levantarse sobre la cola, había llegado a colocarse en uno de los platos de la balanza, que estaba sobre el pedestal, a una altura de 10 centímetros del suelo. Y permaneció allí todo el tiempo necesario para comprobar su peso, que me pareció muy ligero en relación a su volumen. Luego, serpenteando hacia atrás, dejó el plato y lo bajó al suelo, para recuperar su apariencia informe original. Mientras la miraba, desapareció. No se retractó, no se disolvió: simplemente desapareció."

Hasta ahora, las experiencias con el ectoplasma se han orientado en un sentido más fenoménico que físico.

Se ha prestado más atención a sus propiedades psicodinámicas e ideoplásticas. Inexplicablemente, el rigor y el método científico no se emplearon plenamente en el análisis, selección y clasificación de esta extraordinaria sustancia, desde el punto de vista de su constitución química, su estructura molecular, paracristalina o cristalina, etc.

El trabajo en este sentido es escaso y muy insatisfactorio. Es comprensible porqué. Hubo un tiempo en el que los fenómenos se producían con abundancia, coincidiendo con la atención que suscitaban entre grandes figuras de la Ciencia.

En aquel momento la Física y la Química, especialmente la Química Orgánica, aun no habían alcanzado los recursos técnicos con los que contamos actualmente. Las proteínas se clasificaron de forma aproximada, ubicándolas en un grupo general de albúminas. Las técnicas avanzadas de análisis actuales, ayudadas por rayos X, trazadores radiactivos, microscopios electrónicos, etc., eran inexistentes.

Ahora tenemos todo esto, pero nos falta la abundancia de médiums y la atención de sabios e investigadores calificados. Las experiencias actuales están guiadas por laicos, curiosos, místicos, etc., la gran mayoría de los cuales son criaturas de gran calidad, pero de reducida capacidad técnica. Por otra parte, los pocos médiums están rodeados de un halo de intocabilidad, produciendo solo sesiones sin finalidad científica, que reúnen casi siempre al mismo grupo de espectadores ávidos de enseñanzas y consejos de los espíritus. La religiosidad o la mera curiosidad personal suele ser el clima en estos lugares. En entornos como este, la balanza, el tubo de ensayo, la cámara fotográfica, la célula fotoeléctrica, los visores de infrarrojos y similares no tienen cabida y no son aceptados liberalmente. Cuando no se trata de asistencia, es el propio médium quien rechaza el aparato. ¡El argumento que generalmente se evoca es el de "romper la cadena"! Por eso el ectoplasma se encuentra en la etapa de la doncella de tiempos pasados: muy admirada, cantada en verso, sobrecargada de brillantes adjetivos, divinizada y amada, pero poco analizada, poco conocida e incluso considerada una quimera.

¿Qué es el ectoplasma?

Decimos que es éter vitalizado o que es material protoplásmico más evolucionado y sutil o algo más, y simplemente cambia su nombre. Quedémonos entonces con la torpeza del nombre bautismal; con el nombre robado del protoplasma externo de las células vivas: con ectoplasma.

Necesitamos saber qué es realmente, su composición química, su estructura, su origen, su forma de producirse y reabsorberse, etc. Necesitamos capturarlo, llevarlo al interferómetro, al polarímetro, al microscopio electrónico, al laboratorio de análisis químicos, mezclar átomos marcados con radiactividad y pasarlo por el contador Geiger-Müller y así sucesivamente, hasta descifrar este enigma.

* * *

Puede que las teorías no correspondan plenamente a la verdadera naturaleza de los hechos, pero pueden proporcionar cierta anticipación al conocimiento, sugiriendo nuevos medios y métodos para buscar la verdad. Como decía Lecomte de Nouy: "la teoría es una escalera, pero no es una jaula." Esto nos recuerda que una teoría, por evidente que sea, no prescinde de la prueba de los hechos. Una vez que se ha planteado una hipótesis, debe verificarse inmediatamente y no colocarse en un pedestal para ser adorada como un postulado o dogma. Con esta advertencia y con este espíritu, nos atrevemos a presentar una teoría más sobre el ectoplasma, sugiriendo; sin embargo, si se confirma, se rectifica o se rechaza mediante una observación rigurosa de los hechos.

Hipótesis sobre la Composición del Ectoplasma

Enumeremos lo que ya considerábamos un punto pacífico en relación al ectoplasma:

a. La existencia;
b. La variedad;
c. La naturaleza material;
d. Motilidad;
e. Plasticidad.

Lamentablemente, como ya hemos dicho, desconocemos su composición química, lo que contribuiría en gran medida a solucionar el problema. Sin embargo, ya sabemos algo al respecto y lo poco que sabemos puede permitirnos acercarnos mucho más a la realidad.

Comenzaremos centrándonos en los datos relativos a su naturaleza material: cierto tipo de ectoplasma es expulsado por el organismo del médium. Debe ser una sustancia viva extraída de sus tejidos. Su composición puede ser proteica, exclusivamente, o puede consistir en una mezcla que contiene gran parte de moléculas de agua, asociadas a moléculas de aminoácidos, obtenidas de proteínas extraídas de la organización psíquica. En determinados casos, con la sustancia proteica también podrían estar implicados lípidos y sustancias minerales. A este respecto podemos citar los resultados alcanzados por el Dr. Albert von Schrenck-Notzing:

> "examinando al microscopio residuos de ectoplasma, encontró restos de tejido epitelial, formas bacterianas y una cantidad apreciable de grasa. En otra ocasión, señaló un tejido con apariencia de planta; incluso llegó a verlo como si fuera un filamento de algodón rodeado por una sustancia granular indeterminada."
>
> Charles Richet, justificando el uso del término ectoplasma, dice que se trata de una sustancia algo parecida a "una especie de protoplasma gelatinoso, inicialmente amorfo, que sale del cuerpo del médium y toma forma más tarde." (Opus cit.)[62]

Es lamentable que, en aquel momento, ambos estudiosos no pudieran establecer la composición exacta del ectoplasma. Schrenck-Notzing se limitó a un análisis superficial, concluyendo que se trataba de una sustancia amorfa que incluía materiales orgánicos, cloruro de sodio y fosfato de calcio.

El Dr. Crawford, de la Queen's University de Belfast, consideró el ectoplasma como una sustancia proteica. De todos los estudiosos del tema, consideramos que Crawford es quien mejor explicó cómo se produce el ectoplasma. En la importante obra de Sir Arthur Conan Doyle: *El Espiritismo, Su Historia, Sus Doctrinas, Sus Hechos,* hay una transcripción de la teoría de Crawford sobre la formación del ectoplasma:

> "Los operadores (los espíritus) actúan sobre el cerebro de los espectadores y de allí sobre su sistema nervioso. Pequeñas partículas, mejor aun, moléculas, son proyectadas por el sistema nervioso a través del cuerpo de los espectadores, cintura, manos, dedos, etc.. Tales partes, las células se vuelven libres y al estar dotados de una considerable cantidad de energía latente inherente a ellos, ésta puede reaccionar ante cualquier sistema nervioso humano con el que entre en contacto. La corriente de

[62] Charles Richet - *Traité de Metapsichique* - 12a. Edición reembolsada, páginas. 669 y 670.

partículas de energía fluye alrededor de los reunidos, probablemente en parte a través del periespíritu periferia de sus cuerpos y, aumentando gradualmente desde allí, pasa al medio en un alto grado de 'tensión', le comunica su energía, recibe de él nuevos incrementos, vuelve a cruzar el círculo de los reunidos y así sucesivamente. Finalmente, cuando la 'tensión' es lo suficientemente alta, el proceso circulatorio se detiene y las partículas de energía son recogidas o refundidas en el sistema nervioso del médium, que luego dispone de un depósito desde donde proyectarlas.

Teniendo entonces los operadores (los espíritus) con una buena reserva del mejor tipo de energía; es decir, la energía nerviosa, pueden actuar sobre el cuerpo del médium, el cual está constituido de tal manera que por tensión nerviosa puede desprender una parte de su propio material y proyectarlo en la sala de sesiones. (*La realidad de los fenómenos psíquicos*, página 243)."

Crawford señaló el ectoplasma como la sustancia básica y fundamental en la producción de fenómenos psíquicos de orden físico, incluidos incluso los del habla directa y las fotografías de espíritus. Sin embargo, a pesar de la hermosa explicación, proporcionada por él sobre cómo se forma el ectoplasma, no se dio su constitución fisicoquímica para corroborar el punto de vista expuesto, especialmente en lo que respecta a los órganos que originan esta sustancia.

Al analizar químicamente una muestra de ectoplasma, James Black llegó a la siguiente fórmula:

$$C_{120}\ H_{1184}\ AZ_{218}\ S_5\ O_{249}$$

Esta fórmula, que es solo cuantitativa, poco contribuye a resolver el problema. Sin embargo, parece pertenecer a una sustancia proteica.

Poodt cita en su libro *Los misteriosos fenómenos de la psique* un extracto de la obra de Julia Alexandre Bisson (Mme. Bisson): *Les phenomenes dits de materialisation*. Están los resultados de los análisis realizados, de los residuos que quedaron al pasar el ectoplasma por una caja y por el vestido de la propia médium. El examen se realizó en el laboratorio de Siberalm. Se mencionan cuatro preparaciones, a saber:

> "Preparación B: numerosos elementos epitelioides muy finos, sin núcleo, similares a esporas de hongos. Preparación b (manchas en el pelaje): un filamento coloreado, varios de color niobio (algodón) en medio de una sustancia granular sin estructura determinada.
>
> Preparación 3 (depósito sobre la capa): imagen pelicular sin estructura determinada. Preparación 3b: imagen con apariencia pelicular, con filamentos en determinados puntos. En la mayoría de las demás preparaciones, el análisis revela residuos epiteliales." (Opus cit.)

El análisis realizado por Lebiedezinski, compuesto por exámenes químicos e histológicos, arrojó resultados algo similares a los obtenidos por Schrenck- Notzing: "células epiteliales, leucocitos y materia grasa." (*Revue de Metapsychique*, 1921, páginas 317- 325).

El trabajo realizado a este respecto sigue siendo insatisfactorio. La Ciencia actual, distraída por las fabulosas perspectivas de la Electrónica, la Nucleónica, la Cibernética, la Astrofísica, la Astronáutica y cientos de otros campos de investigación, ha mostrado cierta indiferencia hacia este sector ingrato: la Metapsíquica. Hay pocos investigadores de la talla de William Crookes, de Richet o Zöllner que actualmente se dediquen a investigar fenómenos sobrenaturales. E incluso los que existen deben afrontar inmensas dificultades para realizar su trabajo.

Como resultado, parece haber una gran falta de buenos médiums, tan abundantes en aquellos tiempos.

Nos queda establecer un punto de partida para iniciar el estudio preparatorio sobre la composición y naturaleza real del ectoplasma. En el futuro se intentarán investigaciones encaminadas a resaltar todos estos elementos.

Basándonos en los informes de experimentadores autorizados, podemos concluir al menos sobre el origen fisiológico del ectoplasma expulsado por un médium. Probablemente se trate de una sustancia con un alto contenido proteico, que contiene aproximadamente los mismos componentes que el protoplasma celular. En su composición debe incluirse agua, así como determinadas sales minerales, lípidos, hidratos de carbono, etc.

Dicho esto, ¿cuál sería el mecanismo detrás de la producción de esta extraordinaria sustancia, cuyas notables propiedades la sitúan en una posición excepcional en relación con las demás que conocemos? En otras palabras, ¿qué es el ectoplasma? Sustancia protoplásmica, ¿más qué?

Si supiéramos su composición exacta ya se habría dado un gran paso hacia descifrar el enigma. Afortunadamente, podemos estimarlo aproximadamente, lo suficiente como para formular una hipótesis con la ayuda de la *Teoría Corpuscular del Espíritu*. Según esta teoría, un doble espiritual puede actuar en el espacio físico, como si fuera un campo de fuerzas unificadoras. Cualquier sustancia, en condiciones de sufrir la acción de estas fuerzas, tenderá a organizarse según la estructura determinada por el doble actuante.

La acción organizadora será tanto más enérgica cuanto más específicos sean los campos de las unidades moleculares que componen la sustancia influida, en relación con los del doble que las guía.

Por lo tanto, debe haber una escala variable de susceptibilidad a la acción entre los cuerpos creados por las estructuras moleculares de las sustancias materiales. Los puntos de esta extensa escala cubrirán toda la gama de materiales conocidos, desde los elementos más simples y minerales, y compuestos inorgánicos, hasta las complejísimas macromoléculas de proteínas y ácidos nucleicos, que forman parte de la composición del protoplasma.

Cada doble tendrá, evidentemente, el máximo acción sobre las sustancias celulares de un organismo vivo de la misma especie que el que animó en su última encarnación.

Es de esperar que, en determinados casos, no exista perfecta armonía entre los diferentes dobles y ciertos tipos de protoplasma de la organización mediúmnica. De ahí que sea común que los médiums proporcionen ectoplasma adecuado solo para un determinado grupo de espíritus. Esta debe ser la razón por la cual no todos los espíritus logran provocar materializaciones perfectas con el mismo médium. Por otra parte, la similitud entre los donantes universales de sangre, hay médiums cuyo ectoplasma expulsado de sus células casa bien con cualquier estructura periespiritual o al menos con un número considerable de ellas.

El ectoplasma debe ser de origen protoplásmico, sin el cual no sufriría las acciones de los dobles espirituales. Sin embargo, el problema es saber cómo extraer este material celular del soma físico y cómo puede permanecer en estado coloidal o incluso molecular, para ser capturado y reagrupados por los campos periespirituales de otro espíritu desencarnado. Esta desintegración parcial del protoplasma celular requerirá al menos dos cosas esenciales: una energía desintegradora y el mantenimiento riguroso de los dobles del médium.

Esta última condición garantizará la integridad física del donante, quien, tras la sesión, deberá readquirir las sustancias extraduras de sus células.

Mecanismo de Formación del Ectoplasma y de las Ectoplasmías

Admitiendo las hipótesis formuladas sobre la composición del ectoplasma y, con base en la *Teoría Corpuscular del Espíritu*, podemos concebir el mecanismo de formación de esta sustancia.

Por supuesto, será un intento de explicación, una nueva hipótesis, por justificada que sea, a la vista de los elementos tomados en consideración y de su viabilidad a la luz de los hechos registrado por la Metapsíquica Objetiva.

Para comprender mejor lo que vamos a explicar, recordemos un fenómeno muy conocido en electrotecnia. Esto es electrólisis.

Cuando añadimos agua pura, un ácido o una sal o una base, la solución así obtenida adquiere determinadas propiedades eléctricas, convirtiéndose en un electrolito.

Las moléculas de la sustancia disuelta sufren una disociación parcial, lo que da como resultado la aparición de iones positivos y negativos dentro de la solución.

Así, por ejemplo, si disuelve sulfato de cobre en agua, esta sal se disociará en dos tipos de iones: los positivos, representados por átomos de cobre, y los negativos, comprendidos por el radical SO_4. Debido a las cargas presentes en los iones, estos átomos se comportan de una forma muy especial desde el punto de vista químico.

Al introducir en un electrolito dos conductores conectados a una fuente de corriente eléctrica continua, los iones serán atraídos por los campos eléctricos de los electrodos y se dirigirán hacia polos de nombres opuestos. Una vez en contacto con el electrodo respectivo, el ion deja allí su carga y comienza a actuar normalmente como un átomo o radical libre. En el ejemplo mencionado, del sulfato de cobre, si introducimos en el electrolito dos placas de cobre, que sirven como electrodos, notaremos un fenómeno curioso: la placa conectada al polo negativo aumentará de volumen, mientras que la otra, conectada al polo positivo polo, se consumirá durante el proceso de paso de la corriente eléctrica. (Fig. 35)

Si invertimos la dirección de la corriente, veremos el fenómeno contrario: la placa más grande reducirá su tamaño a favor de la otra. Inicialmente se devolverá el cobre a la placa, de donde había sido retirada.

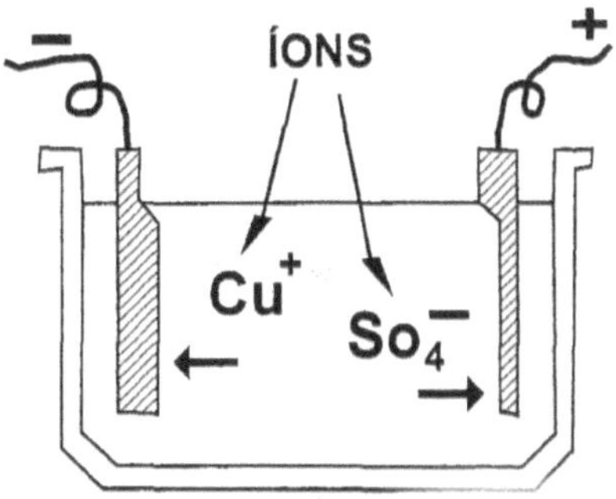

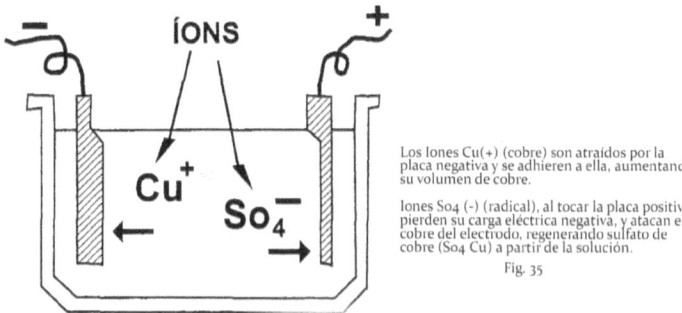

Los Iones Cu(+) (cobre) son atraídos por la placa negativa y se adhieren a ella, aumentando su volumen de cobre.

Iones So4 (-) (radical), al tocar la placa positiva, pierden su carga eléctrica negativa, y atacan el cobre del electrodo, regenerando sulfato de cobre (So4 Cu) a partir de la solución.

Fig. 35

Analizando más en profundidad el fenómeno, vemos que en el electrolito están en juego fuerzas electrostáticas, por donde pasa una corriente eléctrica, que actúan desplazando los iones y atrayéndolos hacia los electrodos.

Obtendríamos un fenómeno similar si sometiésemos partículas electrificadas en intensos campos electrostáticos. Veríamos tales partículas moverse hacia el electrodo cargado con carga con un nombre contrario al suyo.

La atracción y repulsión electrostáticas pueden actuar en direcciones opuestas, una aglutinando y la otra disociando.

Cuando en el vacío o en presencia de gas enrarecido calentamos un filamento metálico, facilitando así la descomposición del material, podemos atraer las partículas ionizadas emitidas por el filamento incandescente, aplicándoles una diferencia de potencial eléctrico con respecto a un electrodo. Si las partículas se cargan de electricidad negativa, se depositarán en el ánodo (polo positivo), mientras que el filamento se desgasta perdiendo material.

Imaginemos una experiencia sencilla y posible. En un electrolito líquido, colocamos una placa conductora sobre el electrodo negativo formando una figura determinada. Sobre el electrodo positivo colocaremos otra figura formada por una placa similar recubierta de un determinado metal, cobre, por ejemplo. Admitamos que el primero, en condiciones normales, es invisible, dependiendo del revestimiento metálico que se perciba. Al pasar la corriente, observaremos la aparición paulatina de la figura en la placa negativa, resultante de la fina película de cobre que la envuelve. Si insistimos, la figura situada en el polo opuesto desaparecerá con la fuga total de su revestimiento metálico. Invirtiendo la corriente obtendremos la situación inicial, siempre y cuando todo el cobre vuelva a su electrodo original.

Describimos aquí un fenómeno algo similar al observado en la formación del ectoplasma. No se trata de fenómenos idénticos, pero uno ayuda a explicar el otro.

En la formación del ectoplasma y especialmente en ectoplasmías, lo que sucede recuerda mucho al curso de la electrólisis. Por un lado está el médium, correspondiente a la placa de cobre que suministra el electrolito; por el otro, encontraremos los campos biomagnéticos de la estructura periespiritual, representando la pantalla receptora invisible. Entre uno y otro debe existir una cierta diferencia de potencial, capaz de guiar al ectoplasma que se extrae del soma físico mediúmnico. La fuerza de desagregación requeriría la disolución molecular del protoplasma celular, estaría aportado por una alta concentración de cargas biónicas, cuya atracción y repulsión, de tipo electrostática, actuaría como disolvente de enlaces moleculares. Los enlaces de cadenas de proteínas e incluso los de otras moléculas podrían romperse bajo la acción de cargas biónicas aplicadas a la estructura periespiritual. Una vez liberado de sus lazos materiales y espirituales, la sustancia orgánica, fuertemente "bionizada", se encuentra en un estado similar al de los iones en la electrólisis. Esta materia modificada y dinamizada, expulsada de la organización fisiológica del médium, podrá ser atraída por un campo biostático; es decir, por un soporte cargado de carga biónica positiva. Una sustancia en estas condiciones resulta ser ectoplasma.

Supongamos que en las proximidades del médium activo se encuentra un doble espiritual, o mejor aun, una estructura periespiritual. Si se aplica una carga biónica positiva a este doble, el ectoplasma se sentirá atraído hacia él. En contacto con el doble, la carga biónica negativa, que arrastra el ectoplasma hacia abajo, quedará neutralizada, quedando la sustancia protoplásmica finamente dividida. Esto, a su vez, se llevará a los centros biomagnéticos de la estructura periespiritual. Tales centros actuarán como puntos de apoyo en el espacio físico, sobre los cuales se depositará la materia orgánica extraída del medio en forma de ectoplasma. Poco a poco, en el espacio físico, se irá perfilando una forma. Al principio apareció una figura fantasmal y poco clara. Continuando con la deposición de sustancia, el fantasma se irá haciendo más denso, pudiendo asumir todos los rangos de consistencia, hasta convertirse incluso en un organismo vivo perfecto.

Al invertir el sentido de las cargas biónicas se producirá el fenómeno contrario al que ocurre en un electrolito: el fantasma, o materialización, se disolverá, devolviendo la sustancia prestada al médium y el médium la recuperará casi por completo.

La descripción que hemos dado del fenómeno del ectoplasma, comparándolo con el de la galvanoplastia, ha sido deliberadamente simplificada. Lo que está sucediendo, en términos generales, debería ser aproximadamente eso. Sin embargo, la operación real implica una gran cantidad de detalles y una dosis apreciable de complicación. Leyendo los informes proporcionados por los propios espíritus, uno se hace una idea de la complejidad del fenómeno a medida que se desarrollaba. Sin embargo, se trata de un fenómeno natural, una de las innumerables propiedades y funciones de los organismos vivos, la capacidad de secretar ectoplasma. Algunos lo tienen en mayor grado; estos son los llamados médiums de efectos físicos.

Algunos detalles importantes de las operaciones que preceden a una sesión de materialización, donde el ectoplasma producido servirá para realizar importantes fenómenos, pueden ser conocidos a través de las descripciones de André Luiz, a través de la mediumnidad de Francisco Cândido Xavier, y contenidas en el capítulo X de la obra *Misioneros de la Luz*, ed. FEB.

No es necesario resaltar la importancia de estos reportajes, ya que el médium es conocido por su absoluta honestidad y alta calidad. En la obra citada, el autor enseña que, antes del trabajo, se ioniza la atmósfera:

> "Allí contamos con colaboradores de servicios iluminados, que preparan el ambiente, realizando la ionización de la atmósfera." (Opus cit, página 11)
>
> El motivo de esta operación es evidente, siempre y cuando aceptemos la explicación del mecanismo de formación del ectoplasma.
>
> Contiene ectoplasma, una sustancia orgánica muy nutritiva y, por tanto, sujeta a la acción de los microorganismos, no es de extrañar que los operadores también tomen precauciones en este sentido:
>
> "No pasaron muchos momentos antes que aparecieran unos trabajadores de nuestra esfera, trayendo pequeños aparatos que me parecieron instrumentos reducidos y con un gran potencial eléctrico, debido a los rayos que se movían en todas direcciones.
>
> Mi curiosidad no tenía límites.
>
> - Estos amigos - explicó mi generoso instructor -. Son los encargados de operar la condensación de oxígeno en toda la casa. El ambiente para la materialización de entidades del plano invisible a los ojos de los hombres requiere un alto nivel de ozono y, además, es indispensable una operación similar, para que todas las larvas y expresiones microscópicas de actividad inferior sean exterminadas. La relativa ozonización del paisaje interior es necesaria como obra bactericida.
>
> Y, tras un gesto significativo, añadió:
>
> El ectoplasma, o fuerza nerviosa, que será abundantemente sobrante (a partir de la del médium, no puede sufrir, sin daño fatal, la intrusión de ciertos elementos microbianos)" (Opus cit, pgs. 111 y 112).

Según las revelaciones hechas por el espíritu André Luiz, solo el ectoplasma mediúmnico no entra en las operaciones de este género. Otras fuentes proporcionan material de apoyo que se extrae y arrastra al lugar de la sesión:

> "Poco después observé con sorpresa el trabajo de varias entidades que llegaban del exterior trayendo abundante material luminoso.
>
> - Estos son recursos de la Naturaleza - me informó el servicial instructor -, que los trabajadores de nuestro plano recogen para su servicio. Se trata de elementos de plantas y aguas, naturalmente invisibles a los ojos humanos, estructurados para reducir el número de vibraciones.
>
> - ¿Y se utilizarán para trabajo nocturno? - Pregunté.
>
> - Sí - explicó Alexandre, paciente -, serán movilizados por la acción de los asesores. (Opus cit, pág. 112).[63]

Pensamos que este material obtenido de la naturaleza se utiliza, en parte, como una especie de electrolito o medio excitante de bioionización. En la electrólisis común, la solución de una sal o ácido en agua produce un electrolito, como ya hemos explicado inicialmente. Los iones se forman tan pronto como se produce la solución. Asimismo, en presencia de los antes mencionados "elementos de plantas y agua", es muy posible que se active el proceso de formación de ectoplasma.

A este respecto, cabe señalar que los fenómenos naturales, o más bien espontáneos, del ectoplasma, como los fantasmas, las apariciones y otros, abundantemente registrados en los archivos de los metapsíquicos, parecen preferir lugares desiertos, rodeados de

---

[63] Aquí se utilizan dos palabras muy similares, casi homofónicas, cuyos significados son muy diferentes: ionización y ozonizar.

La primera, la ionización, se refiere a los iones, partículas cargadas de cargas eléctricas y que forman parte de un electrolito.

El segundo, ozonizar, consiste en provocar la aparición de ozono, un gas altamente bactericida. La molécula de ozono está formada por tres átomos de oxígeno. Su fórmula es O_3 (oxígeno triatómico). Este gas puede ser fácilmente obtenido haciendo explotar chispas eléctricas en presencia de oxígeno.

árboles, en las proximidades de lagos o playas de mar. ¿No tendrían su razón de ser, debido a las abundantes dosis de estos elementos auxiliares emanados de plantas y microorganismos, en millones distribuidos en las aguas? Prosiguiendo el estudio de las informaciones proporcionadas por André Luiz, se puede observar el gran cuidado prestado al médium. Entre las operaciones preparatorias está la del despliegue, para garantizar la integridad de los dobles del médium:

> "El dispositivo mediúmnico, fue y está sometido a operaciones magnéticas, diseñadas para ayudar al organismo en los procesos de nutrición, circulación, metabolismo y aire protoplásmico, de modo que el equilibrio fisiológico se mantenga por encima de sorpresas desagradables. Continuando examinando el trabajo en progreso, noté que Verónica ahora sostenía la cabeza del joven, divinizándolo en el centro de la sensibilidad.
>
> - Nuestra hermana Verónica - explicó mi amable asesor - está aplicando pases magnéticos como introducción al necesario desenvolvimiento." (Opus cit, pg. 115)

Los asistentes también aportan su contribución. Todos los recursos están movilizados en este momento solemne y decisivo. Mientras tanto, uno o varios operadores se encargan de descargar en el medio un elevado "potencial energético":

> "Varios servidores espirituales comenzaron a combinar las radiaciones magnéticas de compañeros terrenales, con el fin de constituir material para la cooperación, mientras Calimerio, proyectando su sublime potencial de energías sobre el médium, operaba el despliegue que duró algunos minutos. Verónica y otros amigos apoyaron a la joven, parcialmente liberada de los vehículos físicos, pero algo confundida e inquieta junto al cuerpo, ya sumergida en un profundo trance.
>
> Entonces, noté que, bajo la acción del noble líder de la tarea, se expresaba una fuerza nerviosa, en forma de un

abundante flujo de niebla espesa y lechosa." (Opus cit., página 118)

Continuando leyendo las descripciones proporcionadas por André Luiz, observaremos que, durante las operaciones ectoplasmáticas, el espíritu controlador es responsable de mantener a la entidad manifestante y al médium con la necesaria diferencia de potencial. En este informe el interventor es Calimerio, el espíritu técnico responsable del mencionado trabajo, y el espíritu reivindicativo es Alencar:

> "Alencar, después de conectar profundamente con la organización mediúmnica, tomó forma, allí mismo, al lado de la médium, apoyado por Calimerio y asistido por numerosos trabajadores.
>
> Poco a poco, haciendo uso de la fuerza nerviosa exteriorizada y de diversos materiales fluidicos extraídos del interior de la casa, combinados con recursos de la Naturaleza, Alencar apareció ante los ojos de los que estaban en la cama, perfectamente materializado.
>
> Sorprendido, reconocí que el médium era el centro de todo el trabajo. Unos cables muy tenues lo conectaban a la forma del controlador y, cuando lo tocábamos ligeramente, en la organización mediúmnica, el amigo encarnado mostraba claras señales de preocupación, lo mismo le está pasando al joven médium en relación a Alencar.
>
> Los desenfrenados gestos de entusiasmo de los asistentes, que intentaron saludar directamente al mensajero materializado, tuvieron desagradables repercusiones en el cuerpo del intermediario.
>
> Note la magnitud del evento. El médium desempeña el papel de entidad materna, mientras que Alencar, bajo la influencia positiva de Calimerio, permanece en filiación temporal con el organismo mediúmnico. Todas las formas que se materialicen serán "hijas provisionales" de la fuerza plástica del intermediario. El amigo que habla

con los encapsulados es Alencar, pero sus envolturas momentáneas nacen de las energías pasivas del médium y de las energías activas de Calimerio, máximo director de esta reunión. Si forzamos al médium en nuestro plano, perjudicaremos a Alencar en los procesos de materialización; si los compañeros terrenales violan al mensajero, repentinamente encarnado, el médium será destruido, provocando consecuencias funestas e impredecibles." (Opus cit, págs. 120- 121)

La bella descripción hecha por André Luiz y transcrita aquí da una idea de la complejidad del mecanismo ectoplasmático.

Consultando a un instructor del mismo plano, sobre si la capacidad de emitir ectoplasma era un privilegio solo de ciertas personas, respondió:

> "Todos los hombres lo tenemos con mayor o menor intensidad, sin embargo es necesario entender que aun no estamos en el momento de generalizar los logros. Sabes que este dominio requiere santificación. El hombre no abusará del sector del progreso espiritual, como lo ha venido haciendo en las líneas de la evolución material, donde prodigiosos dones divinos se transforman en fuerzas de destrucción y miseria. Amigo mío: en este campo de realizaciones sublimes, al que nos sentimos conectados, la ignorancia, la vanidad y la mala fe quedan incapacitadas por sí mismas, trazándose límites de limitación." (Opus cit, pág. 121).

Vale la pena señalar esta respuesta. Llegará el día en que los hombres se empoderarán con el inmenso alcance de estas importantes palabras.

***

Creemos haber dado, de esta manera, una idea aproximada del mecanismo de formación del ectoplasma, así como del proceso de realización del ectoplasma, a costa que el ectoplasma sea orientado por los fulcros magnéticos producidos por el periespíritu, en el espacio físico.

Finalmente, nos parece interesante aclarar un punto más importante sobre el ectoplasma y las formas materializadas a su costa. Cuando se encuentra en estado libre; es decir, cuando es expulsado por el médium, el ectoplasma se manifiesta naturalmente tal como es en la realidad. Es una sustancia protoplásmica, bioionizada y no diferenciada, a pesar de su origen en varias regiones distintas del organismo generador.

Una vez magnetizado a los soportes biomagnéticos del periespíritu, el ectoplasma pierde su carga biónica y sufre la diferenciación necesaria, según la situación que ocupará en el nuevo organismo formado.

Si tomamos una muestra de ectoplasma en estado libre y la analizamos, encontraremos componentes químicos moleculares, propios de una mezcla de sustancias extraídas del objeto u organismo que proporcionó el material.

Por otro lado, si tomamos un fragmento de la forma materializada, esta pieza revelará, al ser analizada, una constitución peculiar de la región perteneciente a la materialización de donde se tomó la muestra.

Tales hechos han sido revelados por ciertos metapsicistas, como William Crookes y Schrenck-Notzing, quienes lograron cortar y conservar intactos fragmentos de ropa, mechones de cabello, etc., de fantasmas, y tales muestras no revelaron ninguna composición anormal, analizado; en realidad eran pelo y tela de seda o lino como cualquier otra. Sin embargo, no pudieron conservar el ectoplasma puro e indiferenciado; esto es no permaneció sin cambios.

La razón es evidente: al depositarse, el ectoplasma solo sufre una orientación respecto a la morfología de la estructura periespiritual, pero también se selecciona como las sustancias que lo componen. Estos buscarán las infraestructuras biomagnéticas que les sean más peculiares. Se procesa prácticamente un fenómeno metabólico, similar a lo que ocurre, por otros medios, en los organismos vivos, cuando llevan a cabo la asimilación de sustancias obtenidas por la digestión de los alimentos. Cada sustancia busca su propio lugar en el organismo y se establece allí, sumándose a la comunidad de elementos que lo componen.

De ahí que los resultados confirmen la naturaleza sustancial del ectoplasma, que destacamos cuando lo examinamos en estado libre y en estado de diferenciación. Solo en estado libre es verdaderamente ectoplasma.

Los Recursos de la Naturaleza o Elementos de las Plantas y las Aguas

Estudiando las obras que tratan de fenómenos ectoplasmáticos, encontramos la mención de sustancias manipuladas por los espíritus y cuyo origen no es el soma físico mediúmnico.

Como ya tuvimos la oportunidad de decir, en la obra *Misioneros de la Luz,* capítulo X, André Luiz se refiere a estos "recursos de la naturaleza." Dice que son "elementos de las plantas y del agua, invisibles al ojo humano."

Pensamos que es posible que el mecanismo de obtención de estas sustancias siga el mismo esquema trazado para la producción de ectoplasma. La disgregación molecular se produciría bajo la acción de cargas biónicas, aplicadas a los átomos espirituales unidos a las moléculas de las sustancias materiales. Remitimos al lector al cap. VI del presente trabajo, donde, en el subcapítulo titulado: "Polarización y Captura de Elementos Espirituales", se puede encontrar el esclarecimiento de este fenómeno. Incluso puede ser que cualquier sustancia tenga la propiedad de descomponerse mediante este método, para luego reagruparse bajo la guía de campos estructurales biomagnéticos, pertenecientes a formas materiales previamente existentes. En un caso como este, tenemos dobles correspondientes a todas las formas físicas. Los espacios contiguos, físico y astral, serían una réplica del otro.

Habiendo demostrado tales relaciones, descubriríamos, asombrados, que los antiguos ya conocían e incluso simbolizaban esta correspondencia entre los dos planos de manifestación, enunciando el famoso principio: *lo que es arriba es igual a lo que está abajo*. Este principio estaba representado por dos triángulos entrelazados, formando una estrella de seis puntas. Pero no nos preocupemos demasiado por estas cuestiones, porque nos desviaríamos del guion de esta obra.

Una vez comprobada la posibilidad de producir estas sustancias bioionizadas, tendríamos un compañero del ectoplasma, con propiedades similares, pero de naturaleza no animal; serían los "recursos de la naturaleza" o los "elementos de las plantas y del agua", como dice André Luiz.

Estos materiales se movilizan, especialmente cuando se operan ectoplasmas. Parece que juegan un papel importante en estos fenómenos, como ya tuvimos oportunidad de mencionar en el subcapítulo anterior.

Propondríamos entonces, como nombres de bautismo para estas sustancias, las siguientes designaciones:

1. ectozooplasma - cuando sea de origen animal o de tejidos animales;
2. ectofitoplasma - cuando es de origen vegetal o de tejidos vegetales;
3. ectomiheroplasma - cuando es de origen mineral o compuestos inorgánicos.

El llamado ectoplasma, comúnmente utilizado en las sesiones de materialización, podría ser en realidad una mezcla de las tres sustancias anteriores y no simplemente un tipo particular de ectozooplasma extraído del organismo humano.

Sin embargo, hasta que se identifiquen plenamente los diferentes tipos de "recursos de la naturaleza", sería conveniente mantener la antigua nomenclatura de Richet.

* * *

A modo de ilustración, transcribimos un pequeño extracto extraído de la obra *En los Dominios de la Mediumnidad*, donde André Luiz reproduce la explicación dada por el espíritu Áulo, sobre los componentes del ectoplasma:

> "Ahí tenemos el material ligero y plástico que necesitamos para la materialización. Podemos dividirlo en tres elementos esenciales, en nuestras rápidas nociones de servicio, a saber:
>
> - fluidos A, que representan las fuerzas superiores y elementos sutiles de nuestra esfera,
> - fluidos B, que definen los recursos del médium y de los compañeros que le asisten, y
> - fluidos C, que constituyen energías extraídas de la naturaleza terrestre.
>
> Los fluidos A pueden ser más puros y los fluidos C pueden ser más flexibles; sin embargo, los fluidos B, nacidos de las acciones de los compañeros encarnados y, sobre todo, del médium, son capaces de arruinar nuestros proyectos más nobles."

De la descripción hecha por el instructor espiritual se infiere que existe un componente extramaterial, el cual se combina con los elementos de nuestro plano. El informe nos muestra que el ectoplasma es, en realidad, una mezcla y no una sustancia simple y única.

En el caso en cuestión, a partir de la narración de André Luiz, los tres fluidos destacados podrían identificarse de la siguiente manera:

- Fluidos A = bions que se unen a átomos espirituales magnetizados a biomoléculas, formando los iones correspondientes en electrolitos comunes.
- Fluidos B = ectozooplasma tomado del médium y de los espectadores que observan el trabajo.
- Fluidos C = "elementos vegetales y agua" (ectofitoplasma y ectomineroplasma).

Los tres, juntos, formarían entonces el ectoplasma que los espíritus utilizan para materializarse.

Desdoblamientos y Fantasmas de Vivos

Entre los fenómenos de la metapsíquica objetiva, hay uno que viene despertando inmenso interés entre los estudiosos de estos temas: el desarrollo de la personalidad.

En determinadas circunstancias, determinadas personas vivas pueden desdoblarse; es decir, presentarse simultáneamente en dos lugares distintos.

Existe una gran cantidad de literatura que trata sobre este fenómeno, que no necesitamos informar de ningún ejemplo de tales casos.

Solo intentaremos explicar, con los principios de la *Teoría Corpuscular del Espíritu*, cómo debe ocurrir el fenómeno, teniendo en cuenta la naturaleza y propiedades del espíritu. En el capítulo VIII de este libro, en el subcapítulo titulado: "La Reencarnación mediante la Unión Sexual y la Formación del Embrión", presentamos una figura esquemática que representaba, en tres dimensiones, el modelo cuatridimensional (cuatro dimensiones) de un espíritu. (Fig. 32) Omitimos deliberadamente la descripción de ciertos detalles que podrían introducir confusión en el razonamiento del lector. Ha llegado el momento de revelar estas peculiaridades del modelo espiritual que proponemos.

Para facilitar la comprensión del desarrollo del fenómeno, presentamos una serie de figuras esquemáticas simplificadas, que representan el modelo antes mencionado, ver figuras 36, 37 y 38.

Un estudio detenido de los grabados muestra inmediatamente cómo pudo ocurrir el fenómeno del desdoblamiento.

Sigamos la descripción que hace André Luiz, contenida en la obra psicografiada por Francisco Cândido Xavier: *En los Dominios de la Mediumnidad*, cap. XI. En este extracto, el comunicante relata detalladamente toda una operación que se desarrolla, como puede observar en espíritu durante una sesión de este tipo. Sigamos los acontecimientos que se desarrollan:

> "Le llegó el turno al medio Antonio Castro.
>
> Profundamente concentrado, denotaba la confianza con la que se ofrecía a los objetivos del servicio.
>
> Fray Clementino se acercó a él y, de la misma manera del magnetizador común, le puse las manos encima, aplicándole pases de largo circuito.
>
> Castro pareció quedarse dormido lentamente y sus miembros se recuperaron.
>
> Del pecho emanaba abundantemente un vapor blanquecino que, al acumularse hasta adoptar la apariencia de una nube, rápidamente se transformaba, a la izquierda del cuerpo denso, duplicado del mediano, en un tamaño ligeramente mayor.
>
> Nuestro amigo parecía estar más desarrollado, presentando todas las particularidades de su forma física, apreciablemente agrandada."

El operador, Clementino, a la que se refiere el ponente, es un espíritu incorpóreo, especialista en trabajos de esta naturaleza. Los pases que se le aplican tienen como objetivo concentrarse en el cuerpo astral de las cargas biónicas medias altas. Estos, al igual que la electricidad, desarrollarán un campo biostático negativo a medida que se acumulen allí.

El campo así formado inducirá, en el soma físico, a otros dos campos, uno positivo y otro negativo, a descomponer su estado neutro, como mostraremos esquemáticamente en la fig. 36.

El tercer campo, que surge en el cuerpo físico, inducirá un cuarto campo en el "cuerpo vital", quedando este último cargado positivamente.

La presencia de campos bioestáticos provocará un verdadero desarraigo de partículas orgánicas, que se desprenderán del soma físico del medio. Estas partículas estarán cargadas de cargas biónicas que las arrastrarán hacia campos con cargas opuestas.

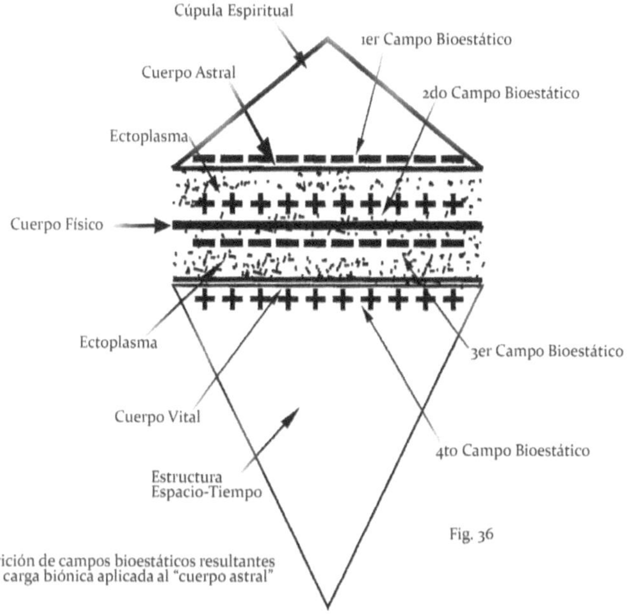

Fig. 36

Aparición de campos bioestáticos resultantes de la carga biónica aplicada al "cuerpo astral"

Y la sustancia protoplásmica bioionizada, es decir: el ectoplasma, del que ya hemos hablado anteriormente. Habrá dos tipos, según la naturaleza de las cargas que llevarán las partículas extraídas del cuerpo físico. Las que estén bioionizadas negativamente buscarán el cuerpo vital y las que estén positivamente buscarán el cuerpo astral. Este desplazamiento aflojará los enlaces biomagnéticos que retienen a los dos dobles magnetizados al recipiente físico del médium.

Una vez liberados los vínculos magnéticos, el espíritu podrá salir del cuerpo carnal, arrastrando consigo el ectoplasma generado con la bioionización. Los dos dobles, cada uno con su respectiva nube ectoplasmática, previamente separados uno del otro, se acercarán provocando la aparición de un extraño fantasma, según lo describe André Luiz, señalando que: "su forma física aparece apreciablemente dilatada."

Siguiendo con la descripción, así se desarrolló el magnífico fenómeno:

> "El director espiritual de la casa sometió al mediador a una delicada intervención: una acción magnética que no sería lícito perturbar ni interrumpir.
>
> El médium, así desconectado del vehículo carnal, se alejó dos pasos, dejando al descubierto el cordón vaporoso que lo unía al campo somático."

Aquí aparece la memoria del cordón fluidico que conecta a los dobles con el "campo somático." La rigurosa exactitud del informe se puede comprobar incluso en los términos utilizados con absoluta precisión. De hecho, el cordón está unido al campo biomagnético del soma físico. Son, más precisamente, dos cordones, así como, en esta etapa del desenvolvimiento, aparecerán dos espectros fusionados en una extraña figura, de tonalidad azulada por un lado y anaranjada por el otro:

> "Mientras el aparato fisiológico descansaba, inmóvil. Castro, tanteando y asombrado, apareció junto a nosotros, en una extraña copia de sí mismo, porque, además de mayor tamaño en su configuración externa, era azulado a la derecha y naranja a la izquierda."

Para quienes conocen los primeros rudimentos del Ocultismo, es fácil identificar, por los colores mencionados, que la cara azulada corresponde a la configuración formada por el campo biomagnético del cuerpo astral y los pelos anaranjados del cuerpo vital. El esquema que presentaremos a continuación ilustrará mejor al lector. (Ver Fig. 37)

Ahora estamos en la primera fase del desarrollo.

Es necesario devolver el cuerpo vital a su posición anterior, para garantizar la integridad biológica del soma físico, así como este último no podría tolerar por mucho tiempo tal separación, sin graves consecuencias para la salud del médium. Como el cuerpo vital si tiene carga positiva, solo aplíquelo, a la región del cuerpo físico, cargas biónicas negativas.

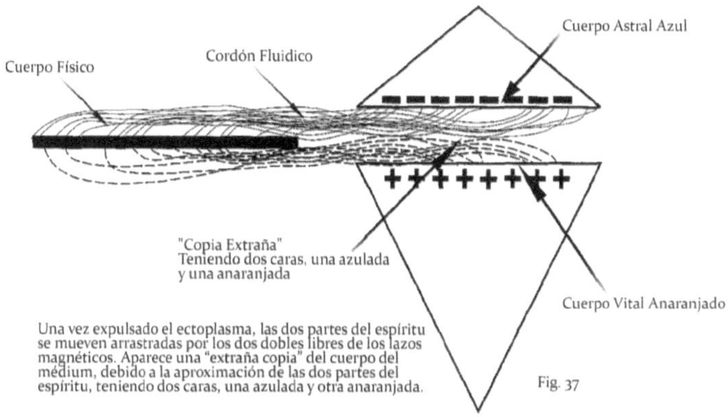
Cuerpo Astral Azul
Cordón Fluidico
Cuerpo Físico
"Copia Extraña"
Teniendo dos caras, una azulada
y una anaranjada
Cuerpo Vital Anaranjado
Una vez expulsado el ectoplasma, las dos partes del espíritu se mueven arrastradas por los dos dobles libres de los lazos magnéticos. Aparece una "extraña copia" del cuerpo del médium, debido a la aproximación de las dos partes del espíritu, teniendo dos caras, una azulada y otra anaranjada.

Fig. 37

Una vez que el cuerpo físico está cargado negativamente, el espíritu vuelve a su posición inicial junto a él. Entonces ocurre lo siguiente:

1. El cuerpo vital está íntimamente unido al equipamiento físico, pues la atracción de sus cargas, con nombres opuestos, facilita la unión;
2. Gran parte del ectoplasma es reabsorbido por el soma físico;
3. El cuerpo astral, cargado negativamente, es repelido por la carga negativa del cuerpo físico y queda libre, excepto en la parte de conexión por el cordón esponjoso que lo une al médium.

En esta situación, el cuerpo astral, coronado por la cúpula y provisto de una cierta porción de ectoplasma, puede moverse sin problemas. Así describe el espíritu informativo esta segunda fase del desarrollo:

> "Intentó moverse, pero parecía sentirse pesado e inquieto... Clementino renovó las operaciones magnéticas y Castro, desdoblado, retrocedió, como si se yuxtapusiera nuevamente con el cuerpo físico.
>
> Luego verifiqué que este contacto resultó en una diferencia única. El cuerpo carnal había tragado instintivamente ciertas bandas de fuerza que imponían al periespíritu manifiesta irregularidad, absorbiéndolas de una manera que me resultaba incomprensible.

A partir de ese momento, el compañero, fuera del jarrón de material denso, mantuvo la postura que le caracterizaba. Ahora era muy él mismo, sin ninguna deformidad, evasivo y ágil, aunque seguía encadenado a la envoltura física por el lazo aeriforme; que parecía más delgado y más luminoso, mientras el espíritu de Castro se movía entre nosotros."

Un esquema más completará la explicación del singular fenómeno en su segunda fase. (Ver Fig. 38)

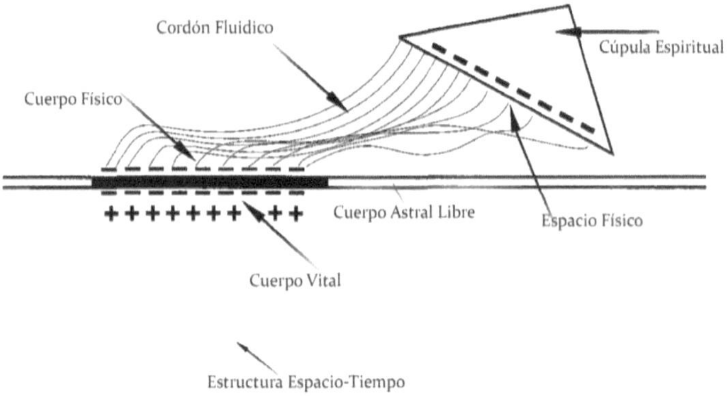

Segunda y última fase. El cuerpo vital se adhiere nuevamente al cuerpo físico, para lo cual es arrastrado, ayudado por la atracción de cargas opuestas. El cuerpo astral se libera y se aleja ayudado por la repulsión de las cargas negativas de ambos campos.

Fig. 38

El retorno del cuerpo astral se producirá de forma natural, siempre y cuando se descarguen las cargas biónicas del cuerpo físico y vital. Puede verse en la figura 38 que esto se logró fácilmente una vez que se estableció contacto entre los dos.

Como hemos visto, la aplicación de cargas biónicas al primer doble espiritual, o cuerpo astral, afloja los lazos magnéticos que unen al cuerpo físico. Su desprendimiento se realizará entonces parcialmente. Sí, solo parcialmente, en mayor o menor medida, ya que la separación total solo es posible con la muerte del cuerpo físico.

La retirada se realiza moviendo la cúpula, conjugado a la frase separada, que deja atrás, conectándola y la otra fracción, un verdadero tapete de átomos espirituales mezclados con ectoplasma, formando una extensa cadena, como si fueran hebras de un hilo.

El cuerpo vital está íntegramente vinculado al cuerpo físico, respondiendo por sus funciones fisiológicas, que son puramente reflexivas, automáticas o instintivas.

La cúpula, una vez libre, podrá moverse en cualquiera de las direcciones del hiperespacio, caminando en el espacio o en el tiempo, según sea necesario.

Acercándonos a nuestro espacio físico y encontrando allí la sustancia ectoplasmática adecuada y suficiente, el primer doble podrá provocar la aparición de un duplicado del cuerpo físico que le pertenece y tendremos entonces el fantasma de una persona viva.

Algunos individuos tienen la capacidad de emitir abundantes cantidades de ectoplasma, al mismo tiempo que son capaces de desdoblarse y controlar a su doble astral. Al acercarlo al espacio físico que rodea su propio cuerpo, logran atraer y unir el ectoplasma emitido y así formar otro cuerpo similar al carnal.

En determinadas circunstancias, pueden obtener o arrastrar el ectoplasma a grandes distancias y modelar el fantasma en lugares remotos.

Creemos que existen personas capaces de realizar tales proezas de forma voluntaria, ya sea por un don natural o por un ejercicio adecuado.

CAPÍTULO X CONCLUSIÓN

"La Filosofía nace de un intento inusualmente obstinado de llegar al conocimiento real. Lo que en la vida ordinaria pasa por conocimiento adolece de tres defectos: no admite dudas, es vago y se contradice. El primer paso hacia la Filosofía consiste en tener presentes estos defectos, no para contentarnos con un cómodo escepticismo, sino para sustituirlo por una especie de conocimiento común, que será experimental, preciso y coherente."

Bertrand Russell

"Un esbozo de Filosofía"

La Primera Etapa

Aquí estamos, alcanzando el objetivo final del presente trabajo.

Sin embargo, al llegar a este punto, sentimos que apenas hemos comenzado nuestra extensa tarea; solo ensayamos los primeros pasos.

Numerosas cuestiones quedaron sin resolver; numerosos problemas quedaron sin resolver. Los límites de tiempo y espacio, del presente trabajo, se nos impusieron estas y muchas otras restricciones.

La Teoría Corpuscular del Espíritu todavía está en progreso, en su fase inicial de elaboración.

Le faltan las piezas más importantes: el experimento sistemático, en un laboratorio, con el equipamiento adecuado, sugerido por sus conclusiones, y la aplicación de los métodos matemáticos proporcionados por su estructura.

Buscamos construir una teoría del espíritu. Podemos decir - y quienes han tenido la paciencia de seguirnos hasta aquí deben haberlo sentido - que más adelante habrá que introducir muchas modificaciones, ampliaciones e incluso rectificaciones en esta teoría. No es más que una hipótesis, una "hipótesis de trabajo", un punto de partida para abordar el vasto problema del espíritu, cuya existencia ya están vislumbrando grandes figuras de la Biología y otras Ciencias afines.

Quienes leyeron este libro quizás hayan sentido cierta extrañeza, debido a la ausencia de referencias más directas y específicas a ciertas cuestiones como la existencia de Dios y su naturaleza y muchos otros puntos similares. La omisión fue intencionada. Creemos que es demasiado pronto para ocuparnos de estos puntos y ya existe abundante literatura sobre el tema, producida por grandes exponentes de la cultura y el pensamiento, que eclipsa por completo nuestra insignificante posibilidad de aporte actual.

Nos proponemos, en el futuro, si no nos faltan capacidad y medios, desarrollar la *Teoría Corpuscular del Espíritu*, añadiendo las partes que faltan, incluyendo, quizás, los puntos omitidos.

La Experiencia como Complemento a la Teoría Corpuscular del Espíritu

Esta teoría dejaría inmediatamente de tener valor si no sugiriera los medios de prueba experimental. Consideremos estrictamente que las explicaciones que ella da a los distintos fenómenos biológicos y metapsíquicos solo le otorgan el derecho a ser enunciada. Solo esto, ya que el derecho a la ciudadanía resultará del éxito de las experiencias sugeridas, del éxito o del fracaso, ya que, incluso en esta última hipótesis, la exclusión permanecería, lo que también tiene su valor, aunque sea negativo.

En futuros trabajos especializados se abordarán métodos de investigación basados en la *Teoría Corpuscular del Espíritu*. Son numerosos y requieren equipos de alta precisión. Solo diremos que los medios biológicos serán los primeros instrumentos utilizados como detectores de campos biomagnéticos, siendo necesario el desarrollo de una nueva técnica experimental que llamamos Biopsíquica. Esta palabra fue utilizada por el ilustre metapsicista patricio Prof. Eurico de Goes, en el título de su magnífico libro: *Prodigios da Biopsychica obtenidos con la Médium Mirabelli*. Utilizamos la palabra Biopsíquica, en el sentido de designar una técnica biológica orientada a la investigación de los fenómenos del espíritu. Por tanto, diferimos del significado que le da a dicha palabra el Prof. Eurico de Goes, quien lo equiparó con el término Metapsíquica.

Entre los experimentos sugeridos destacamos la modificación en el desarrollo de un cultivo biológico sometido a un campo magnético variable o no magnético. Esta verificación resultará en una prueba casi decisiva de la existencia del campo biomagnético y, en consecuencia, la existencia del "modelo dinámico espiritual", o "campo organizador", como prefirieron llamarlo algunos científicos, como J. Bergier, en su obra *Les Mysteres de la Vie*.

También se prevé la posibilidad de construir una cámara espiritual. Se trataría de un dispositivo diseñado para fotografiar espectros de condensación, provocados por los puntos de apoyo magnéticos del periespíritu sobre el espacio físico. Su funcionamiento recuerda ligeramente al de una cámara Wilson, pero sus principios son fundamentalmente diferentes.

* * *

Cualquier especulación teórica, sin evidencia experimental, es prácticamente nula o discutible. En vista de esto, consideramos inofensiva cualquier especulación sobre puntos de esta teoría que intenten explicar hechos y cosas de naturaleza universal o cualquier generalidad, además de lo que hemos destacado en relación al espíritu, la evolución, ciertos fenómenos biológicos y metapsíquicos. Cabe recordar que todavía lo consideramos una "hipótesis de trabajo." En otras palabras, desaconsejamos el entusiasmo excesivo ahora, en esta etapa inicial de la teoría, hasta que pueda complementarse con evidencia experimental.

La Matemática Aplicada a la Teoría Corpuscular del Espíritu

Una vez probado experimentalmente, reajustada y corregida en todos sus puntos, esta teoría requerirá los instrumentos matemáticos ya indispensables para su evolución.

Consideramos no solo posible, sino indispensable, introducir el método matemático en la solución de las cuestiones planteadas por la teoría en la creación. Desde el principio se ve un extenso campo en este terreno puramente teórico.

Nos parece que los distintos problemas de ámbito matemático requerirán de un tratamiento altamente especializado y solo accesible a una élite reducida. Aun así, trabajar en esta dirección será imprescindible y proporcionará material para otro libro como éste.

La evaluación del campo biomagnético generado por el bion, el cálculo de la fuerza encarnante, la determinación de las correlaciones entre los fenómenos puramente físicos y biológicos resultarán del establecimiento de los fundamentos matemáticos de la *Teoría Corpuscular del Espíritu.*

El Plan de Desarrollo Futuro de la Teoría

Preferimos afrontar esta cuestión con frialdad y realismo. Sin embargo, no dudamos en declarar que, a pesar de todas las dificultades mencionadas, nos sentimos animados a hacer planes para el futuro de esta teoría aun embrionaria.

Esperamos crear fans - fans en el sentido sano del término -; es decir, colaboradores conscientes que se sientan ilusionados y capaces de corregir y desarrollar nuestro trabajo; trabajo, que sean capaces de criticarlo constructivamente, después de conocer en profundidad su contenido. No consideraremos seguidores a quienes reciban *a priori*, sin análisis y sin perfecta comprensión, los principios expuestos en este libro. La tarea de perfeccionamiento de la *Teoría Corpuscular del Espíritu* para quienes se dejan fascinar por estos rudimentarios ensayos iniciales, tomándolos como leyes indiscutibles y exactas.

Planeamos para el futuro una serie de trabajos graduales que seguirán el orden y temática de los subcapítulos anteriores; es decir, libros que versan sobre la experimentación espiritual, las bases matemáticas de la teoría y, como colofón, para un futuro más remoto, en tanto tengamos elementos positivos que lo avalen, presentaremos las consecuencias filosóficas de la *Teoría Corpuscular del Espíritu.*

Grandes Éxitos de Zibia Gasparetto

Con más de 20 millones de títulos vendidos, la autora ha contribuido para el fortalecimiento de la literatura espiritualista en el mercado editorial y para la popularización de la espiritualidad. Conozca más éxitos de la escritora.

Romances Dictados por el Espíritu Lúcio

La Fuerza de la Vida

La Verdad de cada uno

La vida sabe lo que hace

Ella confió en la vida

Entre el Amor y la Guerra

Esmeralda

Espinas del Tiempo

Lazos Eternos

Nada es por Casualidad

Nadie es de Nadie

El Abogado de Dios

El Mañana a Dios pertenece

El Amor Venció

Encuentro Inesperado

Al borde del destino

El Astuto

El Morro de las Ilusiones

¿Dónde está Teresa?

Por las puertas del Corazón

Cuando la Vida escoge

Cuando llega la Hora

Cuando es necesario volver

Abriéndose para la Vida

Sin miedo de vivir

Solo el amor lo consigue

Todos Somos Inocentes

Todo tiene su precio

Todo valió la pena

Un amor de verdad

Venciendo el pasado

Otros éxitos de Andrés Luiz Ruiz y Lúcio

Trilogía El Amor Jamás te Olvida

La Fuerza de la Bondad

Bajo las Manos de la Misericordia

Despidiéndose de la Tierra

Al Final de la Última Hora

Esculpiendo su Destino

Hay Flores sobre las Piedras

Los Peñascos son de Arena

Otros éxitos de Gilvanize Balbino Pereira

Linternas del Tiempo

Los Ángeles de Jade

El Horizonte de las Alondras

Cetros Partidos

Lágrimas del Sol

Salmos de Redención

Libros de Eliana Machado Coelho y Schellida

Corazones sin Destino

El Brillo de la Verdad

El Derecho de Ser Feliz

El Retorno

En el Silencio de las Pasiones

Fuerza para Recomenzar

La Certeza de la Victoria

La Conquista de la Paz

Lecciones que la Vida Ofrece

Más Fuerte que Nunca

Sin Reglas para Amar

Un Diario en el Tiempo

Un Motivo para Vivir

¡Eliana Machado Coelho y Schellida, Romances que cautivan,
enseñan, conmueven y
pueden cambiar tu vida!

Romances de Arandi Gomes Texeira y el Conde J.W. Rochester

El Condado de Lancaster

El Poder del Amor

El Proceso

La Pulsera de Cleopatra

La Reencarnación de una Reina

Ustedes son dioses

Libros de Marcelo Cezar y Marco Aurelio

El Amor es para los Fuertes

La Última Oportunidad

Nada es como Parece

Para Siempre Conmigo

Solo Dios lo Sabe

Tú haces el Mañana

Un Soplo de Ternura

Libros de Vera Kryzhanovskaia y JW Rochester

La Venganza del Judío

La Monja de los Casamientos

La Hija del Hechicero

La Flor del Pantano

La Ira Divina

La Leyenda del Castillo de Montignoso

La Muerte del Planeta

La Noche de San Bartolomé

La Venganza del Judío

Bienaventurados los pobres de espíritu

Cobra Capela

Dolores

Trilogía del Reino de las Sombras

De los Cielos a la Tierra

Episodios de la Vida de Tiberius

Hechizo Infernal

Herculanum

En la Frontera

Naema, la Bruja

En el Castillo de Escocia (Trilogía 2)

Nueva Era

El Elixir de la larga vida

El Faraón Mernephtah

Los Legisladores

Los Magos

El Terrible Fantasma

El Paraíso sin Adán

Romance de una Reina

Luminarias Checas

Narraciones Ocultas

La Monja de los Casamientos

Libros de Elisa Masselli

Siempre existe una razón

Nada queda sin respuesta

La vida está hecha de decisiones

La Misión de cada uno

Es necesario algo más

El Pasado no importa

El Destino en sus manos

Dios estaba con él

Cuando el pasado no pasa

Apenas comenzando

Libros de Vera Lúcia Marinzeck de Carvalho
y Patricia

Violetas en la Ventana
Viviendo en el Mundo de los Espíritus
La Casa del Escritor
El Vuelo de la Gaviota

Vera Lúcia Marinzeck de Carvalho
y Antônio Carlos

Amad a los Enemigos
Esclavo Bernardino
la Roca de los Amantes
Rosa, la tercera víctima fatal
Cautivos y Libertos

Libros de Mónica de Castro y Leonel

A Pesar de Todo

Con el Amor no se Juega

De Frente con la Verdad

De Todo mi Ser

Deseo

El Precio de Ser Diferente

Gemelas

Giselle, La Amante del Inquisidor

Greta

Hasta que la Vida los Separe

Impulsos del Corazón

Jurema de la Selva

La Actriz

La Fuerza del Destino

Recuerdos que el Viento Trae

Secretos del Alma

Sintiendo en la Propia Piel

Otros Libros de Valter Turini y Monseñor Eusébio Sintra

Isabel de Aragón, La reina médium

El Monasterio de San Jerónimo

El Pescador de Almas

La Sonrisa de Piedra

Los Caminos del Viento

Si no te amase tanto...

www.ingramcontent.com/pod-product-compliance
Lightning Source LLC
LaVergne TN
LVHW091720070526
838199LV00050B/2481